Q&A
でわかる

☞ 選挙から平時の活動まで

自治体議員の

公職選挙法
との
付き合い方

弁護士・元衆議院議員政策担当秘書

金岡 宏樹

KANAOKA HIROKI

［著］

第一法規

は し が き

　本書は、筆者が第一法規株式会社の運営するウェブマガジン『議員 NAVI』にて連載した「お悩み解消!!　実務からみた公職選挙法との付き合い方」「Q&A で学ぶ　公職選挙法との付き合い方」の記事をあらためて見直すとともに、公職選挙法についての解釈検討の結果を踏まえてアップデートのうえ再構成したものです。

　公職選挙法といえば、国・地方を問わず議員又は議員にならんとする読者の皆様にとって、政治活動や選挙運動をするに当たって必ず向き合う法律です。

　他方、政治活動や選挙運動の方法は多種多様であり、すべてを事細かに規定することはできません。そのため同法の規程も概括的にならざるを得ず、解釈による部分も多いため、条文を一読しただけでは一体どこまでが許され、どこからが許されないのかという線引きも非常に分かりにくくなっています。

　筆者は、弁護士登録をしたまま、約 3 年弱、国会議員政策担当秘書として議員の選挙や地元活動のサポートを務め、政策担当秘書退職後も政治に関わるいろいろな方からの法律相談や議会での公職選挙法に関する研修講師などを通じ公職選挙法や政治資金規正法について考える機会に恵まれました。

　その中で、実務では、「これまで問題となっていなかったから」「他でもやっているから」といった、「感覚」に頼っていることが多いことに気づかされました。もちろん、「感覚」も大切ですが、法律の世界ではそれを裏付ける「根拠」が必要です。本書では、「感覚」のみではなく、なにがしかの「根拠」をもって判断ができるよう、筆者が法律家としての視点と秘書活動で感じた実務的感覚を踏まえつつ、特に悩みやすい点について具体的な場面ごとに解説します。

　本書が、読者の皆様の政治活動や選挙運動に当たり、その「根拠」や「感覚」のポイントを知るきっかけとなり、ひいては適法な活動の一助となれば幸いです。

　法の解釈や考え方は日々変化しています。筆者も引き続き検討を続け研鑽を積んでいく所存です。お気づきの点などございましたらご意見をいただければ幸いです。

2022年 9 月

金 岡 宏 樹

第1編　平時における活動

第2編　選挙時における活動

【凡例】

本書では以下の略称を使用している。

　公職選挙法 ⇒ 公選法、法

　公職選挙法施行令 ⇒ 令

　公職選挙法施行規則 ⇒ 則

　政治資金規正法 ⇒ 規正法

　地方自治法 ⇒ 自治法

　（内容現在：令和 4 年 9 月 1 日）

第**1**編

平時における活動

1　駅立ち、自動車、訪問…事前運動に気を付けよう
街頭での政治活動

> **Q**　市議会議員のAさんは、次期市議会議員選挙を控え、半年前から以下のような活動をしています。これらの行為は問題ないでしょうか。

❶　朝の駅立ちで「この町を良くするため引き続き頑張ります」と発言する。

❷　街頭演説の際、氏名と普段使用しているマスコットキャラクターが描かれたのぼりを立てる。

❸　交差点でたすきを掛けて支援者とともに通行人や車に手を振る。

❹　政党の政治活動用の街宣車にAの名前を大書きした看板を付けて走行する。

❺　政治活動用自動車で、冒頭「こちらは市会議員Aです」と言って、その後は政策を訴える。

❻　後援会の幹部に、「前回選挙で得票率の低かった地区で知名度を上げるため全戸訪問し、後援会申込書を配ってAのアピールをしてほしい」と依頼する。

❼　選挙告示日の早朝、駅立ちで「Aです。今日から頑張りますので、よろしくお願いします」とあいさつをする。

A

①　本設問の内容の程度であればAさんの姿勢に対する意思表明にすぎず、特定の選挙への投票を得る目的があるとは考えにくく、通常の政治活動の範囲内と思われます。もっとも、選挙や投票獲得を想定した文脈や、告示間近の時期にこのような発言をした場合は、支持・投票獲得を目的

とした事前運動と判断されるおそれがあります。

② 　政治活動を行う場合に、氏名や氏名類推事項を記載した文書等を掲示することは原則として禁止されています（法143条16項）。氏名や普段使用しているマスコットキャラクターを記載したのぼりは、これに抵触すると考えられます。さらに、氏名等を記載したのぼりを掲げての街頭演説や駅立ちは、氏名の宣伝ひいては投票獲得目的があるとして事前運動に当たる可能性が高いと考えられます。

③ 　氏名を記載したたすきを掛ける行為は、通常、選挙運動において行われる行為であり、選挙運動期間外に行った場合には、次回の選挙に向けての活動ととらえられかねず、事前運動に当たる可能性が強いと思われます。一方、「本人」とだけ記載されたたすきの場合は、発言者を目立たせるためのもので直接には選挙運動とはいい難いですが、たすきを掛けるのみならず活動方法や時期・内容によってはこの場合でも事前運動となる可能性があります。

④ 　政党支部などの政治活動用自動車に氏名が記載されていることはよくありますが、政党やスローガンに比してあまりに名前が大きい場合には、有権者に氏名を誇示して印象づけるものとして事前運動とされるおそれがあります。名前は政党やスローガンの半分以下の大きさに抑えるべきでしょう。なお、個人用の政治活動用自動車に氏名等を掲載することは法143条16項違反となります。

⑤ 　政治活動用の自動車を使い、名前を名乗ってから政策を訴えることは、自己の政見・主張を述べるものであり、正当な政治活動であるといえます。ただし、このような活動を告示直前に始めたとか、名前を繰り返し述べるなど、政策を超えた投票依頼の演説をするなどの場合は、当然に事前運動となりますし、さらに選挙運動としての名前の連呼は連呼行為の禁止（法140条の２）にも抵触しうることになります。

⑥ 　自身の知名度を上げるための行為が直ちに選挙運動に当たるわけではありません。しかし、本設問のような行為は、その時期や態様、目的から支持の薄い地域について投票を得るためになされる活動として事前運

動と判断されるおそれがあります。また、選挙運動であるとされた場合は戸別訪問の禁止（法138条）にも抵触することになります。

⑦　　選挙告示日の朝であっても、立候補の届出受付前は選挙運動を行うことができません。本設問の場合は立候補届出前に選挙戦での支持や自身への投票を訴えているのであり、事前運動に当たるため許されません。

解 説

1　政治活動一般で問題になる「事前運動」

　政治活動は原則として自由に行うことができますが、一方で公選法は選挙運動の期間を規定し、その期間外に行う選挙運動をいわゆる「事前運動」として罰則をもって禁止しています（法129条、239条1項1号）。

（1）政治活動と選挙運動がどのような関係にあるか

　政治活動とは、一般に政策や主義を宣伝普及し、また自身や所属党派の支持を拡大するといった政治上の目的を持って行う活動の一切であり、選挙運動も広い意味での政治活動といえます。

　しかし、公選法では「政治活動」と「選挙運動」を区別しており、その関係は以下のとおりとなります。

【図】「公選法における政治活動」＝「（広義の）政治活動」－「選挙運動」

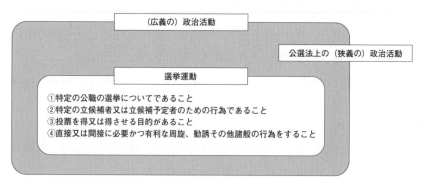

（広義の）政治活動

公選法上の（狭義の）政治活動

選挙運動

①特定の公職の選挙についてであること
②特定の立候補者又は立候補予定者のための行為であること
③投票を得又は得させる目的があること
④直接又は間接に必要かつ有利な周旋、勧誘その他諸般の行為をすること

（2）選挙運動とは

　選挙運動も広い意味での「政治活動」ですので、政治活動としてした行為が知らず知らずのうちに「選挙運動」になってしまう可能性があります。

　そこで、政治活動のうち「選挙運動」が何かを知っておく必要があります。

　選挙運動とは、判例上、「特定の公職の選挙につき、特定の立候補者又は立候補予定者のため投票を得又は得させる目的をもつて、直接又は間接に必要かつ有利な周旋、勧誘その他諸般の行為をすること」をいうとされています（最判昭和53年1月26日刑集32巻1号1頁）。

　これを整理すると、「選挙運動」は以下の4つの要件に当たるものとなります。

---

①　特定の公職の選挙についてであること
②　特定の立候補者又は立候補予定者のための行為であること
③　投票を得又は得させる目的があること
④　直接又は間接に必要かつ有利な周旋、勧誘その他諸般の行為をすること

　以下、もう少し詳しく見てみましょう。

①「特定の公職の選挙についてであること」

　「特定の選挙」とは、なにがしかの選挙を想定してという意味です。ここで注意すべきは、必ずしも公示や告示などで特定されている必要はなく、次回の市議会議員選挙や来年の市長選挙といったある程度抽象的なものであっても、「特定の選挙」とされる可能性があるということです。

　したがって、現在の任期が始まったばかりでも、「次回の市議選でも～当選に向けて皆様の～」などと街頭演説をすれば、「特定の選挙」の該当性としては十分なのです。

②「特定の立候補者又は立候補予定者のための行為であること」

　ある個人を特定してであれば当然要件を満たしますが、政党などに対する投票依頼などの場合でも該当することがあります。

　例えば、当該選挙である政党からの候補予定者が1人しかいない場合に選挙での政党への支援を呼びかけることも、実質的に候補者のための行為とされる可能性が高いと考えられます。

　なお、「立候補者又は立候補予定者」とありますが、実際にはその選挙に立候補しなくとも、さらには行為時に本人には立候補の意思すらなかったとしても、選挙に結びつけて行われればこの要件を満たしますので要注意です。

③「投票を得又は得させる目的があること」

　この要件は文字どおりの意味です。すなわち、当該候補者等にとっては「（自らに）投票を得る目的」、当該候補者等ではない第三者にとっては「（当該候補者に）投票を得させる目的」ということです。

　「目的」という主観的な要件ですので、内心に目的があれば、相手に目的を言わなくともこの要件を満たしますし、効果として生じさせる意図があれば足り、必ずしも積極的に目的を持っていることまでは不要です。また、結果的に投票を得られ又は得させたかどうかは関係ありません。

④「直接又は間接に必要かつ有利な周旋、勧誘その他諸般の行為をすること」

　この要件は選挙運動における行為の内容を示しています。「周旋、勧誘」は例示にすぎず、その他の行為であっても投票を得又は得させるために必要かつ有利な行為であれば要件に該当します。

　ただ、この要件については、「直接又は間接に」とあるため、形式的に解釈すると、ほとんどすべての行為が該当することになってしまいます。

　例えば、選挙ポスター作成や選挙事務所の借入れ等の準備行為や立候補の瀬踏み行為としての意見聴取、政党や団体に公認を求めることなどは、選挙があることを前提として票を得るための準備活動と見ることができますし、

街頭演説やビラ配り、後援会活動など日々行われている政治活動も、結局は支持を得て将来の選挙において当選し、政策を普及啓発し実現するために行う意味もあることから、選挙運動に含まれてしまいかねません。

　しかし、判例や学説ではこの解釈について一定の絞りをかけていますので、選挙時の解説（130頁）にて説明します。

（3）事前運動とされる期間

　冒頭にあるとおり、選挙運動期間外の選挙活動を指します。ここにいう選挙運動期間は、立候補の届出のあった日（厳密には立候補の届出が受け付けられた瞬間からです）から投票日の前日までとされています。そのため、選挙の投票日や選挙翌日の選挙運動も禁止された「事前運動」に含まれます。

（4）事前運動かどうかの判断基準

　事前運動に当たるか、すなわち選挙運動該当性は上記（3）の4要件を満たすかどうかになります。

　ひとくちに選挙運動といっても方法や態様は様々であり、絶対的な基準はありません。

　ただし、一般的に判定要素としては以下の点が考えられます。

●行為の時期…選挙が近い時期かどうか。近いほど該当しやすくなる。

●行為の方法・態様、内容・頻度…政策宣伝よりも個人を強調し印象づけるものはより認定されやすい。小規模より大規模、回数が多いほど認定されやすくなる。

●行為の目的…時期や方法・態様、内容を踏まえて実質的に認定される。

2　戸別訪問（法138条）

　投票を得又は得させるために有権者等の家を訪問することは選挙運動の一形態であり、選挙運動期間中であるか否かを問わず禁止されています。これについては208頁で詳しく解説します。

事前運動に関する最近の裁判例など

● 選挙告示前に投票及び投票のとりまとめなどの報酬として物品の供与の申込をしたことが選挙運動に当たるとした事例（水戸地判令和元年7月30日 Dl-Law com 判例体系〔28273359〕）

● 戸別訪問による後援会会員の勧誘行為がその時期・規模・態様・経緯を総合考慮して選挙運動に当たるとした事例（函館地判平成15年9月11日裁判所ウェブサイト）

● 公示前にパンフレット等の送付確認の電話がけをさせたことが、知名度を上げる目的の存在やマニュアルの記載等の事情から事前運動に当たるとした事例（札幌高判平成22年6月1裁判所ウェブサイト）

2 ビラ・名刺、こんな工夫はアリですか？ 広報活動①（文書図画の頒布）

> **Q** めでたく市議会議員に当選したＡさん。知名度アップと広報のために色々と活動していますが、以下のようなことはできるでしょうか。

❶ 街頭で配布する活動報告ビラに「特集！　Ａさんのこれからの意気込みと活動の展望を聞く」と銘打った特集記事を掲載する。

❷ 政治活動用ビラを年初に配布することから、冒頭に「謹賀新年」、「新年明けましておめでとうございます」などと時節に合わせたあいさつを掲載する。

❸ 近く行われる地元県議会議員選挙の候補予定者Ｂ氏をアピールするため、政治活動用ビラにＢ氏との対談と紹介記事を掲載し、「ＡはＢ氏とともに地域のために頑張ります」と記載する。

❹ 政治活動用ビラの一部に広告欄を設け、スポンサーを募集して有料で広告を掲載する。

❺ 政治活動用ビラを後援者の経営する書店や喫茶店のレジ横やスーパーの広報コーナーに置いてもらい誰でも持ち帰れるように備え置く。

❻ 夏祭りで、来場者や催事関係者に対し、秘書とともに「市議会議員　Ａ」の名刺を配り歩く。

❼ 単なる名刺では目立たないので、半透明のプラスチックの素材で拡大鏡としても使ってもらえるような名刺にする。

❽ 名刺に地元の観光スポットや特産品の写真を載せてアピールし、名刺を見せれば割引や粗品プレゼントなどサービスを受けられるようにする。

A

① 　特集記事の内容がＡさんの政見や主張を述べる程度のものであれば選挙運動のためではなく通常の政治活動といえ問題ありません。しかし、それを超え選挙でのＡさんへの投票依頼を含む内容であったり、告示直前にＡさんの人となりや主義主張をアピールして投票に結びつけようとする意図のもとに掲載・配布を行ったような場合は選挙運動用文書図画の頒布（法142条1項）や事前運動（法129条）とされるおそれがあります。

② 　公職者等は、年賀や暑中見舞いといった時候のあいさつ状を出すことが禁じられています（法147条の2）。もっとも、ビラなどの時候のあいさつの記載が直ちに違法とされるのではなく、ビラ配布の目的やあいさつ文言の占める割合、記載の態様などの事情を考慮して個別に判断されます。本設問のように活動報告をメインとしたビラにおいて冒頭の導入としてあいさつを記載する程度であれば「あいさつ状」とされる可能性は低いと考えられます。他方で、当該ビラを年賀状代わりに各戸配布するなどをした場合は「あいさつ状」と認定されるおそれがあります。

③ 　対談記事の内容が県議会議員選挙におけるＢ氏への支持や投票を求める内容であったり、体裁は単なる対談記事でもＢ氏選挙運動としての目的の下で掲載した場合にはＢ氏の選挙についての選挙運動用文書図画の頒布や事前運動となる可能性があります。

④ 　政治活動用ビラの記載内容について、選挙運動に当たるもの（法129条、142条）やあいさつ状（法147条の2）は制限されますが、広告については規制はありません。そこで、政策ビラに広告料を得て広告を掲載すること自体は認められます。

⑤ 　政策ビラの配布方法について法は制限を設けていません。そのため、管理者の許諾を得られれば、店頭に備え置く方法により配布することもできます。

⑥ 　名刺を交換し、あいさつで手渡す行為は社会的な儀礼行為ですが、選

挙の告示直前の時期であったり一方的に配り歩くなど、時期や交付方法・態様によっては選挙での投票を得る目的の売名行為（選挙運動）として事前運動とされる可能性が高いと思われます。

⑦　名刺自体が他の用途に使えるようになっているなど、独自の価値を生ずる場合は寄附の禁止（法199条の2）との関係で問題となる場合があります。

⑧　名刺に地元の観光スポットや特産品の写真を使ってアピールすることはできますが、その名刺を提示すれば割引や粗品贈呈などのサービスを受けられるとすることは、名刺をもらう相手方に利益を与えるものであり、寄附の禁止（法199条の2）に違反すると考えられます。

解説

1　政治活動用の文書図画の頒布は原則として自由

　公選法は、選挙運動のために使用する文書図画の頒布や掲示について種類や配布方法の規制をしています（法142条以下）が、平時における政治活動としての広報・政策ビラや名刺などの文書図画の頒布については直接に規制する規定はありません。

　したがって、以下のような規制や制限があるものの、政治活動用ビラや名刺の記載内容や頒布方法、体裁は原則として自由です。

2　政治活動用ビラや名刺など文書図画の頒布における注意点

(1)「文書図画」とは

公選法では「文書図画」という言葉が頻繁に出てきます。

　同法のいう「文書図画」とは、「文字若しくはこれに代わるべき符号又は象形を用いて物体の上に多少永続的に記載された意識の表示」と解釈されており、文字でなく記号であっても、また紙以外のものに書かれたり、映像として表示されたものも含まれる広い概念です。

　ですので、インターネットを解してディスプレイ上に表示される文字や写

真は「文書図画」ですし、木塀や壁に文字やシンボルマークなどを描いた場合にその記載も「文書図画」となります。

(2)「頒布」とは

「頒布」は語感からすると「広く配ること」ですが、不特定又は多数人といった広範な範囲で文書図画を配ることのほか、特定少数の人へ配布する場合でも、それが不特定又は多数人に配布されていくことが予定ないし予想される状況での配布も含まれます。

そのため、広報・政策ビラなど、世間一般に広報する目的で作成したビラを配布することはほとんどすべて「頒布」に当たることになります。

(3) 事前運動（法129条）

ビラや名刺を配ることも公職者等や後援団体その他の者の活動であり、そこでは選挙運動期間外の選挙運動を禁ずる事前運動の禁止（法129条）が適用されます。

事前運動の禁止の内容は4頁で述べたとおりですが、行為の時期、方法・態様や内容及び頻度並びに目的等を踏まえ、当該配布物の内容や配布行為自体についてこれに該当しないかどうか事前にチェックしましょう。

特に文書の頒布は「配布物」という現物が存在するので事前にしっかりと該当性を検討することが可能ですし、一度出してしまうと証拠がはっきり残るものですので、事前チェックは特に重要です。

発行前に内容を吟味するとともに、記載内容に問題がなくとも頒布の時期や方法が事前運動と認定されないように気をつけましょう。

(4) あいさつ状の禁止（法147条の2）

①規制の内容

法147条の2は平時の時候のあいさつ状を規制しており、条文を分解すると、以下の要件で構成されています。

ア　主体

条文上、「公職の候補者又は公職の候補者となろうとする者（公職にある者を含む。）」とされ、寄附の禁止（法199条の2）などと同じです。

そのため、現に選挙が行われていなくとも、特定の選挙に立候補しようとする意思がある者であれば、現に公職者等でなくともこの規制を受けることになります。

イ　相手方

当該公職者等の選挙区域内にある者です。選挙権の有無は関係なく住民である必要もありません。また選挙区域内に支店や営業所などを有する法人や法人格のない団体も対象者です。

ウ　禁止される「あいさつ状」

「年賀状、寒中見舞状、暑中見舞状その他これらに類するあいさつ状」であり、いわゆる時候・季節のあいさつ状ということになります。「類する」とあるように、年賀状・寒中見舞状・暑中見舞状に限られるものではなく、時候・季節のあいさつと考えられる端午や桃の節句などでのあいさつ状やクリスマスカード、残暑見舞状、喪中のための欠礼状等も含まれることになります。

反対に、単なる誕生日のお祝い状、慶事の祝電祝文や不幸があった場合の弔電弔文は時候のあいさつとはいえないため、規制対象となる「あいさつ状」には当たらないことになります。

禁止される媒体は、はがきが最も一般的ではありますが、条文が「電報その他これに類するものを含む」としているように、はがきのみならず電報・FAX・レタックスなど書面性のものは含まれます。たとえビラであっても、それが記載内容からあいさつのためのものと評価されれば、「あいさつ状」となり得ます。

もっとも、時候のあいさつだけを記載したビラを作成することは考えにくく、政治活動用ビラが「あいさつ状」となるのは、ビラの記事の大半が時候のあいさつで占められているような場合や、主義・主張などが書かれていても内容がほとんどなく、主として時候のあいさつを目的としたようなものに

限られると思われます。

エ　禁止される行為

「出す」こととされています。郵便が典型的ですが、ウで述べたとおり電報やFAXなどの方法に加え、手渡しやポスティングも含まれることになります。

②規制の例外

法147条の2は「答礼のための自筆によるもの」については禁止していません。

「答礼のための」とは

　相手方からのあいさつ等があることが前提となり、それに対して相応の時期になされる返答のことをいいますので、相手方から何らのあいさつ等がない場合や、不特定多数の者に向けた告知・報告（一般的な広告やご案内など）などに対する場合は、そもそも「答礼」の前提を欠くことになります。

　また、相応の時期になされる返答ですので、喪中はがきが来た年の翌年末に年賀状を書いて発送したり、暑中見舞いに対する返答として年賀状を送るといったことは相応の時期になされた返答とはいえず、「答礼」と評価できません。

「自筆」とは

　文字どおり自ら記載することですが、その範囲についてはどこまでになるのでしょうか。以前、筆者が秘書時代に選挙管理委員会に確認したことがありますが、答えは「全部」でした。とはいっても、さすがに通信面の絵柄まではありません。

　実例上では、宛先の住所・氏名、あいさつ文、差出人の氏名が自筆であることを要求しています。つまり、基本的には、はがきでいえば表も裏も自筆で書かなければならないということです。

　しかも、肉筆でなければなりませんから、印刷・代筆はできません。印刷したタックシールで宛名を貼り付けるのはもちろん、最近よく使われる自筆

の署名をデータ化してプリンターで印刷したり、ゴム印で代用したものも肉筆とはいえません。

③インターネットを利用したあいさつ（状）について

インターネットにおける時候のあいさつについて、公選法は特段の規制を設けていません。

したがって、自身のホームページやTwitter、Facebook、電子メールなどでの時候のあいさつは、自由にすることができます。

(5) 寄附の禁止（法199条の2以下）

公選法は、公職者等や後援団体などによる選挙区域内の者に対する寄附を禁止しています（法199条の2以下）。何が寄附に当たるかについては38頁以下において詳述しますが、相手方に対し、対価性を欠いた財産上の利益を与えることが寄附となります。

ビラや名刺は通常、独自の財産上の利益を有するとはいえませんのでこれを選挙区域内の者に頒布しても寄附には当たりません。しかし、ビラや名刺それ自体が財産上の利益となる場合や、ビラや名刺を利用することで所持者が財産上の利益を得るような場合は寄附になる場合があります。

前者の例でいえば、ビラや名刺が団扇やメモ帳など別の用途に利用できる場合などであり、後者ではビラに割引クーポンを付けることや、名刺を優待券代わりに使用できるようにすることなどです。

(6) 虚偽事項公表罪・名誉毀損罪等（法235条以下、刑法230条以下等）

前述のとおり、政治活動用の文書図画であるビラの記載事項は自由です。

しかし、何を書いてもよいというものではなく、虚偽事実や他人の権利を害する内容を記載することは許されず、以下のような罪に問われることになります。

①虚偽事項公表罪（法235条以下）

公選法は、当選を得させる目的で虚偽事項を公にすることや、当選を得さ

せない目的で公職の候補者等に関する虚偽の事実を公表したり、事実をゆが
めて公表することを禁じています（法235条）。

②名誉毀損罪（刑法230条以下）

記載内容が事実であったとしても、記載の事実が公職者等や政治団体その
他第三者の名誉を害したり、社会的評価を低下させるものであれば、刑法の
名誉毀損罪（刑法230条）に該当する可能性があります。

もっとも、名誉毀損罪については指摘事実が真実である場合に罰せられな
い特例があります（刑法230条の２）。

具体的には、①公共の利害に関する事実についてその摘示の主たる動機が
公益を図ることにある場合、あるいは公務員や公務員の候補者に関する事実
である場合で、②真実であることの証明があったときに違法性が排されると
いうものです。

公職者等の政治家の場合、私的な事実についても「公共の利害に関する事
実」に当たることがありますが、純粋に私的な事項については該当しません。
また、公務員や公務員の候補者に関する事実につき、公務員の適格性と関係
のないような私的な事実や公務員自身以外の事実などは当たらないと考えら
れています。

なお、結果的に事実が真実であることを証明できなかった場合でも、事実
が真実であることを誤信し、その誤信をしたことについて確実な資料・根拠
に照らし相当の理由があるときは、犯罪の故意がないとして名誉毀損罪の成
立を否定した最高裁判例もあります（最判昭和44年６月25日刑集23巻７号
975頁）。

③侮辱罪（刑法231条）

事実を摘示しなくても公然と人や団体を侮辱した場合には、侮辱罪（刑法
231条）が成立します。

④不法行為責任（民法709条）

名誉権やプライバシー権の侵害により損害が生じれば、民事上の損害賠償
責任（民法709条）も発生します。

3 知名度アップで目立たせたい！ ポスター・看板・のぼりなど
広報活動②（文書図画の掲示）

> **Q** 市議会議員として日々選挙区内を駆け回るＡさん。有権者に
> もっと顔と名前を知ってもらおうと、ポスターや看板につい
> て以下のような対応を検討しています。問題はないでしょう
> か。

❶ 等身大の巨大なポスターをつくり、事務所の外壁に貼り付ける。

❷ 有料の屋外看板スペースを借り、政治活動用ポスターを掲示する。

❸ ポスターの周りに照明を取り付け、夜間にライトアップさせる。

❹ 後援会連絡所の看板を後援者が所有する駅前の空き地に立てる。

❺ ポスターにQRコードを表示しておき、スマートフォンなどで読み込む
と、Ａの活動動画やTwitterを見たり、後援会に申し込めるようにする。

❻ 「Ａ後援会」や「○○党××支部支部長Ａ」と記載されたのぼりを掲げ
て街頭演説をする。

❼ 「後援会連絡所」の立看板を看板やのぼり代わりに掲げて街頭演説をする。

❽ 街頭演説の際、傍らにＡの似顔絵やマスコットキャラクターを描いたの
ぼりを掲げる。

A

① 　法はポスターのサイズは制限しておらず、理屈でいえば巨大な政治活
動用ポスターを作成することも認められるとも考えられます。しかし、
特定の公職者等の顔写真や氏名を大きく記載したり、何枚も並べて掲示
して目立たせるなど、内容や掲出方法によっては特定の選挙に向けた売
名行為として事前運動となる可能性があります。

② 　有料の屋外看板スペースは、もともと広告を掲載することを予定して掲示板などが設置されていたり、型枠が設けられています。これらを利用して政治活動用ポスターを掲示することは、「裏打ちポスター」として認められないと考えられます。

③ 　政治活動用ポスターが見えやすいように照明を取り付けることについては法に反しないと考えられますが、見えないものを見えるようにするためではなく、電飾で公職者等の氏名や顔を特に目立つようにしたり、バックライトで照らすなど、態様・程度によっては事前運動とされる場合もありえます。

④ 　後援団体の名称を記載した立札・看板については、政治活動のために使用する事務所において選挙管理委員会から交付を受けた票証を貼付したものを 1 か所につき 2 枚まで設置できます（法143条 7 項）。

　しかし、空き地は「事務所」とはいえません。したがって認められず、文書図画の掲示違反として法143条 1 項に違反することになります。

⑤ 　政治活動用ポスターに QR コードを表示し、リンクを張ることは可能ですが、リンク先のページや活動動画などの内容が事前運動に当たるものでないことが必要です。

　また、ポスターには公職者等の氏名や氏名類推事項、後援団体の名称の記載がない場合でも、QR コードのリンク先に氏名や名称等の記載があれば、法143条16項 2 号の適用を受けることになります（法271条の 6 第 1 項）。

⑥ 　「Ａ後援会」と記載したのぼりは、一般的には立札・看板の一種と考えられ、街頭では法143条16項 1 号により認められるものに当たらないため、使用することはできません。

　他方、「〇〇党××支部支部長Ａ」との記載は、あくまで政党支部の政治活動として法143条16項により規制されないとも考えられます。しかしながら、政党の政治活動としての駅立ちで、わざわざ支部長Ａの名前を記載したのぼりを掲げる必要性が必ずしもあるとはいえず、むしろＡさんの氏名を表示してＡさんの知名度アップと選挙での支持拡大につ

なげる意図も否定できません。とすれば、このようなのぼりの掲示は、その時期や態様によって事前運動と判断されるおそれがあります。

⑦ 　後援会事務所を表示するなど公職者等の氏名や後援団体の名称を記載した立札・看板は、当該公職者等や後援団体が政治活動のために使用する事務所においてのみ掲示できることとなっており（法143条16項1号）、街頭などで使用することはできません。

⑧ 　法143条16項は、公職者等本人の氏名が類推されるような事項を表示する文書図画についても規制しています。したがって、似顔絵やマスコットキャラクターがＡさんの氏名を類推する表示であると認められる場合は、文書の掲示制限に抵触するおそれがあります。

解説

1　ポスターや看板、のぼりなどの掲出は「文書図画」の「掲示」

　政治活動用ポスターや事務所・後援会事務所を表示する看板、街頭演説時などで傍らに掲げるのぼりは、いずれも「文字若しくはこれに代わるべき符号又は象形を用いて物体の上に多少永続的に記載された意識の表示」として文書図画に当たります。

　そして、これらポスターや看板、のぼりを掲げて示すことは「文書図画を一定の場所に掲げて人に見えるように示す行為」すなわち「掲示」に当たります。

　法は、選挙運動のための文書図画の掲示について制限をしていますが（法143条1項）、政治活動として行われる文書図画の掲示についても規制しています。

2　政治活動用の文書図画の掲示に対する法の規制

（1）対象となる文書図画

　法の規制の対象となる文書図画は下記のとおりです。

①公職者等の政治活動のために使用される文書図画のうち、公職者等の氏名

　又は公職者等の氏名類推事項を記載する文書図画

②後援団体※の政治活動のために使用される文書図画のうち後援団体の名称を記載する文書図画

　※「後援団体」は法199条の5第1項に定義される「後援団体」と同じです（66頁をご参照ください）。

　なお、政治活動用文書図画であっても選挙運動のために用いれば、選挙運動用文書図画となり、法143条1項の定める法定のもの以外の文書図画を掲示することは法定外文書図画の掲示として同条違反となります。

(2) 規制の内容

　上記（1）で対象とされた文書図画については、以下①～④の4つの場合にのみ掲示することが許されます（法143条16項）。

①立札・看板の類（1号）

　文字どおりの典型的な立札・看板のほかにこれらの「類」といえるものについても本条項の規制を受けます。例えば、横断幕やプラカード、のぼりなどもここにいう「類」に当たるものと考えられています。

ア　記載の内容

　公職者等の氏名や氏名類推事項、後援団体の名称のほか、政治活動に関することは記載できますが、特定の選挙に関する記述や投票呼びかけの文言などは事前運動や法定外文書図画の掲示となるおそれがあります。

イ　設置場所

　当該公職者や後援団体が政治活動のために使用する事務所に設置できます。

　ここにいう「事務所」は、名前だけの実態のない場所ではなく、具体的に政治活動に関する事務（例えば、支援者拡大や政策立案のための定例会議、ビラやパンフレットの作成、政策懇談会や演説会の企画運営など）を行っているような実態があることが必要です。そのため、立札・看板を立てるためだけに名目上のみ「事務所」とするとか、後援会団体の会員の家であるからという理由だけで事務を行わない場所に立札・看板を立てることはできませ

ん。

　また、事務所の設置場所といえる場所に立てなければならず、何もない畑や空き地などに立札・看板を立てることはできません。

ウ　掲示できる数（令110条の5）

無制限に掲げることはできず、数の制限があります。

【1か所当たりの数】

合計2枚まで。裏表に表示した場合はそれぞれが1枚となります。

【設置できる総数】

	公職者等1名当たり	当該公職者等の後援団体すべてを通じて
知事	12＋【当該都道府県内の衆議院小選挙区の数－2】が2増えるごとに2	18＋【当該都道府県内の衆議院小選挙区の数－2】が2増えるごとに3
都道府県議会議員市議会議員指定都市以外の市長	6	6
指定都市の市長	10	10
町村議会議員町村長	4	4

エ　その他の要件

【大きさ】

　立札・看板の大きさは縦150センチメートル、横40センチメートル以内でなければなりません（法143条17項）。上記大きさには立札・看板の「足」も含まれます。

【証票の貼付】

　立札・看板には選挙管理委員会から交付を受けた証票を貼り付けなければなりません（法143条17項、令110条の5第4項）。

　なお、後援団体が証票の交付申請をするに当たっては、後援する公職者等の同意が必要です（令110条の5第5項）。

②ポスター（2号）

ア　記載の内容

立札・看板と同様、公職者等の氏名や氏名類推事項、後援団体の名称に加えて、政治活動に関することを記載できますが、記載方法によっては、事前運動や法定外文書図画の掲示とみなされるおそれがあります。

イ　数・大きさ

法令上、数や大きさに制限はありません。しかし、1か所に大量に並べて掲示したり、巨大なポスターを掲げると、その態様・目的などから事前運動と判断される可能性があります。

ウ　掲示場所

掲示場所については定めがありませんが、選挙時の政党その他の政治団体等の政治活動ポスターの設置場所の制限（法145条、201条の11第6項）との関係から、国や地方公共団体の管理・所有に係る場所については原則として掲示すべきではありません。また、他人の土地や工作物に掲示する場合は事前に承諾を得ておく必要がありますし、各自治体の景観条例等の掲示物の制限を遵守する必要もあります。

エ　特定事項の表示

ポスターの表面に掲示責任者及び印刷者の氏名（法人の場合はその名称）及び住所を記載しなければなりません（法143条18項）。

オ　掲示が許されない例外（法143条16項2号本文及びかっこ書）

以下のものは原則に則り掲示ができません。

（ア）　政治活動用の事務所・連絡所や後援団体の構成員であることを表示するために掲示されるポスター

（イ）　いわゆる「裏打ちポスター」

> **「裏打ち」とは**
>
> ポスターの裏面がベニヤ板、プラスチック板や段ボール、金属などで補強されたものをいいます。この禁止の趣旨から、型枠にはめ込んで掲示する方法や、あらかじめポスターを掲示することを予定して掲示板を作成・設置し

てそこにポスターを掲示した場合もこれに当たりうるものとされています。

（ウ）「一定期間」中のいわゆる事前ポスター

文書・図画の掲示に関する「一定期間」について

　公選法ではいくつか「一定期間」という言葉が出てきます。それぞれ期間が異なっているため、混同しないように注意が必要です。

　文書・図画の掲示に関する「一定期間」は以下のとおりとなっています。

● 任期満了による選挙の場合は、任期満了日の6か月前の日から投票日までの期間（法143条19項3号）

● 任期満了以外の理由による選挙の場合は、選挙を行うべき事由が生じたことを告示した日の翌日から投票日までの期間（同項6号）

　なお、寄附の禁止の「一定期間」（法199条の5第4項。42頁参照）と期間が異なりますので、間違えないように注意が必要です。

③演説会等の会場における文書図画（3号）

　演説会等とは、「公職者等や後援団体の政治活動のために行う演説会、講演会、研修会その他これらに類する集会」のことで、「市政報告会」などの名称に関わりなく、その集会の性質や内容によって「演説会等」に当たるかどうかが判断されます。

　なお、「集会」ですので、個別面接の形ではなく不特定又は多数の者を集めて開催する会合を指します。

ア　記載の内容

　公職者等の氏名や氏名類推事項、後援団体の名称のほか、選挙運動にわたらない限り政治活動に関する記載ができます。

イ　掲示できる文書図画の種類

　種類については制限がありませんので、ポスターや動画、垂れ幕なども使用できます。

ウ　掲示できる時期・場所

演説会等の開催中ですので、まさに開催時間中かそれに接着した時間帯に限られます。開催当日の早朝からとか、終了後の片付けが終わっても掲示したままにすることは、接着した時間帯とはいえません。

また、条文は「会場において」としています。この「おいて」は、会場内のみならず、会場外であっても合理的に判断して会場といえる場所（例えば、会場までの廊下や会場建物の入口）であれば掲示することができます。会場外の周辺地域に置く「〇〇演説会会場はこちら」といった案内板などは「会場において」とは言い難く、認められないと考えられます。

エ　法第14章の3の規定により使用することができるもの（4号）

地方自治体における選挙のうち、都道府県や指定都市の議会議員選挙、知事・市長及び特別区の区長選挙について選挙運動期間中に行われる確認団体の政治活動としての政治活動用文書図画の掲示の例外です。

これについては、213頁以下にて説明します。

3　後援団体以外の政党その他政治活動を行う団体の政治活動のために使用される文書図画

いわゆる政党の作成する2連ポスターなど後援団体以外の政党その他政治活動を行う団体の政治活動のために使用される文書図画については法143条16項の規制は及びません。

もっとも、実質的には特定の公職者等の政治活動のために使用される文書図画といえる場合には、法143条16項の適用を受けることになります。

なお、政治活動用の文書図画の形式を取りつつ特定の選挙での投票を求めるようなものである場合には事前運動の禁止（法129条）や法定外文書図画の掲示（法143条1項）の適用があります。

また、記載内容によっては名誉毀損として刑事上・民事上の責任を問われるおそれがありますので配慮も必要です。

4　公職者等の氏名や氏名類推事項又は後援団体の名称等を記載しない文書図画

これらについては原則として法143条16項の規制は及びません。

しかし、事前運動の禁止（法129条）や法定外文書図画の掲示（法143条1項）の適用可能性などは3と同様です。

法143条16項の規制対象は次のとおりです。

【図】法143条第16項の規制対象まとめ

文書図画の種類と使用目的		法143条16項の適用
公職者等の政治活動のために使用される文書図画	公職者等の氏名又は公職者等の氏名類推事項が記載されているもの	あり
	公職者等の氏名又は公職者等の氏名類推事項が記載されていないもの	なし
法199条の5の後援団体の政治活動のために使用される文書図画	後援団体の名称が記載されているもの	あり
	後援団体の名称が記載されていないもの	なし
後援団体以外の政治団体の政治活動のために使用される文書図画		なし

5　インターネットの活用

近頃多用されているQRコードを文書図画に記載して、スマートフォンなどでリンク先の情報にアクセスできるようにすることも可能です。この場合、QRコードの読み取り後に表示される事項（表示事項）が当該文書図画上に記載されているものとされます（法271条の6第1項）。

そのため、ポスター自体には公職者名や後援団体の名称等が記載されていなくてもリンク先に記載があれば法143条16項の適用があります。

ただし、法律上、文書図画に記載・表示が要求されている事項については適用がありません（同条2項）。したがって、法143条16項2号のポスターで表示しなければならない掲示責任者及び印刷者の氏名（法人にあっては名称）

及び住所の記載を QR コードに置き換えることはできません。

> **このようなものは「文書図画」に該当する？**
>
> ● 街頭活動中に公職者等の氏名や後援会の名前入りジャンパーをおそろいで着ている場面を見ることがありますが、これについては一般的に法143条16項により認められた文書図画に当たらない（すなわち違法）ことが多いと政府参考人の答弁（平成28年3月18日第190回国会　政治倫理の確立及び公職選挙法改正に関する特別委員会第3号参考人答弁）でも述べられています。
>
> ● 様々な映像を切り替えて表示できるデジタルサイネージ（いわゆる電子看板）を利用して液晶モニターに電子ポスターを表示させることも「文書図画」の「掲示」に当たり、かつ、液晶モニターはその構造から「立札・看板」の類と考えられます。したがって、公職者等の氏名や氏名類推事項、後援団体の名称等を表示するときは法143条16項1号及び同条17項の規制を受け、政治活動のための事務所において2つを限度として制限された大きさのものであれば掲示できると考えます。なお、複数の表示を切り替える場合でも、ディスプレイ1台ごとに1枚となると考えられます（もちろん、ディスプレイ全体の大きさが法令の制限範囲内であることが必要です）。

4 デジタル技術をフル活用！ どこまでOK？ インターネットを活用した政治活動

Q 市議会議員のAさんは普段の政治活動にインターネットを活用しようとしています。以下のことをしても問題ないでしょうか。

❶ ホームページやFacebookを開設し、これまでの政治活動・選挙運動の記録写真や発行した活動報告を掲載する。

❷ 過日行われた統一地方選挙について、メールで後援会会員にお礼をするとともにYouTubeに当選お礼動画をアップロードする。

❸ 自身のブログに自分の政策ビラのデータを画像として掲載し、「Aの活動にご賛同いただける方はTwitterやビラを活用してお知り合いに広めてください」とブログの告知や政策ビラを印刷しての配布を呼びかける。

❹ 後援会員募集ページをつくってインターネットで後援会員に申し込めるようにする。

❺ B氏の参議院議員選挙期間中、Aの政治活動報告メールマガジン上でB氏の選挙活動の様子や政見について広報する。

❻ Aのホームページと Facebookに後援会旅行のお知らせを掲載し、友人を紹介したりホームページやFacebook経由で申し込むと参加料金が割引になるようにする。

❼ Aのホームページに、「Aの活動にご協力ください」として寄附のページを設け、フォームに入力するとAに対する寄附ができるようにする。

❽ Zoomのオンライン会議を開催し、Aが有権者と直接意見交換や政策議論を行う。

① 　ホームページやブログ、Twitter、Facebook などインターネットを利用した政治活動については、事前運動に当たらない限り原則として自由です。したがって、設問のような記録写真や活動報告の掲載は可能です。

② 　選挙期日後の挨拶につきインターネットを利用して当選の報告やお礼をすることは禁止されていませんので、メールや動画を利用しての当選報告は可能です（法178条2号）。

③ 　政治活動において SNS の活用は自由に行うことができます。また、政策ビラを画像データとして掲載しダウンロードさせることもできます。
　　ダウンロードして印刷した政策ビラを配布することは、それが事前運動（法129条）などに抵触しない限り自由に行うことができます。

④ 　後援会員の募集は自己の支持者を増やし主義・主張を推進するために行われるものであり、支援者をインターネット経由で募り、後援会への申込受付をすることも政治活動の一環として認められます。

⑤ 　AさんがB氏の選挙活動の様子や政見について広報することはとりもなおさずB氏の選挙に関する選挙運動となります。電子メールによる選挙運動はできる者が限定されており（192頁以下参照）、候補者ではないAさんの行為は法142条の4第1項4号違反となります。

⑥ 　Facebook に後援会活動の内容を掲載することは問題ありません。しかし、本設問のような割引制度は、これを経由した場合に当該申込者に対して財産上の利益（割引）を与えるものとして寄附の禁止（法199条の2）に抵触する可能性があります。

⑦ 　インターネットを介して政治活動に関して寄附ができるようにすることは可能ですが、寄附の宛先がAさん個人である場合は、公職者本人の政治活動に対する金銭等の寄附を禁止する規正法21条の2第1項に違反します。

⑧ 　オンライン会議の利用は「ウェブサイト等を利用する方法」であり、これによる政治活動も可能です。したがって、オンライン会議で有権者

等と直接に政策について議論をし、また、後援会幹事等と打ち合わせを
することもできます。もっとも、会議の内容が選挙運動にわたるもので
あれば事前運動の禁止に抵触する可能性があります。

解 説

1　政治活動におけるインターネット利用のメリット・デメリット

　現在、日常生活においてインターネットは情報収集手段、連絡方法として
欠かせないものとなっています。政治活動においてもインターネットは有用
な手段ですが、一方で利用に当たって気をつけるべきこともあります。

　そこで、インターネットを利用した政治活動について考えるに当たり、イ
ンターネット利用のメリット・デメリットについて考えてみましょう。この
ことは、政治活動であっても選挙運動であっても常に意識しておくべきポイ
ントです。

　特に、公人である政治家の発信した内容は社会に与える影響も大きいため、
デメリットについては常に頭の片隅に置いておきましょう。

《メリット》
●**即時の情報発信・取得が可能**
　有権者に伝えたい情報がいつでもすぐに発信できる。自らほしい情報がす
ぐ入手できる。
●**手軽かつ低コストで利用できる**
　パソコンや情報端末があれば、システムや制度に習熟していなくともすぐ
に利用でき、高価な器具をそろえる必要もない。
●**直接アクセスができる**
　情報発信者と受信者が直接つながる。すなわち、公職者等と有権者などの
情報受信者とが身近な関係になる。

《デメリット》

●いったん出た情報の削除は困難

　すぐに情報を削除しても取得した者によってインターネットの海に半永久的に残り続ける。情報が証拠化され、なかったことにはできない。

●真偽不明の情報でも発信できてしまう

　証拠や真実の裏付けのない情報であっても自由に発信できてしまう。

●なりすましが可能

　誰が発信したかの紐付けが難しく、名義を容易に偽ることができる。

●情報の押しつけが生じる

　相手方が希望しない情報でも一方的に送りつけることができる。

　なお、選挙運動に関してではありますが、公選法もインターネット等の適正な利用の努力義務を規定しています（法142条の7）。

2　公選法における「インターネット」の概念

　後述のとおり、公選法は政治活動におけるインターネットの利用についてはほとんど規制していません。もっとも、法がインターネットをどのように規定しているかは知っておく必要があります。選挙運動の場面で重要な意味を持ちますが、あらゆる場面で参考になりますのでここで概念について理解しておきましょう。

(1)「インターネット等を利用する方法」（法142条の3）

　法の文言は非常に分かりにくいですが、要約すると

①「放送」（公衆によって直接受信されることを目的とする電気通信の送信）以外の「電気通信」

②文書図画を受信者の通信端末機器の映像面に表示させるもの

の両方を満たすものということになります。

　「放送」は一般的に不特定多数に向けて送信されるテレビ、ケーブルテレビやラジオのことを指していますので、そうした方法以外はほぼすべてイン

ターネット等に含まれていると解して支障はありません。例えば、インターネット回線を使わない社内イントラネットや、赤外線通信、Bluetooth といった無線を利用するものも「インターネット等」に含まれることになります。

　受信側については、通信端末、すなわちパソコンやスマートフォンをはじめ、テレビモニター、携帯ゲーム機、従来式の携帯電話の画面なども含まれます。

　②については、ホームページや電子メールの文面、SNS 上の書き込みなどの画面の表示そのものが「文書図画」となります。

　後述の「ウェブサイト等を利用する方法」、「電子メールを利用する方法」との関係を示すと以下のようになります。

> インターネット等を利用する方法
> 　　　　＝ウェブサイト等を利用する方法＋電子メールを利用する方法

(2)「ウェブサイト等を利用する方法」（法142条の3）

　これは、上記「インターネット等を利用する方法」から次の「電子メールを利用する方法」を除いたものになります（法142条の 3 第 1 項）。

　すなわち、

> ウェブサイト等を利用する方法
> 　　　　＝インターネット等を利用する方法−電子メールを利用する方法

です。

　したがって、ホームページ、ブログはもちろん、Twitter、LINE、Instagram や Facebook などといった SNS（ソーシャルネットワークサービス）や YouTube、ニコニコ動画などの動画配信、さらには Zoom などのオンライン会議なども含まれます。

(3)「電子メールを利用する方法」(法142条の3)

条文では特定電子メールの送信の適正化等に関する法律2条1号に規定する電子メールを利用する方法とされています。

引用される同法2条1号の定める「電子メール」の要件は

1　特定の者に対し伝達するための電気通信
2　通信文や情報を受信者の通信端末機器の映像面に表示させるもの
3　総務省令で定める通信方式を用いるもの

となります。

3の「総務省令で定める通信方式」は「特定電子メールの送信の適正化等に関する法律第2条第1号の通信方式を定める省令」で定義されており、

①　その全部又は一部においてSMTP(シンプル・メール・トランスファー・プロトコル)が用いられる通信方式
②　携帯して使用する通信端末機器に、電話番号を送受信のために用いて通信文その他の情報を伝達する通信方式

とされています。

①は、簡単にいえばeメールアドレス(×××@●●. jpなど)を使って送るメール、②は携帯電話の番号を使って送受信するSMS(ショートメッセージ)が典型例であると考えれば分かりやすいと思います。

一方で、LINEやInstagramといったSNSでのダイレクトメッセージ機能などは①、②に当たらないため、電子メールを利用する方法ではなく、「ウェブサイト等を利用する方法」に該当します。

3　インターネット等を利用した政治活動と公選法

(1)原則として自由

法は、インターネット等を利用した政治活動についてはほとんど規制を設けていませんので、ウェブサイトを利用する方法、電子メールを利用する方法を問わず、原則として自由に行うことができます。ホームページやSNSを利用した活動報告、メールマガジンを発行しての政見や実績のアピール、動画配信なども可能です。

特に、平成25年の法改正で、選挙後のインターネット等を利用したあいさつ行為が明文で認められました（法178条2号）ので、大いに活用が期待されます。

（2）規制される場面

ただし、原則は自由といっても全くのフリーハンドではありません。法は、主としてあいさつ（いわゆる時候のあいさつや慶弔・激励・感謝やこれに類するもの）を目的とするインターネット有料広告を明文で禁止しています（法152条1項）。

また、あいさつ目的でない場合であっても、200頁で解説する「選挙運動のための有料インターネット広告の禁止」を免れる趣旨で、候補者の氏名や政党その他の政治団体の名称や類推できる事項を表示した広告を出すこともできません（法142条の6第2項）。

（3）その他注意が必要となる一般的規制

①事前運動の禁止（法129条）

選挙運動期間外の選挙運動が規制されるのは、インターネットを利用する場合でも同様です。特定の選挙において特定の候補者への投票呼びかけは選挙運動に当たり、もちろん許されません。

また、告示前に選挙運動や立候補の準備行為として後援会幹事などとインターネット掲示板やSNS、電子メール、オンライン会議等を利用して準備の打ち合わせや計画連絡などをすること自体は事前運動には当たりませんが、多数の後援会会員に選挙運動期間中の行動予定や演説会日程を一斉配信するなど、その態様によっては投票依頼目的とみなされ、事前運動に該当する可能性があります。

②寄附の禁止（法199条の2、199条の5等）

公職者等や後援団体などの選挙区域内の者に対する寄附は固く禁じられています（法199条の2、199条の5等）。

　インターネットを利用しての政治活動においても、かかる寄附の禁止は適用されますので、インターネットや電子メールを利用して特定の者に対する財産上の利益を与えたり、その約束をするなどした場合は、直接相手方と接触しないで行われた場合でも違法となります。

　一方で、インターネットを通じて政治活動に関する寄附を募ることはできますが、寄附先が公職者等本人の場合は金銭等による寄附が禁止されています（規正法21条の２第１項）。また法人の場合は政党及び政治資金団体以外の政治団体に対する寄附も禁じられています（規正法21条１項）。さらに政治団体に対する寄附が可能であっても量的制限が設定されています（規正法21条の３、22条。寄附の制限については71頁、103頁等も参照）。

個人情報保護にも意識を

● 昨今、スマートフォンなどの広まりにより、「一億総カメラマン時代」ともいわれるようになりました。これにより、日常の政治活動を撮影した写真や動画において無関係な第三者の顔などが映り込むことも多くなっています。

● 写真や動画であっても「その個人がその時間その場所にいたこと」を示す個人情報であり、取扱いには慎重を期すべきです。したがって、第三者が映り込んだ画像や動画をホームページやブログ、ビラなどに掲載する場合は、当該被写体となった方のプライバシーや個人情報を保護するため事前に掲載の許可を得たりモザイク処理を施して特定できないようにするなどの対応が必要です。無断で掲載することで第三者のプライバシーや肖像権を侵害した場合には民事上の損害賠償責任が生じる可能性もあります。

③文書図画の頒布規制（法142条）

　ホームページやSNS上に活動報告や政治活動用ビラなどの画像データなどを置いておき、これを見た人が自由にダウンロードして印刷や添付ファイルとして転送することができるようにすることも可能です。

　ただし、画像データなどを印刷した場合、印刷物そのものが新たな「文書図画」となり、当該印刷物については文書図画の頒布規制（法142条）が及ぶことになります。

5　懇親会、神社の餅まき、夏祭り…うっかり違反に注意
イベント・行事

> **Q**　市議会議員のＡさんが政治活動を行う中で、地域や団体のイベント・行事に関わる機会が増えてきました。こうしたイベント・行事において、以下のようなやりとりを行うことは公選法に違反しないでしょうか。

❶　地元青年会の懇親会の招待状が届いたが、会費は3,000円とあったところ、二重線で抹消され、「ご招待」となっており、

　　ア　当日、受付で「実費は払うから」と3,000円を支払う。

　　イ　会費は払わず、代わりに3,000円相当のワインを差し入れる。

❷　選挙区域内の神社で行われる餅まき行事に招待され、

　　ア　当日、神社が用意したお餅を参拝客に向かって投げる。

　　イ　神社から「餅まきご参加の方で有志の方から献灯料をいただいております」と言われたため、献灯料として1,000円を支払う。

❸　Ａが町内会長を務める町の小学校区では毎年夏祭りを行っている。事前に全戸500円の会費を支払うが、あわせて恒例として各町内会長が負担して清酒を１本差し入れている。そこでＡは会費を支払い、清酒については自分の名前は出さず「○○町内会」として町内会名で差し入れる。

❹　地元商店街の店主らが集まる会議の打ち上げに参加したところ、お酒も入ったところで隣にいた人から、「次の選挙も出るのか？　この町をどうしていくのか語ってくれ」と言われたので、参加者の前で抱負を語る。

❺　後援者との会合の後、「応援しているから、これ、活動費の足しにしてください」と封筒に入った１万円を手渡され、そのまま受け取る。

❻　地元の高校の卒業式に祝文を送った。その文面には「ご卒業おめでとうございます。みなさんは有権者としてこれから社会を支える力になりま

す。私もこの町を支えるひとりとして頑張ります！　一緒に頑張りましょう！」と記載する。

A

① ア　会費制だったとしても、招待であればAさんは本来会費を払う必要（義務）はありません。にもかかわらず会費を支払うことは、義務の履行としての対価の支払いとはいえず、禁止された寄附となります。

　　イ　会費名目ではなく同程度の物品を差し入れても、義務のない物品の供与であり、この場合も寄附となり許されません。

② ア　神社側が行事用に用意したものを参拝客に振る舞ったとしても、公職者等が参拝客に寄附をしたことにはならず問題はありません。

　　イ　献灯料は任意となっており、神事参加に対する対価とはいえず禁止される寄附に当たると考えられます。

③　会費は定められた費用の支払いですので、これに従い支払う限りAさんの名前で支払っても寄附には当たりません。また、清酒は町内会名での寄附ではありますが、負担者がAさんである以上Aさんの寄附として許されません（町内会の負担で行った場合は、Aさんが役職員を務める団体からの寄附となり、この場合は許されます。詳細は83頁以下参照）。

④　「次の選挙」に関して立候補の意向や抱負を語ることは、その時期や内容・方法等によっては事前運動（法129条）に当たる可能性があります。

⑤　公職者等個人が現金の寄附を受けることは、選挙活動に関するものを除いて禁止されます。本設問の場合、「この町の発展のため活動費」として渡されており、政治活動に関してのものと考えられますので、公職者等が個人の立場で現金を受け取ることはできません。一方で、政党支部や政治団体に対する寄附は現金でもすることが可能であり、政党支部や政治団体に対する寄附と見ることができるのであれば、その立場で受け取ることはできると考えられます。

⑥　本文面から直ちに選挙運動目的があるとはいえませんが、文面が特定

の選挙を意識して投票を依頼するようなものであったり、選挙告示直前に大量に送付されたりするなど、その内容や時期・態様等によっては事前運動（法129条）や法定外文書の頒布（法142条）に当たるとされる可能性があります。

解説
___

1　寄附の禁止

(1)「寄附」はいつでもどこでも要注意

公選法関係でたびたびメディアを賑わせるのが寄附の問題です。政治家の活動や日常生活ではどうしてもお金やモノの動きが生じますが、「寄附」になるかどうかを理解しておかないと、うっかり禁止された「寄附」として公選法違反になるおそれもあります。

そこで、「寄附」とは何か、何が禁止されるのかを理解しましょう。

本章では「寄附」の概念を説明した上で、公職者等本人による「寄附」及び公職者等本人に対する「寄附」を検討します。

公職者等本人以外による第三者への寄附については、69頁、83頁以下にて解説します。

(2) 寄附の定義

公選法は「寄附」について179条 2 項で「この法律において「寄附」とは、金銭、物品その他の財産上の利益の供与又は交付、その供与又は交付の約束で党費、会費その他債務の履行としてなされるもの以外のものをいう」と定義しています。

公選法の「寄附」のメルクマールを整理すると、以下のようになります。

寄附の要件	①	金銭、物品その他の財産上の利益
	②	①の供与又は交付、その供与又は交付の約束をすること
	③	党費や会費、その他債務の履行でないこと

①金銭、物品その他の財産上の利益であること

一般的に寄附というと、何か金銭やモノを受け渡すようなイメージを抱きますが、公選法の「寄附」はこれにとどまりません。

いわゆる労務やサービスといった形のないものであっても、またもらうのではなく「タダで借りる（無償の貸与）」場合や債務の免除を受けたり、保証人になってもらうなどの場合であっても、財産上の利益があるとされるのです。

言い換えれば

●「本来であれば対価を払うべきものを免れた」関係

●「対価があっても見合っていない（相当性を欠く）」関係

ということがあれば財産上の利益があることになります。

②①を供与又は交付、その供与又は交付の約束をすること

注意すべきポイントは、公選法上は現に受け渡しがなくとも、単に供与又は交付の「約束」をしただけでも寄附になるということです。

そのため、後で気づいて「まずいからこの話はなかったことに」といって

規正法の定義する「寄附」

● 規正法も４条３項で「この法律において「寄附」とは、金銭、物品その他の財産上の利益の供与又は交付で、党費又は会費その他債務の履行としてされるもの以外のものをいう」と、「約束」がないだけで公選法とほとんど同じ規定を置いていますが、規正法では「政治活動に関する寄附」は「政治団体に対してされる寄附又は公職の候補者の政治活動（選挙運動を含む。）に関してされる寄附をいう」ものとし（４条４項）、法人やその他の団体（労働組合や職員団体等法人格のない任意団体など）の負担する党費や会費は寄附とみなす（５条２項）など公選法と少し違いがあります。

も、法律上は寄附ではないといえなくなるのです。

③党費や会費、その他債務の履行でないこと

消極的要件であり、「党費や会費」「債務の履行」は寄附に当たらないことになります。いわゆる対価性があるものについては「利益」があるとはいえないためです。

「党費や会費」は、あらかじめ党則や規約などで構成員の義務として定められた一定の費用の支払いをいいます。そのため選挙前に特定の目的で規約もなく臨時的に会費を集めるような場合（例：職員団体の集会で、選挙告示の直前に、規約にない「特別会費」として集会参加者から1,000円ずつ徴収して候補予定者に渡す）は、実質的に贈与行為と見られ、ここにいう「党費や会費」に当たらない、すなわち寄附として扱われることになり、そのように解した実例も存在します。

「債務の履行」とは、法律上の原因に基づいて負担する一定額の支払義務をいいますので、義務のない奢りは「債務の履行」とはいえず、義務を超えた支払いはその超えた部分が寄附となります。

（3）公職者等からの寄附の制限（法199条の2）
①原則

選挙区域内の人や法人、団体、包括する国や地方公共団体への寄附は禁止されています。

寄附はそれが選挙に関してのもの（※「選挙に関し」とは選挙に際し、選挙に関する事項を動機としてすることをいい、選挙に関連する一切のものを指す広い概念です）である場合に限られず、また通常一般の社交の程度を超えないものであっても禁止されます（これらの有無は法249条の2の適用関係に影響するだけです）。

後述のように例外規定はありますが、一般的なイベント・行事で例外に該当するような事例はほぼ考えられませんので、「とにかく選挙区域内でのイベントでは寄附はできない」と覚えておくのが適当です。

> **寄附に関して注意すべきポイント**
>
> ● 名目のいかんを問わないので匿名でも許されません。
>
> ● 住んでいる人のみならず、選挙区域内で勤務する人、たまたま選挙区域内にいる人にもできません。
>
> ● 選挙区域外での行為であっても、対象者が選挙区域内の住民等である限り寄附はできません。
>
> ● 相手方が有権者であるか否かも問いません。18歳未満の者への寄附も対象です。
>
> ● 相手方には法人に加え任意団体など法人格のない団体や地方自治体も含まれます。
>
> ● 法人や団体の本店や本部が別の場所にあっても、支店・支部などが選挙区域内にある場合は寄附ができません。
>
> ● 家族名義の寄附であっても出費者が公職者等である場合など、名義が異なっても支出の主体が公職者等本人である限り、公職者等からの寄附となります（お金の出所で判断します）。

②例外

　原則によれば寄附とされる場合であっても、以下の3つについては例外として認められます（法199条の2第1項）。

ア　政党その他の政治団体又はその支部への寄附
・規正法による「政治団体」と同じ意味です。 ・ただし「政治団体」が自らの後援団体（政党・支部を含む）に当たるときは、一定期間（注）はすることができません（例外の例外）。
イ　公職の候補者等の親族に対してする場合
・「親族」とは民法上の親族（6親等内の血族、配偶者、3親等内の姻族）と同じであり、自らの又従兄弟姉妹（またいとこ）、配偶者の叔父叔母や甥（おい）姪（めい）までを指します。
ウ　自らが選挙区等内で行う専ら政治上の主義又は施策を普及するために行う講習会・政治教育のための集会に関する必要やむを得ない実費補償をする場合

・「専ら」ですので、講演はそこそこに食事会を行うとか、親睦旅行と併せて開催するといった形では「専ら」とは認められず、禁止されます。
・「実費補償」であり、最小限度の金銭や現物支給に限られ、過剰な補償をすれば寄附となります。
・食事についての実費の補償は禁止。
・この場合でも、通常の食事を超えるような饗応接待が行われる場合や、一定期間に行う場合は禁止されます。

寄附に関する一定期間について

●後援団体からの寄附に関しての「一定期間」は以下のとおりとなっています。特定の選挙につき、その日がいつになるのかは、事前に所管の選挙管理委員会に確認して勘違い違反にならないよう気をつけましょう。

●通常の地方議会議員・首長の任期満了による選挙

a　任期満了日の前日から数えて90日目から投票日までの期間

b　選挙を行うべき事由が生じたときにその告示があった日の翌日から投票日までの期間

のいずれか早い日（法199条の5第4項）。

●統一地方選挙の場合

選挙期日前90日に当たる日から投票日まで（例：地方公共団体の議会の議員及び長の任期満了による選挙等の期日等の臨時特例に関する法律6条（平成31年統一地方選挙の場合））。

文書図画の掲示に関する「一定期間」については、23頁をご参照ください。

---

③寄附に当たるが処罰されない場合

形式上は寄附に当たり違法ですが、公選法上処罰しないとしているものがあります（公選法249条の2第3項）。

すなわち、当該選挙に関しないもので、かつ、通常一般の社交の程度を越えない寄附のうち、①結婚披露宴に自ら出席して行う場合、②葬式・告別式に自ら出席して行う場合と③葬式の日までの間に自ら弔問して行う場合につ

いて、条件付きで罰しないこととされています。具体的には52頁以下で解説します。

④関連する規制

　公職の候補者等本人以外の者が、本人の名義を使って選挙区域内の者に対して寄附をすることや寄附をするように勧誘・要求することは上記②イ、ウの場合以外禁止されます（法199条の２第２項・４項）。

　公職の候補者等に、選挙区域内の者に対し寄附をするよう勧誘・要求することも、上記②例外の場合以外禁止されます（公選法199条の２第３項）。

⑤よくある場面での考え方

ア　会費の取扱い

　イベントは、無料で行われるもののほか、会費が設定されていることもあります。定められた会費を会場で支払うことについては、「債務の履行としてなされるもの」（法179条２項）となるため問題ありません。

　他方、会費制のイベントとはいえ、「ご招待」として会費の支払いを求められていない場合に、一般の参加者と同じ会費相当の金銭を支払うことはどうでしょうか。この点、他の参加者については会費が設定されており、たとえ無料招待であっても会費相当額を支払うことは「債務の履行」に当たり、寄附とならないという見解もあります。しかし、当初から「ご招待」として主催者から会費の支払義務を免除されている以上、「債務」はないというべきであり、にもかかわらず会費相当額を支払うことは「債務の履行」とはいえないと考えられます。したがって、招待の場合に会費相当の金銭を主催者に支払うことは、「金銭の交付」として寄附に当たると考えます。

　そのほか、会費制イベントで会費以上の金額を支払ったり、無料イベントなのに寸志を渡せば、対価性を欠くため寄附となります。

イ　イベントでの振る舞い

　節分の豆まきや餅まきなどでは、ゲスト参加者が来場者や参拝客に向けて豆や餅をまくことが恒例となっています。

　この豆や餅ですが、もともと主催者側がまくために用意しておいたもので
あれば、主催者に代わってゲスト参加した公職者等がまいているだけにすぎ
ず、何ら寄附とはいえません。

　これに対し、公職者等がお金を払って豆や餅を買ってまく場合は、まく豆
や餅は公職者等が代金を支払って主催者から購入したもの（私物）となりま
すから、来場者や参拝客に対する寄附となるものと考えられます（もっとも、
豆数粒がどのくらいの財産的価値があるのかという問題もありますが、厳密
にいえば財産上の利益がゼロではないため、このような結論になります）。

ウ　玉串料や献灯料、祈禱料

　玉串料や献灯料などは、一般に神社などでの供え物をするための金銭です。
純粋な供え物は通常何らかの対価性を持つことはありません（ご利益はある
かもしれませんが）。したがって、支払先の団体又は神社等に対する金銭の
交付、すなわち寄附に当たることになります。

　もっとも、名称としては「玉串料」、「献灯料」、「初穂料」などであったと
しても、神事や儀式などを行ってもらうこと等に対する対価・費用としての
性質であれば、対価性を持つことになるため寄附に当たらないと考えること
ができます。

　具体的には、祈禱料については、一般的には祈禱をしてもらうための対価
として支払うものですから寄附には当たりません。ただ、一般的な祈禱料に
比して高額な祈禱料を支払うような場合などは、一般的な費用を超えた部分
について対価性がなく実質的に寄附と認定される可能性があります。

　結局、支払う名目ではなく、その支払いに対価性があるかどうかが、寄附
となるかの判断基準となります。

エ　差し入れ

　イベントで物品の差し入れをすることは、まさしく寄附に該当します。公
職者等が居住する町内会行事などに一住民として参加する場合も同様です。

　では、町内会行事などで差し入れをする場合に、公職者等の家族が代わり
に差し入れをすることはどうでしょうか。

　公選法は公職者等による寄附のほか、公職者等を寄附の名義人とする第三

者の寄附を禁止しています（法199条の2第2項）。

　したがって、公職者等の家族が公職者等本人の名義で差し入れをすることはできませんし、実質的に公職者等の負担で家族名義の差し入れをした場合は、そもそも公職者等からの寄附そのものですので許されません。

　結局、公職者等の家族が、自身の負担かつ自身の名義で差し入れをする場合のみ上記の規制に該当しないことになります。

　ただ、例えば「△△町○○（公職者等の姓）」といった形で差し入れた場合などは、公職者等本人からだと見られる可能性もありますし、家族の負担かつ名義で差し入れをしても真実か疑われてしまうことも考えれば、控えるのが賢明だと考えます。

（4）公職者等本人に対する寄附の規制（規正法21条以下）

①規制の内容

　第三者が公職者等へ寄附をする場合について、公選法には直接規制する規定はなく、規正法が定めています。

　まず、会社、労働組合、職員団体その他の団体（政治団体を除く）は政党及び政治資金団体以外への寄附が禁じられているため、公職者等本人に対する寄附はできません（規正法21条1項・2項）。

　次に、その他の者で公職者等本人への寄附ができる場合でも、政党がする場合を除き、政治活動に関して金銭及び有価証券による寄附を行うことができません（規正法21条の2、規正法施行令2条）。一方、選挙運動に関する場合であれば、金銭による寄附も可能です。

　したがって政治活動に関する寄附では、個人が公職者等に対して物品を贈ることはできても、お金や有価証券を渡してはいけないということになります。

②よくある場面での考え方

ア　イベントにおける湯茶接待

イベントに出席した場合、主催者から歓迎の湯茶が出されたりすることが

あります。こうした湯茶接待については、社会的儀礼の範囲内であれば、そもそも寄附といえないと考えられます。

　これを越えて過度の酒食が提供されるような場合は、社会的儀礼の範囲というのは困難であり、公職者等個人に対する物品の寄附になると考えられ、寄附の主体が法人その他の団体の場合は規正法21条1項違反のおそれが生じます。

イ　イベントでのお土産

　イベントに来場した公職者等に対しお土産を渡すことは、お茶や粗品程度のものであれば社会的儀礼の範囲内ともいえます。しかし、特別に用意した菓子の詰め合わせやタオルセットなどを進呈するようなことは、必ずしも一般化した社会的儀礼とは考えにくいため、程度にもよりますが、公職者等個人に対する物品の寄附に当たると考えられます。

ウ　お金を渡された場合

　イベントで主催者や参加者などから激励として「活動に役立ててほしい」などとお金を渡されることもありうるかと思われます。この場合、公職者等がイベントに参加しているのは政治活動としてであり、そうすると公職者等個人に対するものとして現金を受け取ることは規正法21条の2第1項に抵触します。

　他方で、選挙活動に関してであれば公職者個人に対する金銭の寄附を受けることはできますが、イベントに参加した際に選挙活動に関しての寄附を受けるということは考えにくいと思われます。

　なお、公職者等個人が政治活動に関して金銭の寄附を受けることはできませんが、政党の支部や政治団体に対する寄附としてであれば金銭の寄附を受けることができます（同条かっこ書）。

　ですから、主催者や支援者からの金銭の交付が政党の支部や政治資金団体に対する寄附と見ることができるのであれば、当該支部や団体に対する寄附として金銭を受け取ることができます（規正法21条1項）。その場合、受け取った政党支部ないし政治資金団体からの領収書発行や政治資金収支報告書への記載等の適切な処理が必要なのはいうまでもありません。

2　事前運動（法129条）

　政治家の場合、イベントにおいてあいさつや会話をする機会も数多くあります。特に選挙が近づいてきた際には、積極的になると思われますが、このような場合でも「事前運動の禁止」（法129条）が顔を出してきます。

　事前運動に当たるかどうかは、その行為の時期や場所、目的や態様などを総合的に考慮して判断することになります。

　例えば、自らの政策や活動を話すような政治活動の範囲を超え、ついうっかりとはいえ次回の選挙に向けた立候補の意思の表明や抱負・公約など選挙

公職者等の寄附に関する重要な判例

● 寄附の制限違反に関する法249条の2第1項の適用につき、寄附を受ける者において、その寄附が公職の候補者等により行われたことや当該選挙に関して行われたことの認識は必要はないとした判例（最判平成9年4月7日刑集51巻4号363頁）

● 選挙に関して寄附をしたものとみなされる「通常一般の社交の程度を超えて……寄附をした者」（法249条の2第2項）の意味について、「その寄附にかかる財産上の利益の種類及び価額、寄附の趣旨、相手方との交際の状況等に照らし、社会通念上、通常されるであろう程度を超えて寄附をした者」を指すとした判例（最判平成5年11月15日刑集47巻9号203頁）

● 選挙に立候補するために町役場を退職した者が退職にあたって町職員により構成される親睦団体や町から餞別や報奨金をもらったため、在職中に世話になったことへの謝礼の趣旨で退職直後に町職員92名にビール券を送ったことにつき、それが返礼の趣旨のもと餞別や報奨金の額の範囲内でなされ、かつ従前より慣例化していたとしても法249条の2第3項の罪が成立するとした判例（最判平成12年11月20日刑集54巻9号851頁）

と結びつく話をすると、その時期や態様などによっては事前運動と認定されるおそれがあります。

　また、選挙告示直前にイベント会場で政策ビラや名刺等を不特定多数に大量に配ったりするような行為も、その時期・目的や態様によっては事前運動となります。

3　文書図画の頒布規制（法142条）

　入社式や入学式、運動会などのイベントなどでは、祝電や祝文を送ることが一般的です。

　このような文書において、いわゆる事前運動と評価される内容が記載されていた場合は、選挙運動目的文書図画の頒布を制限する法142条に違反し、法定外文書図画の頒布となり許されません。

4　あいさつ状の禁止（法147条の2）

　イベント・行事に参加した後、関係者や名刺交換をした方に対してお礼状などを送ることもあるかと思います。

　この場合、単なる礼状ではなく時候のあいさつが含まれる場合には、公選法に抵触する可能性があります。

　法147条の2は、公職者等から選挙区域内の者に対する年賀状、寒中見舞状、暑中見舞状その他これらに類するあいさつ状を原則として禁止しています。

　このあいさつ状の禁止に関する内容とその例外については12頁で詳しく解説していますのでご参照下さい。

6　あいさつ、香典、供花、会葬御礼…お付き合いの基本 冠婚葬祭

> **Q** 冠婚葬祭は日常の生活において避けては通れないものです。市議会議員のＡさんの知人や親族の冠婚葬祭において、以下のようなことはできるでしょうか。

❶ 選挙区域内に住む後援会幹事のお子さんの結婚式に招待され、

　ア　来賓あいさつをお願いされていたところ、あいさつで、「新郎新婦の新しい家族が成人するまでは私も引き続き市議会議員として頑張っていきたいと思います」と話す。

　イ　式場で祝儀として10万円を新郎新婦に渡す。

　ウ　あいにく公務が入ってしまっていたため、急きょ代理として秘書に出席してもらったが、招待されたのはＡであるため、祝儀はＡが立て替える。

❷ 新郎又は新婦がＡの甥や姪だった場合に①ア〜ウと同様の行為を行う。

❸ 近所の知り合いが亡くなり、公務出張中で葬儀に駆けつけられなかったため、とりいそぎ線香つきの弔電を送り、後日、あらためて弔問に訪れ香典を置いて帰る。

❹ 選挙区域内に住んでいる友人から、「他県にある実家の親族が亡くなったので葬儀のため帰省する」と連絡があり、昔からの友人であり、故人とも面識があったので、現地の葬儀会場に供花を送る。

❺ 親族が亡くなり、喪主として市内の葬儀会場で葬儀を執り行う。その際に、

　ア　読経していただいた僧侶にお布施を渡す。

　イ　香典を持ってきてくださった参列者に、後日、香典返しを届ける。

　ウ　新聞広告に会葬御礼を掲載する。

エ　会葬に来てくださった方々に、お礼状を送る。

A

① ア　特定の選挙において特定の者に対して投票を得させる目的で発言した場合、その発言行為が事前運動（法129条）となる可能性があります。本設問の発言は、これだけでは一般的な自己の意気込みを語っているにすぎず、直ちに事前運動とはならないと考えられます。しかし、発言の時期や目的、上記発言に加えて「次回の選挙では是非お2人で私を応援してください」「私が議員であるためにお2人にも協力して頂きたい」と発言したなど、あいさつ全体の発言内容をとらえた場合には事前運動に当たる場合もあります。

　　　なお、公選法の問題ではありませんが、昨今はコンプライアンスが重視され、ハラスメントについての関心が高まっています。ですので「子どもを早く産んで」とか、「妊活を頑張って」などと新郎新婦の心情配慮やモラルを欠いた発言などをしないよう注意しましょう。

イ　公職者等本人が結婚披露宴に出席してその場でする結婚の祝儀は、寄附に当たりますが罰則の適用がありません（法199条の2、249条の2第3項1号）。もっとも、祝儀が通常一般の社交の程度を超えて高額となる場合には原則どおり罰せられる可能性があります（法249条の2第3項本文かっこ書）。10万円が通常一般の社交の程度を超えるかどうかは、当該地域や業界の慣習などを勘案して判断されることになります。

ウ　祝儀について罰則の適用がないのは、結婚披露宴に本人が出席し、その場において祝儀を供与した場合です（法249条の2第3項2号）。本設問の場合、本人出席の要件を欠いていますので、罰則をもって禁止されます。なお、後日、公職者等本人が祝儀を届けることも、「その場においてする」の要件を欠いているためできません。

② 　アについては①の場合と同じです。しかし、イ、ウについては異なり、

寄附の相手方が親族であるため、法199条の２の寄附の禁止の例外として、金銭を寄附することが許されています（同条ただし書）。

③　弔電は、それ自体、財産上の利益の供与にはならないため、寄附には当たりません。しかし、弔電に付随して線香や花、お皿などの物品を贈った場合には、物品の供与（法179条１項）に該当し、禁止される寄附となります。したがって、シンプルな弔電だけを送るべきです。

　また、公職者等本人が葬式の日までの間に自ら弔問してその場で香典を渡すことは認められています（法249条の２第３項２号）。ここでいう「葬式の日」には、葬式が終了した後は含まれないため、告別式後、弔問の際に香典を届けることは、罰則をもって禁止されます。

④　公職者等が選挙区域内の者に対して寄附をすることはできません（法199条の２）。葬儀会場の供花は葬儀の主宰者である喪主に対する贈与と考えられますので、他県での葬儀であっても喪主が当該友人であったり、喪主が選挙区域内に居住していた場合は、供花や香典などを送ることはできません。

⑤　ア　読経に対するお布施は、読経という役務の対価の支払いとして「債務の履行」（法179条２項）としてなされる限りは寄附に当たりません。しかし、対価性を欠く高額のお布施であれば、「債務の履行」とはいえず、対価性を欠く部分については寄附となります。

　イ　香典返しは、礼儀の問題はともかく、必ず認められるものではありません。その地域において香典返しが社会慣習として定着し、一種の義務的な性格を持っている場合に限られます。さらに、認められる場合でも、香典返しでの返礼の程度も、一般的に、いただいた香典の半額程度以下と考えられており、地域の慣習として定着し、かつ相当な程度の返礼内容であるときにはじめて寄附に当たらないことになります。したがって、本設問においてこれらが満たされる場合に限り、香典返しを届けることができます。

　ウ　会葬御礼は葬儀参列等に対する感謝のあいさつであり、有料である新聞広告に掲載することは、あいさつ目的の有料広告等を禁ずる法

152条1項に抵触します。なお、ここでいう「あいさつ」には「慶弔、激励、感謝その他これらに類するもののためにするあいさつ」も含んでいる点で、あいさつ状の禁止（法147条の2）で禁止される範囲より広くなっています。

エ　公選法が禁止するあいさつ状は、年賀状等の時候のあいさつであり、慶弔や感謝のためにするあいさつは含まれていないので、会葬の礼状を送ることは可能です。

　　もっとも、会葬の礼状の内容に特定の選挙を想定した支援の要請や立候補の決意などが含まれていたり、会葬に来た方以外にも無差別又は大量に送付するなどした場合などは、選挙運動であるとして事前運動（法129条）や法定外文書図画の頒布（法142条）と認定される可能性があります。なお、喪中はがきは時候のあいさつに含まれるため送ることはできません。

解説

1　冠婚葬祭でも主として寄附の禁止（法199条の2）に注意

　冠婚葬祭ではイベントの時以上に金銭や物品のやりとりが行われやすくなります。すなわち、寄附の問題が生じます。

　冠婚葬祭の場合、それが行われている場に公職者等が参加する場合と公職者等自身が主催する場合があります。公職者等からの寄附の制限については40頁以下で詳述していますが、ここでは冠婚葬祭特有のものである祝儀や香典を中心に見てみましょう。

(1) 公職者等が他人の行う冠婚葬祭に参加する場合
①祝儀や香典を出すことは原則として許されない

　冠婚葬祭に際して必ず出てくるのが「祝儀」や「香典」です。

　公選法は、179条2項で、「金銭、物品その他の財産上の利益の供与又は交付、その供与又は交付の約束で党費、会費その他債務の履行としてなされる

もの以外のもの」を寄附としており、祝儀や香典等の供与は義務なく行われるものですので当然「寄附」になります。

そして、法199条の2第1項は、公職者等がその公職者等の親族に対してする場合等を除いて（同項ただし書）、選挙区域内の者に対する寄附は名目のいかんを問わず禁止しています。ですから、公職者等がその公職者等の親族に対してする場合を除き、選挙区域内の者に対して祝儀や香典等を渡すことは、原則として認められていません。

なお、ここにいう親族は、民法上の親族である6親等内の血族、配偶者及び3親等内の姻族（民法725条）をいいます。

②社会的儀礼との関係

一方で、現実には支援者や関係者等の冠婚葬祭に当たって祝儀や香典等を出すことは、一種の社会的な儀礼や文化として成立しているところもあります。

公選法を硬直的に運用すれば、そうした社会的な儀礼・文化に反する結果ともなります。寄附が利権につながり、ひいては選挙の公正を害する可能性を考えると、公職者等は清廉潔白であるべきとの考えも至極当然ではありますが、世の中そう単純に割り切れるものではありません。

そこで、公選法は罰則の例外を設けています。すなわち、法249条の2第3項で、法199条の2の寄附のうち公職者等が結婚披露宴に自ら出席しその場においてする当該結婚に関する祝儀の供与（1号）と、公職者等が葬式（告別式を含む。以下同じ）に自ら出席し又は最初の葬式の日までの間に自ら弔問してその場においてする香典等の供与（2号）については、罰則の対象外としています。

罰則の対象外というのは、法199条の2の「寄附に該当するけれど、罰則は適用しませんよ」ということです。

③祝儀や香典等を出すに当たっての注意

では、祝儀や香典等を出すに当たって注意すべき事例を具体的に見ていき

ましょう。

ア　祝儀について

> **祝儀とは**
>
> 　祝儀は、祝意を表す金銭が一般的に想定されますが、条文上、金銭であることを前提としていませんので、祝意を示す趣旨であれば、物品の供与や、債務や負担を免除することも含まれます。そのため、新郎新婦の好きな物を結婚式の祝儀として贈ったり、結婚のお祝いとして借金を帳消しにして経済的な利益（債務を免除する）を与えることも祝儀といえます。

　先に述べたとおり、祝儀については法249条の2第3項1号が、公職者等が結婚披露宴に自ら出席しその場においてする当該結婚に関する祝儀の供与についてのみ罰則不適用としています。

　すなわち、①公職者等が結婚披露宴に自ら出席すること、②その場で渡すこと、③当該結婚についての祝儀であること、3つの要件を満たさなければなりません。

　そのため、以下のような場合は罰則の適用を受けることになります。

（ア）　結婚披露宴に秘書などの代理人が出席して公職者等からの祝儀を供与すること

　ただし、代理出席した秘書などが自ら負担して自身の名義で祝儀を出すのであれば、これに当たらないことになります。しかし、通常、結婚披露宴に招待されていない人が祝儀を自ら負担して出すということは考えにくいですし、周りからは公職者等本人が負担しているのではないかと見られることも多いため、あらぬ疑念を抱かれるおそれもあり、お勧めしません。

（イ）　結婚披露宴の前や後日に新郎新婦の自宅などを訪問して渡すこと

　結婚披露宴に出席できない場合、何かしらお祝いをしたいと、このような方法をとることも考えられます。しかし、公選法は明文で「その場において」と定めており、許されません。事情があってもこのようなことをすべきではありません。

（ウ）　結婚披露宴の場で、新築・開店祝いや出産祝い等の意味も含めて祝
　　　儀を出すこと

　公選法が罰則の適用外としているのは「結婚に関する祝儀の供与」であっ
て、新築・開店祝いや出産祝いなどは一切認めていません。結婚の祝儀にこ
うしたお祝いを含めて出すことは法の潜脱であり許されません。

イ　香典等について

> **香典等とは**
>
> 　ここでいう「香典等」は、条文上「これに類する弔意を表すために供与す
> る金銭を含む」とされていますので、名称にかかわらず「御霊前」や「玉串料」
> など弔意を示すための金銭であれば含まれます。
>
> 　一方で、祝儀の場合と異なり、物品は含まれないと考えられています。そ
> のため、供花や線香・盛物といったものを香典代わりに供えることはできま
> せん。

　法249条の2第3項2号は、以下の2つの場合について罰則を不適用とし
ています。
（ア）　①葬式に、②公職者等が自ら出席し、③その場においてする香典等
　　　の供与の場合
（イ）　①葬式の日（葬式が2回以上行われる場合には最初に行われる葬式
　　　の日）までの間に、②公職者等が自ら弔問し、③その場においてする
　　　香典等の供与の場合
　いずれの場合も、公職者等が「自ら」行うことと「その場においてする」
供与が要求されています。
　また、葬式は亡くなった方を弔い葬るために行われる儀式ですので、その
性質を有する限り、「お別れ会」や「偲ぶ会」であったとしても、これに当
たることになります。
　したがって、以下の場合は原則どおり罰則が適用されます。
（ア）　代理人が葬式に出席し、公職者等からの香典を出すこと

　この場合、代理人自らが負担して香典等を出すことはできます。ただし、芳名帳などに肩書きとして「市会議員○○代理」とか「市会議員○○秘書」などと記載した場合、公職者等本人からの香典と見られるおそれがあります。

　（イ）　事前に代理人などに香典を届けさせ、公職者等本人が葬式に参列すること

　この場合は、「その場においてする」の要件を満たしません。

　（ウ）　葬式に香典等を持参せず、後日、公職者等本人が弔問して香典等を届けること

　この場合、葬式で香典等を供与しておらず、また最初の葬式の日までに弔問に訪れて供与したことにもならないため、前頁の（ア）（イ）いずれにも当てはまりません。

香典等は誰に対する寄附？

● 結婚式の祝儀は新郎新婦に対するものといえますが、香典等は誰に対するものなのでしょうか。

　この点、遺産分割に関する家事事件ですが、「被相続人の葬儀に関連する出費に充当することを主な目的として相手方〔筆者注：この事件で葬儀を行ったと主張している当事者〕になされた贈与とみるべき」との審判例があります（東京家審判昭和44年5月10日家裁月報22巻3号89頁）。

　それに従えば、香典等の供与の相手方は、葬儀を主宰した者（通常は喪主）となります。ですから、葬儀の受付で香典を渡した場合に、参列する親族の中に選挙区域内の方がいたとしても、喪主の住居や葬儀会場が選挙区域外であれば、そもそも寄附の禁止（法199条の2第1項）に触れないことになります。一方で、香典として特定の遺族に向けて供与すれば、それは当該特定の遺族に対する寄附となりますので、その遺族に対して寄附が認められるかを個別に判断する必要があります。

ウ 共通の注意点

祝儀・香典等に共通する注意点（要件）があります。それは、法249条の2第3項柱書のかっこ書に書かれている2つの要件です。これを満たさなければ、祝儀、香典であっても罰せられます。

（ア） 通常一般の社交の程度を超えないものであること

法249条の2第3項は柱書のかっこ書で「通常一般の社交の程度を超えないものに限る」と定めています。したがって、祝儀・香典等の内容、価値が通常一般の社交の程度を超える場合は、原則（法249条の2第1項・2項）どおり罰せられることになります。

通常一般の社交の程度の内容は、その地域の慣習や世間一般の常識によって個別的に判断されるものであり、「これ」という確定した基準があるわけではありません。一般的な他の参列者が出す程度のものを標準として、それ以下と考えておくのが無難でしょう。

（イ） 当該選挙に関しないものであること

「選挙に関し」とは、選挙運動期間中に限らず、選挙に際してや選挙に関することを動機として行った場合など、選挙に関係する一切のものが含まれます。

そのため、選挙が近い時期の祝儀や香典等の供与については、特に気をつける必要があります。「選挙に関し」て行ったものであるかは、その時期や態様・目的・頻度などを踏まえて判断されることになり、最終的には訴追する側（摘発する側）が証明しなければなりませんが、選挙運動期間中や選挙が間近な時期だと疑われやすくなりますし、無罪となっても一度は問題とされたというマイナスイメージが付いてしまいます。

（2）公職者等本人が主催する冠婚葬祭

公職者等自身にお祝い事があったり、身内に不幸が起きて葬儀などを行うこともあるかと思います。

この場合、公選法との関係でどのように対応すべきでしょうか。

①債務の履行としてであれば寄附ではない

　公選法は公職者等による選挙区域内の者に対する寄附を原則として禁止しています（法199条の2第1項）が、「債務の履行としてなされるもの」（法179条2項）は寄附には当たりません。

　したがって、公職者等が自身の結婚式や喪主として行う葬儀において、会場となるホテルや葬儀会社に代金を支払うことはサービスに対する対価の支払い、すなわち債務の履行となるため寄附となりません。

　同様に、葬儀の際の読経や法要をしていただいた僧侶に対しお布施を渡すことも、それが読経・法要の儀式に対する対価と認められる限り寄附とはなりません。

　では、対価はいくらが相当かということになりますが、これは地域や宗派の相場によるもので、一定の金額が決まっているわけではありません。事前に僧侶や寺院、近隣の知り合いなどに一般的な相場を確認しておくのがよいと思います。

　反対に、債務の履行としてではない場合や、対価性を欠く場合、例えば結婚披露宴の司会者に対して心付けとしていくばくかの金銭を渡すことは、司会者の報酬が別途支払われていることから対価性は認められず、来場者に対する御車代も遠方からの来席の御礼ないし実費の補償であり対価性がありませんので、厳密には寄附となります。また、お布施の額が行われた業務の内容に比べて多額であったりすれば、相当な対価を超える部分については寄附となります。

②香典返し

　香典返しだからといって直ちに行ってよいということはなりません。その地域において、いただいた香典に対して返礼をすることが社会慣習として定着し、一種の義務的な性格を持つに至ったといえる場合に、いただいた香典に対して一定程度の返礼を「香典返し」として行うのであれば、寄附には当たらないとされています。

　当該地域の一般的な葬儀等において、ほぼ毎回香典返しが行われているの

かどうかやその相場はどの程度であるかといった事情にもよりますが、こうした地域の事情は近隣の方々や葬儀会社に事前に確認しておき、後日の争いのもとを絶っておきましょう。

2　通知やお礼状についての問題

　冠婚葬祭を行った場合、結婚報告等の慶事のあいさつ状や会葬の礼状などを出される方も多いと思います。これらのお礼状や通知について、公選法上、気をつけるべきことがあります。

（1）あいさつ状の禁止（法147条の2）

　法147条の2は、答礼のための自筆によるものを除いて選挙区域内の者に対する年賀状、寒中見舞状、暑中見舞状その他これらに類するあいさつ状を原則として禁止しています。

　これは時候のあいさつを規制したもので、単なる結婚の報告や会葬の御礼といったものは該当しません。ただし、結婚など慶事の報告を暑中見舞状や年賀状で行ったり、喪中はがきや寒中見舞状で弔事の報告や会葬の御礼をするなどした場合は、時候のあいさつが含まれるため、もちろん上記禁止に抵触します。

（2）あいさつ目的の有料広告等の禁止（法152条1項）

　公職者等や後援会などの後援団体が、会葬御礼のために選挙区域内の者に対して新聞広告等を出したような場合は、あいさつを目的とする有料広告を禁止する法152条1項に違反します。

　あいさつ目的の有料広告については、上記（1）あいさつ状の禁止よりも広く規制されており、「年賀、寒中見舞、暑中見舞その他これらに類するもののためにするあいさつ」に加えて「慶弔、激励、感謝その他これらに類するもののためにするあいさつ」も対象となっています。そのため単なる会葬御礼の有料広告も出すことはできません。また、新聞のみならずインターネットによる有料広告も含まれます。

　なお、単なる死亡の事実を伝えるだけのいわゆる死亡広告は上記の「あいさつ」に含まれませんので出すことができます。

（3）事前運動の禁止（法129条）

　法129条は、選挙運動期間外における選挙運動を禁止しています。

　冠婚葬祭の通知やお礼状を大量に選挙区域内の人に発送したり、通知やお礼状の内容に特定の選挙への立候補の意思や支援の呼びかけを記載したり、当該冠婚葬祭から時期が外れた選挙告示直前に突然送るなど、選挙での投票を得るため又は有利になるように利用した場合等、その時期・態様や目的、方法などにより禁止される事前運動となる可能性があります。

（4）選挙運動用文書図画の頒布規制（法定外文書の頒布の禁止）（法142条）

　文書図画において事前運動と評価される内容が記載されていた場合は、実質的に選挙運動のための文書図画に当たるとして、法定外文書の頒布により法142条違反となる場合があります。

　例えば、慶事弔事の通知や会葬の礼状等の形で選挙での投票や支援等を求める内容を記載して選挙区域内の有権者に送付したような場合は、同条違反と評価されるおそれがあります。

7　後援会と後援団体は違う？　できる活動は？　後援会活動

Q　市議会議員Ａさんの政治活動を応援するため、地元の有権者が集まって「Ａ後援会」を結成し、Ａさんの支持拡大や政策の広報活動などに努めています。後援会の活動として以下のようなことは認められるでしょうか。

❶　後援会員が自宅外の壁にＡ後援会オリジナルの政治活動用ポスターを貼り出す。

❷　後援会幹事の自宅に「Ａ後援会連絡所」の看板を立ててもらい、後援会員募集や陳情の窓口をしてもらっているが、目立つように家から少し離れた駅前や交差点に看板を立ててもらう。

❸　地域の民生委員や町内会長をしてもらっている後援会員に、会合や訪問の際にＡのビラや後援会報の配布など広報活動をしてもらう。

❹　選挙区域内で企業を営む後援会員に、社内でＡの政治活動ビラを配ったり、後援会への加入勧誘をしてもらう。

❺　後援会報に選挙区域内の店舗で利用できる割引クーポン券を付ける。

❻　後援会がＡをゲストとして招き、選挙区域内の事務所で市政勉強会を行うことになり、

　　ア　勉強会中、後援会から参加者に弁当を出す。

　　イ　遠方から来る参加者のため、後援会でマイクロバスを借りて送迎する。

　　ウ　後援会主催ではなく、議員であるＡが主催して政策勉強会をする場合の上記ア、イの行為。

❼　後援会では、毎年１月にバス旅行を行っており、今年は本年７月に予定されている市議会議員選挙でのトップ当選に向けて、大々的に支援者拡

大と機運の盛上げをしようと企画しているが、

ア　新しい後援者を増やすため、選挙区域内在住の非後援会員の参加者については旅行代金を安く設定して勧誘する。

イ　旅行の道中におけるＡのあいさつで、これまでの感謝と今後の政治活動に対するますますの支援をお願いする。

ウ　旅行参加者に対し、車内で飲食してもらうためビールやおつまみを配る。

エ　夜の宴会で福引き大会を行い、支援者の方から賞品用に差し入れてもらったものを賞品として渡す。

オ　エの福引き大会において、Ａから特別賞として、地元の名産品を贈る。

カ　旅行後に、参加した非後援会員の自宅に伺い、旅行参加の御礼あいさつとともに後援会の入会勧誘をする。

❽　市議会議員選挙の告示を翌月に控えた後援会総会で、

ア　後援会から参加者に対し参加記念品として簡素なスケジュール帳を配る。

イ　後援会総会開催に当たり、Ａから会場費相当の金銭を後援会に寄附する。

❾　市内に住む後援会会員が結婚することになったので、後援会の懇親会で、後援会から当該会員に対し結婚記念品を贈るとともに、お祝いとして懇親会費を免除した。

❿　後援会の幹事が亡くなり、後援会として規約に基づき葬儀では「Ａ後援会」として供花をするとともに遺族に弔慰金を出した。

A

①　後援団体の政治活動用ポスターは、公職者等の政治活動用ポスターの場合と同じく、ベニヤ板、プラスチック板などで裏打ちされていないポスターであれば、事務所・連絡所の表示や後援団体の構成員であること

を表示するものや一定期間に掲示されるものを除き掲示できます（法143条16項第2号）。

② 　後援会事務所を表示するなど後援団体の名称を記載した立札・看板は、当該後援団体が政治活動のために使用する事務所においてのみ掲示できることとなっており（法143条16項1号）当該事務所の場所といえる程度の近接性がない場合は掲示できません。そのため、本設問のような看板の設置では上記に抵触すると考えられます。

③ 　民生委員はその職務上の地位を政党又は政治的目的のために利用してはならないとされており（民生委員法16条1項）、また町内会等の地縁団体のうち地方自治体の認可を受けているものについては、特定の政党のために利用してはならないとされています（自治法260条の2第9項）。したがって、本設問の行動はこれらの法律に抵触するおそれがあります。

④ 　私企業内で会社の代表取締役などの役員が政治活動をすることは可能です。他方、従業員の場合は就業規則などにより社内での政治活動が禁じられている場合がありますので注意が必要です。

⑤ 　後援団体は原則として選挙区域内の者に対して寄附をすることができません（法199条の5第1項）。本設問の場合、後援会報に割引を受けることができる権利を付与するものであり、受け取った者に財産上の利益を与えるものとして禁止される寄附となると考えられます。

⑥ ア　政策勉強会が後援団体である後援会の設立目的に基づく行事である場合は、かかる行事に関して行う後援団体のする寄附は、一定期間内及び花輪、供花、香典、祝儀その他これらに類するものでない場合に限り認められています（法199条の5第1項ただし書）。

　　　本設問の弁当の提供は、物品の供与であり寄附となります。そのため政策勉強会の時期が一定期間内であれば、寄附の内容にかかわらず許されないことになります。他方、一定期間外である場合、本設問の寄附は花輪、供花、香典、祝儀その他これらに類するものではないため、許される寄附と考えられます。

イ　マイクロバスでの送迎は、選挙区域内の者に対して無償で運送を行

うことであり、財産上の利益の供与として寄附に該当します。したがっ
て、本設問の政策勉強会の開催時期が一定期間内であれば認められま
せん。

　他方、一定期間外の場合、参加者のためにマイクロバスを借りて送
迎することは、禁止される寄附に当たらず許されると考えられます。
ウ　公職者等がする寄附については原則として認められておらず、専ら
　政治上の主義又は施策を普及するために行う講習会その他の政治教育
　のための集会における寄附等につき、厳しい条件の下で例外的に認め
　られているにすぎません（法199条の2第1項ただし書）。

　本設問では、専ら政策の勉強のための会合であり、選挙区域内にて
行われていますが、開催時期が一定期間内であればそもそも寄附自体
許されません。

　他方、一定期間外であっても、弁当を提供することは通常用いられ
る程度の茶菓の提供とはいえず「食事についての実費の補償」であり、
認められません（法199条の2第1項ただし書のかっこ書）。

　遠方の参加者のためにマイクロバスを借りて送迎することは交通費
の実費補償といえますが、公共交通機関がない場合や利用が困難な事
情があれば格別、単に遠方というだけでマイクロバスを借りて送迎す
ることは、「必要やむを得ない」の要件を満たさない可能性があります。

⑦　ア　後援団体である後援会が開催する旅行で、非後援会員であることを
　　理由に優遇して安い料金設定をすることは、後援会員に比べて安価に
　　旅行のサービスを提供することになり、財産上の利益を与えるものと
　　して寄附となります。

　　もっとも、非後援会員は旅行中の後援会総会に出席しないことから
　食事がつかないなど、旅行代金に差をつける合理的理由があれば、財
　産上の利益を与えることにはならず、寄附とはならないと考えられま
　す。

イ　あいさつにおいて、これまでの活動報告や市政報告など政治活動に
　関して話をすることは何ら問題ありません。しかし、近時予定されて

　いる選挙での協力や投票依頼といった発言をした場合は、選挙運動として事前運動（法129条）となる場合があります。

ウ　当該旅行が後援団体たる後援会の設立目的により行う行事である場合、参加者に対して寄附をすることができ、本設問のような提供も可能と考えられます（法199条の5第1項ただし書）。もっとも、提供の動機や内容が旅行と無関係であったり、高額に過ぎる場合は同条項ただし書に基づく寄附と認められない場合もありますし、一定期間（後述）に該当する場合は行うことができません（同条2項）。

エ　後援団体である後援会の行事においては、一定期間（法199条の5第4項）中は、選挙区域内の者に対して饗応接待や金銭・物品の供与ができません。本設問の場合、旅行は1月に行われていますので一定期間外であり、第三者である支援者から賞品の差し入れをすることは可能です。

　まず、後援会旅行で、支援者がAの後援団体に賞品の差し入れをすることは、選挙前の一定期間に当たらない限り可能と考えられます（法199条の5第2項）。また、後援団体である後援会が旅行で参加者に賞品を授与することは、行事の目的に沿いその商品が高額にすぎるものでない限りは、後援会の設立目的より行う行事に関する寄附として許されると考えられます（同条1項ただし書）。

オ　公職者等は、選挙区域内にある者に対して寄附はできませんので、本設問の場合も許されません（法199条の2第1項）。なお、本設問では、後援会が政治団体（資金管理団体）であることから、後援会に寄附をして、後援会から賞品として渡せばよいのではないかとも思われるかもしれません。しかし、公職者等から後援会への寄附は賞品として渡すためになされるものであり、上記制限の潜脱であることから、やはり許されないと考えます。

カ　旅行後の訪問が、選挙での投票・支援を得るためにされたものであれば戸別訪問の禁止（法138条1項）や事前運動の禁止に抵触し、許されません。

⑧　ア　後援団体が総会で記念品としてスケジュール帳を配布することについては、本設問の総会が一定期間内に行われるものであるため、法199条の5第1項かっこ書により原則どおり禁止されます。一定期間外であれば、設立目的により行う行事に関する寄附として許されるものと考えられます。

　　イ　法199条の2は、公職者等からの後援団体に対する寄附を認めています。しかし、一定期間中については、資金管理団体でない後援団体たる政党・政治団体やその支部に公職者等が寄附をすることを禁じています（法199条の5第3項）。

　　　　したがって、本設問において、後援会が資金管理団体であれば差し入れができますが、そうでない場合は一定期間中は差し入れができないことになります。

⑨　後援団体は、設立目的により行う行事又は事業に関して寄附をすることができますが、祝儀その他これらに類するものは除外されています（法199条の5第1項ただし書）。結婚記念品を贈ることやお祝いに懇親会費を免除することは、当該後援会員の結婚に対する祝意を示した物品の供与や債務の免除であって、「祝儀その他これらに類するもの」に当たり許されません。

⑩　法199条の5第1項は当該後援団体がその団体の設立目的により行う行事又は事業に関する寄附であっても、花輪、供花、香典、祝儀その他これらに類するものとしてされるものは認めていません。弔慰金は遺族に対する見舞金であり、「香典その他に類するもの」と考えられます。したがって、後援会規約で定めがあったとしても当該規約は違法な内容であり、同規約に従った供花や弔慰金を出すことはできません。

解説

1　「後援会」と公選法の「後援団体」

議員の政治活動において、後援会は支持母体であり普段の政治活動や選挙

運動においてその中核を担ってくれる人の集まりです。

　このような組織について公選法は「後援会」ではなく「後援団体」という用語を使っています。法律の用語では厳密な定義があり、「後援団体」は、一般的な後援者の集まった団体たる「後援会」とは必ずしもイコールではありません。まずはここを押さえておきましょう。

（1）一般的な用語としての後援会とは

　「後援」とは、「後方からたすけること。資材などを供給して、援助を与えること。うしろだて」であり、「後援会」は「特定の個人や団体の活動を、資金提供などにより援助する組織」をいいます（『広辞苑〈第7版〉』）。

（2）公選法の「後援団体」（法199条の5第1項）

　法199条の5第1項は、「後援団体」を「政党その他の団体又はその支部で、特定の公職の候補者若しくは公職の候補者となろうとする者（公職にある者を含む。）の政治上の主義若しくは施策を支持し、又は特定の公職の候補者若しくは公職の候補者となろうとする者（公職にある者を含む。）を推薦し、若しくは支持することがその政治活動のうち主たるものであるもの」と定義しています。

　これを分解すると以下のようになります。

①政党その他の団体又はその支部

　「その他の団体」については法人である必要はありませんので、任意に個人が集まっただけの団体も「その他の団体」となります。

②特定の公職者等の政治上の主義・施策を支持している、又は、特定の公職者等を推薦・支持している

　「特定の」としていますので、例えば女性の政治家であれば誰でも推薦しますとか、ある政策を支持する政治家であれば全員推薦しますというのでは、これを満たしません。しかし、複数であっても誰と誰を支持すると人物が特

定されていれば、「特定の」ということができます。

③②がその団体の政治活動の主たるものであること

その団体の活動が政治活動のみである必要はありません。いろいろな文化活動など多面的な活動をする中で、政治活動に関しては上記②の要素がメインであれば、この要件を満たすことになります。

また、政治活動がその団体の活動のメインである必要もありませんので、他の事業のついでに少しだけ政治活動も行っていますという場合でも、上記②の要素がその団体の行う政治活動の主たるものであれば、やはりこの要件を満たすことになります。

(3) 公選法の適用を受ける「後援会」

公選法の適用を受けることになる「後援団体である後援会」は、上記（2）を満たす団体を指すことになります。しかし、いわゆる政治家の「後援会」は特定の公職者等を支持して政治活動を行っているのが通常ですので、実際はほぼ公選の「後援団体」に該当していると考えられます。

(4)「後援団体」と規正法の「政治団体」との関係

規正法3条1項は「政治団体」について定義を置いています。同法の「政治団体」は、政治上の主義・施策の推進や支持又は反対、特定の公職者等の推薦・支持又は反対を本来の目的とする団体や、これらに関する活動を主たる活動として組織的かつ継続的に行う団体としており、公選法上の後援団体と同一ではありません。

そのため文化団体のように政治活動以外の活動をメインとする団体のように、公選法上の「後援団体」であっても、規正法3条1項の「政治団体」に当たらない場合もありうるのです。

2　後援団体である後援会の政治活動と公選法の規制

（1）文書図画の掲示に関する規制（法143条）

公選法は、公職者等や後援団体の政治活動のために使用される、公職者等の氏名・後援団体の名称又は公職者等の氏名類推事項を記載する文書図画につき規制をしています（法143条16項）。

これについては、公職者等の政治活動用文書図画の掲示に関する規制と同様です（19頁参照）。

（2）文書図画の頒布に関する規制（法142条）

選挙運動期間外に政治活動に関する文書図画を配布することは基本的に自由となっています。しかし、当該文書図画の内容が特定の選挙における特定の候補者等への投票を得させまたは得させないような文書図画、すなわちその内容が事前運動（法129条）に該当する文書図画の場合は、法定外文書図画の頒布として許されません。

（3）後援団体である後援会からの寄附の制限（法199条の5第1項）

後援団体である後援会は、当該推薦・支持する公職者等の選挙区域内にある者に対する寄附につき原則として禁止されています（法199条の5第1項）。

もっとも、以下の場合については例外が認められています。

例外1：政党その他の政治団体（又はその支部）に対する寄附

政党・政治資金団体以外に対しては同一の団体に対し年額5,000万円までの制限があります（規正法22条1項）。

例外2：その政治団体が推薦・支持する公職の候補者等に対する寄附

公職者等に対する金銭等（金銭・有価証券等）の寄附は、選挙運動に関する場合を除き、何人もすることができません（規正法21条の2）。

例外3：後援団体がその団体の設立目的により行う行事又は事業に関する寄附

「花輪、供花、香典、祝儀その他これらに類するもの」や、「一定期間」（42

頁）内にする寄附は原則どおり禁止されます。

　ですから、後援会員の慶弔に関して後援団体である後援会がお祝い金や葬儀会場で供花等を出すことはできません。また、高額な物品等を賞品として授与するような場合は、「祝儀」とみなされる可能性があります。

（4）事前運動の禁止（法129条）

　後援団体である後援会が推薦・支持する公職者等の政策を広めたり、組織拡大のために口頭で説明や呼びかけをして後援者を募ったり、ビラなどによる文書の頒布をすることは、政治活動として認められています。

　しかし、選挙運動期間外に特定の選挙について特定の候補者等の当選に向けた選挙運動を行うことは、事前運動として公職者等のみならず誰であっても禁止されています。

　そのため、後援団体である後援会の活動においても、内容や方法によっては事前運動とみなされ、公選法違反となり得ます。

　例えば、公職者等の名前を街頭で連呼したり、ビラに「○○さんに次の市政を託す！」などと記載すること、選挙告示時期の直前に大量のビラを配ったり後援会員の勧誘を集中的に行うなどすることは、事前運動とみなされる可能性が高いといえます。

（5）戸別訪問の禁止（法138条）

　何人も、選挙運動期間中、期間外を問わず、選挙に関して、投票を得若しくは得しめ又は得しめない目的をもって戸別訪問をすることはできません。

　これに対し、自身の政策や主張を説明する目的や公職者等の政治活動の内容を知ってもらうとともに活動に対する理解者を増やすためであれば、自由に認められる政治活動であり禁止されていません。

　しかし、政治活動に加えて、次回選挙時の投票を求め、知人友人に投票の呼びかけをするように依頼することは、「投票を得若しくは得しめ又は得しめない目的」があるとされ、禁止される戸別訪問に該当することになります。

　なお、選挙運動期間外の戸別訪問は事前運動（法129条）にも該当するこ

とになります。

3　後援会員個人の政治活動に関する規制

（1）後援会員個人の政治活動と寄附に関する規制

　後援会（後援団体）として活動を行う場合のほか、後援会員個人が行う政治活動についても、基本的には後援団体に関するものと同様の規制があります。また、寄附に関しては、公職の候補者等に、選挙区域内の者に対し寄附をするよう勧誘・要求することが禁止（法199条の2第3項）されています。ただし例外として、公職者等が寄附ができる場合（法199条の2第1項ただし書の場合）は除かれています。

（2）後援団体である後援会の行事等における寄附の規制（法199条の5第2項）

　「一定期間」中に、後援団体である後援会が行う総会や集会、行事（旅行や見学も含む）などにおいて、推薦・支持している公職者等の選挙区域内の者に対して饗応接待や金銭・記念品その他の物品の寄附をすることはできません。「記念品その他の物品」となっていますので、記念品に準じるものを指し、行事で使うメモ紙やポケットティッシュ程度のものはこれに該当しません。

　もっとも、「一定期間」中であっても、湯茶や通常用いられる程度の茶菓や食事の提供は認められるものと考えられています。

4　特定の職業と政治的行為の制限

　国家公務員や地方公務員については、政治的行為について制限が定められており（国家公務員法102条、地方公務員法36条）、後援団体の役員になることや寄附金の募集への関与などの活動について禁止されています。

　また、地域社会における民生委員は職務上の地位を政党又は政治的目的のために利用してはならないとされ（民生委員法16条1項）、地方自治体の認可を受け認可地縁団体となった町内会や自治会などは特定の政党のために利

用してはならないとされている（自治法260条の2第9項）など、身分や所属する組織・団体によって政治活動が制限されている場合があります。

　安易に立場や組織・団体での活動を利用して政治活動を行うことのないよう注意しましょう。

8　様々なトラブルに巻き込まれないために
兼職・兼業

> **Q**　市議会議員のＡさんは、父親が代表取締役を務めるＢ建設株式会社の常務取締役総務部長を務めています。以下のことは問題となりうるでしょうか。

❶　Ｂ建設株式会社は市から公共施設の建設工事や修繕工事を請け負っているが、Ａの当選後も請負を続ける。

❷　Ｂ建設株式会社の社内において、Ａが従業員に向けて自身の政治活動ビラの配布や回覧をする。

❸　Ａの政治活動用ホームページでＢ建設株式会社の宣伝や広告を掲載する。

❹　市との連携や今後の業界振興のため、Ａが市の建設業者で構成する建設事業協同組合Ｃの顧問に就任する。

❺　Ａが再選を目指す選挙の告示前に行われたＣの会合で、会員企業に対し、再選した場合は内密に個人的な祝賀旅行に招待することや、Ｃの会員企業に市の事業を優先的に回すよう市に働きかけることを伝えて再選支援を求める。

❻　議員就任後、友人に依頼され同人が主宰する認定特定非営利活動法人（認定ＮＰＯ法人）Ｄの理事に就任する。

❼　Ｄの主催する行事で、ＮＰＯのパンフレットとともにＡの政治活動報告ビラを配る。

A

①　　ＡさんはＢ建設株式会社の取締役ですので、Ｂ建設株式会社が市との間で自治法92条の２における「主として同一の行為をする法人」となる

場合、Ａさんは当選告知を受けた日から 5 日以内に取締役を退任して関係を有しなくなったことの届出をしなければなりません（法104条）。「主として同一の行為をする」に該当するかどうかは、Ｂ建設株式会社における市との取引の占める割合や内容にもよりますが、Ｂ建設株式会社の取引の半分を超えるような場合、通常は該当するものといえます。

② 　私企業において政治活動をすること自体は、当該企業秩序の問題ですので、Ｂ建設株式会社の就業規則等で社内での政治活動行為が禁止されていない限り、政治活動を行うことは可能です。

　　もっとも、選挙運動にわたる行為やその潜脱としての政治活動は事前運動（法129条）となりますので、当然、行うことはできません。

③ 　Ａさん自身の出自を紹介する程度を超え、積極的にＢ建設株式会社の事業等を宣伝する場合は、同社に対する無償でのサービス等財産上の利益ないし便宜の提供として寄附（法199条の 2 ）に該当するおそれがあります。

④ 　事業協同組合は中小企業等協同組合法に基づき設立される民間の法人です（同法 3 条 1 号、 4 条 1 項）が、同法人の役員につき地方自治体の議員との兼職を禁止する規定はありません。

　　他方、法104条、自治法92条の 2 との関係で見ると、組合の顧問は組合の執行権を持っておらず、名目的・名誉職的な位置付けであることがほとんどですので、会社における取締役と同等の権限や責任を有しているとはいえず、自治法92条の 2 の「準ずべき者」にも当たりませんので、Ｃの顧問との兼業は可能となります。もっとも、Ａさんが理事などの執行権を持つ者であったり、顧問とはいいつつ執行権を持つ場合は「準ずべき者」に当たりえますので、組合が市との間で「主として同一の行為」（自治法92条の 2 ）をしていれば法104条に抵触します。

⑤ 　Ａさんのした祝賀旅行の招待の約束は、Ｃの会員（に属する個人）に対して投票を依頼し、その見返りとして個人に対する供応接待を申し込むもので、相手方が有権者であれば事前買収罪（法221条 1 項）となります。

また、Cの会員企業に対して市の事業の便宜を図ることの約束は、投票を依頼された者と直接利害関係のある会社への利益を示すことで投票を得ようと誘導する行為であり、利害誘導罪（法221条1項2号）に該当すると考えられます。

⑥　特定非営利活動促進法において地方自治体の議員とNPO法人の理事との兼業は禁止されていないため、AさんがDの理事に就任することに問題はありません。

⑦　特定非営利活動促進法は認定NPO法人の認定の要件として、政治的活動を行っていないことを求めています（同法45条1項4号イ（2））。他方、本設問のような行為は、Aさん個人の政治活動として行われていても、Dの行事で同法人のパンフレットとともに配っているという態様からすれば、Dと一体となって政治活動を行っているものといわざるをえません。したがって、本設問のような活動は行えないと考えられます。

> **Q** X県の県議会議員を長く務めるEさんは、地元Y商店街で酒店「酒蔵X」を経営する株式会社E酒販店の代表取締役です。このたびEさんは、Y商店街振興組合の理事長に就任したことから、商店街を活性化し地域を盛り上げようと頑張っています。さて、Eさんや株式会社E酒販店が以下のようなことをしてもよいでしょうか。

❶ Y商店街の夏祭りに協賛「酒蔵X」として抽選会の賞品を提供し、当選者に「酒蔵X」として　賞品目録を授与する。

❷ 新年の商売繁盛祈願に訪れた地元の氏神神社にて「御供　株式会社E酒販店」として酒を奉納する。

❸ Y商店街振興組合設立20周年記念として、組合名を記載したタオルを組合員に配る。

❹ 酒蔵Xの県内の取引先や顧客に対し、酒造Xの年賀状を送付して年始の
あいさつを記載する。

A

① 　本設問の事例はEさんの氏名が表示され、かつEが役員をしている株
式会社E酒販店による選挙区内にある者に対する賞品の授与であり、寄
附を禁止する法199条の3及び199条の4が問題となりえます。

　この点、今回は商店街の夏祭りでのことであり、Eさんの選挙に関し
ての寄附ではないことから、法199条の4の「当該選挙に関し」には当
たりません。

　また、株式会社E酒販店は「酒蔵X」として賞品を提供し目録を授与
していますので、これだけでは直ちにEさんの氏名を表示し又は氏名が
類推される方法による寄附（法199条の3）をしたとも言い難いと考え
られます。法199条の3に抵触すると考えられる場合としては、賞品の
目録に株式会社E酒販店の名称や代表者としてEさんの氏名を記載する
とか、「酒蔵X」と株式会社E酒販店との同一性が広く一般に知れ渡っ
ており、容易にEさんの名前がイメージされるような場合が考えられま
す。

② 　本設問では、Eさんの氏名が表示ないし類推される名称の法人が、E
さんの氏名を表示した状態で酒という物品を選挙区内の神社に奉納（寄
附）しています。まさに法199条の3の想定する場面であり、許されま
せん。

③ 　前提として、そもそもEさんがY商店街振興組合の理事長になれるか
の問題があります。これは、法104条の問題です。

　商店街振興組合は商店街振興組合法に基づき設立される民間の法人で
す（同法2条1項）。そのため、同法人の理事長につき地方自治体の議
員との兼職の禁止はありません。

　他方、理事長は振興組合の役員かつその代表であり（同法44条、51条

の7）、会社における取締役と同等の権限や責任を有していますので、自治法92条の2の「準ずべき者」となります。したがって、振興組合がXとの間で「主として同一の行為」（自治法92条の2）をしていれば、法104条により直ちに理事長を辞さなければなりません。

　Eさんが上記に抵触せず理事長を兼業できる場合、Y商店街振興組合はEさんが理事長として役員を務めているため法199条の3の適用を受けます。そのため、Eさんの氏名や氏名が類推されるような方法での寄附が禁止されます。

　Y商店街振興組合が組合員に対して記念のタオルを配布することは、対価なく行われる寄附に当たりますが、本設問のように組合名のみを記載したタオルであれば、Eさんの氏名や氏名が類推される方法での寄附とはいえないため抵触しないものと考えられます。これに対し、理事長名を併記した場合は氏名を表示しての寄附であり、認められないことになります。

④　会社や団体による時候のあいさつ状において、会社や団体は代表である公職者等とは別人格である以上、公職者等のあいさつ状の禁止（法147条の2）が直ちに適用されるものではありません。しかし、当該あいさつ状の内容や形式から実質的には公職者等本人のあいさつ状と見うる場合には当該条項に抵触するものと考えられます。

解説

1　地方自治体の長や議会の議員における兼職・兼業の制限

　地方自治体の長や議会の議員の場合、自営業や企業の代表など生業を別に持っておられる方も珍しくありません。

　他方、長や議員となればその信用は高まり、また自治体における影響力も大きくなることから団体や企業において役員等として招かれることもしばしばあることです。

　これらの兼職・兼業について法の制限があることを知っておく必要があり

ます。

(1) 兼職制限

①地方自治法上の兼職制限

ア　原則

　地方自治体（法文上は「地方公共団体」）である都道府県や市町村の長や議員（以下「長・議員」といいます）は、他の地方自治体の長・議員、常勤職員（特別職・一般職を問わず）及び短時間勤務職員（定年退職した職員等の再任用職員（地方公務員法28条の5第1項））を兼職することはできません（自治法92条、141条2項）。

　また、副知事や副市町村長、選挙管理委員も同じく兼職することはできません（自治法166条2項、141条、182条7項）。

　もっとも、地方自治体の公務員は在職中に公職の候補者となることはできず、立候補の届出日に退職したものとみなされるため（法89条、90条）、あまり当該条項が問題になることはありません（ただし、地方自治体の長又は議員が任期満了時にその長又は議員の選挙に立候補する場合は退職とはなりません（法89条2項））。

　なお、仮に上記の役職にあるまま地方自治体の長若しくは議員に立候補して当選した場合、兼職禁止の趣旨から当選告知を受けた日に辞職したものとみなされます（法103条1項）。

イ　例外

　一部事務組合の議会の議員・管理者（自治法287条2項）及び広域連合の議会の議員・長（自治法291条の4第4項）については、兼職が認められています。

②その他の法令による兼職制限

　自治法の定める上記兼職の制限のほか、他の法令により主に以下の職との兼職が禁止されています。

　○裁判官（議員のみ禁止（裁判所法52条1号））

○固定資産評価員（議員のみ禁止（地方税法406条1項1号））

○行政委員会の構成員

　・教育委員会の教育長・委員（地方教育行政の組織及び運営に関する法律6条）

　・人事委員会・公平委員会の委員（地方公務員法9条の2第9項）

　・公安委員会の委員（警察法42条2項）

　・収用委員会の委員・予備委員（土地収用法52条4項）

　・固定資産評価審査委員会の委員（地方税法425条1項1号、2号）

　・海区漁業調整委員会の委員（都道府県議会議員のみ禁止（漁業法140条））

　・内水面漁場管理委員会の委員（都道府県議会議員のみ禁止（漁業法173条、140条））

　・港湾局の委員会の委員（議員のみ禁止。ただし、港湾局を組織する地方自治体の各議会が推薦した1人は除く（港湾法17条1項2号））

(2) 兼業制限（法104条）

①原則

　上記（1）の兼職禁止はすべて公務員ないし公的機関に関するもので、民間企業や自営業などについては原則として兼職・兼業が可能です。

②例外

ア　法104条

　法104条は、例外的に公職者が当該地方自治体と以下のような一定の関係（自治法92条の2、142条）を有する場合に、当選の告知から5日以内にその関係を消滅させなければ当選を失うものとして兼業を制限しています。

　（ア）当該地方自治体に対して請負をする者又はその支配人

　（ア）は、個人や個人事業主で請負をする場合を想定しています。なお、直接の関係があることが前提であるため、実例上、元請けからさらに請け負うような下請けの場合は含まないと解されています。ただし、実態として元

請けと変わらないような態様・内容（例えば、元請けの実体がないとか、元請けが下請けと一体であると見うるような場合など）であれば適用の余地はあると考えられます。

「請負」の解釈はかなり広く捉えられており、民法の「請負」（民法632条以下）契約に限らず、地方自治体の要請に応じて物品を供給するなど経済的ないし営利的な取引や業務行為はすべて含まれると考えられています。

　　（イ）当該地方自治体に対して主として同一の行為をする法人の無限責任
　　　　　社員、取締役、執行役、監査役又はこれらに準ずべき者、支配人及び
　　　　　清算人

（イ）は法人を対象としており、「主として同一の行為をする法人」とは、請負がその法人の業務の大部分を占めていることをいい、「当該普通地方公共団体等に対する請負が当該法人の業務の主要部分を占め、当該請負の重要度が長の職務執行の公正、適正を損なうおそれが類型的に高いと認められる程度に至つている場合の当該法人を指すもの」（最判昭和62年10月20日裁判集民152号51頁）とされています。同最高裁判例は、当該自治体からの請負量が法人の事業の過半を超える場合や、超えない場合であっても当該請負が当該法人の業務の主要部分を占め、上記のおそれが類型的に高いと認められる程度にまで至っているような場合にはこれに当たるとしました。

「準ずべき者」とは、例示されている者と同程度の執行力と責任を有する者をいい、これに当たるかどうかは、肩書きだけでなく具体的な権限や責任で判断されます。

イ　法104条の例外

地方自治体の長については、上記ア（イ）につきさらに例外が設けられています。

すなわち、上記ア（イ）の法人について、当該地方自治体が資本金、基本金その他これらに準ずるものの2分の1以上を出資している法人については兼業の制限がありません（自治法142条かっこ書、自治法施行令122条）。これは、地方自治体が設立ないし関与して事業等を行う法人も存在することから設けられているものです。

　地方自治体の議員についてはこのような例外はありませんので、こうした法人の取締役や監査役等に就くことはできません。

2　公職者等の兼職・兼業時における公選法上の注意点

(1) 寄附の禁止（法199条の2第1項）

　公職者等が自己の選挙区域内の者に対し寄附をすることは禁じられています（法199条の 2 第 1 項）。

　公職者等が自らの兼職・兼業先を宣伝し、又は便宜や利益を図るような場合、態様によっては兼職・兼業先に対する寄附に該当する可能性があります。

　すなわち、寄附とは対価性のない金銭、物品その他の財産上の利益の供与又は交付ですので、通常の対価を得ることなく相手方に便宜を図れば、対価を欠く部分についてその差額については財産上の利益が生じ、当該兼職・兼業先に対する「寄附」となりうるのです。

　例えば、公職者等が自身の経営する法人の商品を Twitter などで殊更にアピールすれば、態様によっては対価なく宣伝を行っているとして寄附になる可能性がありますし、兼職・兼業先からの報酬や給与を自主的に返納すれば、返納分は兼職・兼業先に対する利益の供与となります。

　なお、兼職・兼業先の従業員や関係者に対して対価性なく金銭や物品を供与したり便宜を図ることは、もちろん禁止されます。

(2) 買収罪・選挙の自由妨害罪等（法221条、225条）

①買収罪等（法221条1項1号〜3号）

ア　選挙人又は選挙運動者に対して、当選を得若しくは得させ又は得させない目的で金銭、物品その他財産上の利益や公私の職務の供与、供応接待などの申込み・約束をした場合、事前買収罪（法221条 1 項 1 号）が成立します。

　したがって、兼職・兼業先の職員や従業員、関係者等に対して、金銭や物品の供与、飲み会や旅行への招待といった慰安などの提案・約束や提供をし、公職者等への投票や選挙運動への協力などを求めた場合、事前買収

罪が成立します。有権者（選挙人）に対する買収は「投票買収」、選挙運動者へのそれは「運動買収」と呼ばれます。

イ　選挙人又は選挙運動者に対して、当選を得若しくは得させ又は得させない目的でその者又はその者と関係のある会社や団体等に対する特殊の直接利害関係を利用して誘導した場合は、利害誘導罪（法221条1項2号）が成立します。

　　例えば、兼職・兼業先の職員や関係者等に対する投票や選挙運動への協力の見返りに、子女の就職のあっせんやその者の勤める会社への仕事の便宜を図ることの約束などが考えられます。

ウ　さらに、公職者等の当選後、投票行為や選挙運動の協力に対する報酬として財産上の利益や職務の供与、供応接待を行ったような場合は、事後買収罪（法221条1項3号）となります。

②選挙の自由妨害罪（法225条）

公職者等の選挙に関して、有権者である兼職・兼業先の職員や従業員、関係者に対し、公職者等への投票をするよう求め、投票しない場合には職務上の不利益（配置や人事において不利に取り扱うとか、その者の関係する会社等との取引を止めるなど）を与える旨を発言するなどして圧迫する行為は、威力により選挙に関する自由な意思決定を妨害する行為として罰せられます。

3　NPO法人の理事等への就任と政治活動

公職者等がNPO法人の理事等に就任することについては、兼職・兼業の禁止は及びません。

しかし、NPO法人のうち認定特定非営利活動法人（認定NPO法人）については、同法人の認定基準について定める特定非営利活動促進法45条1項4号イ（2）において、「政治上の主義を推進し、支持し、又はこれに反対すること」を、同（3）において「特定の公職の候補者若しくは公職にある者又は政党を推薦し、支持し、又はこれらに反対すること」を行っていないことが求められています。

そのため、理事等に就任したNPO法人が認定NPO法人である場合、当該法人自体が政治活動や公職者等の政治活動に関わることができませんので、注意が必要です。

なお、特定非営利活動促進法3条は、NPO法人一般につき、特定の個人又は法人その他の団体の利益を目的とした事業を禁止し（1項）、特定の政党のために利用することを禁止（2項）していますので、これらに抵触しないようにしなければなりません。

4　兼職・兼業先の法人や団体等による行為について

兼職・兼業先が会社や法人、任意団体など別個の活動主体である場合、当該活動主体の行為につき法の規制が及ぶことになります。さらに、法人や団体そのもののほか、その代表者や指示命令等を行った者についても、それぞれの行為について規制の対象となりえます。

なお、公職者等が個人事業主の場合も、以下の（1）①を除いて同様に考えることができます。

（1）寄附の制限（法199条の3、199条の4等）
①公職者等の関係会社等の寄附の禁止（法199条の3）

公職者等が役職員や構成員である会社・団体については、公職者等の氏名が表示され又はその氏名が類推されるような方法での選挙区域内の者に対する寄附が禁止されます。公職者等がいわゆる肩書きのない構成員や従業員であっても適用されます。

「氏名が表示され又はその氏名が類推されるような方法」としては、公職者等の氏名（氏のみも含む）が法人名である場合の当該法人名や、「○○株式会社代表取締役《公職者等》」といった形式での名義などでの寄附が典型です。さらに、例えば「山田勝雄」氏が普段「やまかつ」の愛称で知られ一般に浸透している場合には、「やまかつ」名義での寄附も氏名が類推される方法となる可能性があります。

なお、例外として、政党その他の政治団体又はその支部に対する寄附は可

能です。

②公職者等の氏名等を冠した会社・団体の寄附の禁止（法199条の4）

公職者等の氏名が表示され又はその氏名が類推されるような名称が表示されている会社や団体が、その公職者等の選挙に関し、公職者等の選挙区内にある者に対して寄附をすることはできません。

なお、これについても例外があり、政党その他の政治団体若しくはその支部又は公職者等に対しては寄附ができることになっていますが、会社・団体については後述③の規制があります。

③法人の公職者等に対する寄附禁止（規正法21条）

規正法では、政治団体以外の会社・団体が政党及び政治資金団体以外の者に対し政治活動に関する寄附（選挙運動を含む（規正法4条4項））をすることを禁じています。

そのため、政治団体以外の会社・団体が公職者等に対し、政治活動・選挙運動に関して金銭や物品を供与したり財産上の利益を与える援助をすることはできません（役員報酬や給与は職務や労働に対する対価であるため寄附には当たりません。ただし、役員報酬や給与の名目で過大な金銭を支払った場合は、相当な部分を超えた分は寄附になると考えられます）。

④法人の寄附の質的制限（規正法22条の3以下）

規正法は、③の他にも、寄附の質的制限として一定の条件を満たす会社その他の法人による政治活動に関する寄附を禁止ないし制限しています。

ア　地方公共団体から直接補助金等の給付金（例外あり※）の交付の決定を受けた会社・法人は、決定通知を受けた日から1年を経過する日（交付決定が全部取り消された場合はその通知を受けた日）まで当該地方公共団体に関する公職の候補者等・資金管理団体及びその者を推薦支持又は反対する政治団体に対しての寄附が禁止されます（規正法22条の3第1項・4項）。会社・法人が、資本金、基本金等、法人の基本財産のうち一部でも出資・

拠出を受けている場合も同様に禁止されます（同条2項・4項）。なお、規正法22条の3第1項・2項では、国から直接補助金等を受け、又は資本金等の出資等を受けている会社・法人による政治活動に関する寄附を禁止していますが、地方公共団体の議員や長に係る公職の候補者等・資金管理団体及びその者を推薦支持又は反対する政治団体に対してする寄附には適用されません（同条3項）。

※例外として、①試験研究、②調査又は災害復旧に係るもの、③その他性質上利益を伴わないもの、④政党交付金については適用が除外されますが、判断が極めて難しく筆者自身も常に判断に困っていました。個々の補助金等について事前に選挙管理委員会に適用の有無を問い合わせることをお勧めします。

イ　会社のうち、連続3事業年度以上欠損を出している会社は、欠損が埋まるまで政治活動に関する寄附ができません（規正法22条の4第1項）。

ウ　誰であっても、日本法人で5年以上株式上場をしている法人等を除き、原則として外国人、外国法人又は主たる構成員が外国人若しくは外国法人である団体その他の組織から寄附を受けることはできません（規正法22条の5第1項）。

⑤NPO法人から政党に対する寄附の禁止（特定非営利活動促進法3条2項）

前述のとおり、特定非営利活動促進法がNPO法人について特定の政党のために利用することを禁止していますので、NPO法人が政党（ないし政党の政治資金団体）に対し寄附をすることはできません。

(2) 文書図画の頒布

公職者等の発行した政策ビラ等の政治活動用文書図画を会社・団体内や第三者に頒布・回覧することは問題ありません。ただし、頒布・回覧が選挙告示直前に大量になされたり、不特定多数の顧客に配布したりするなどした場合、その時期・目的や態様によって事前運動（法129条）と認定されるおそれがあります。

もっとも、営利事業を営む会社や団体が従業員や顧客など第三者に政治活

動用文書図画を頒布するのは、一般の顧客の政治的志向は様々であることから慎重に考えるべきです。

(3) 文書図画の掲示（法143条）

　兼職・兼業先の事務所や店舗等において、取引先や職員などにアピールするために公職者等の政治活動用ポスターや氏名・写真などを掲載した文書などを掲示することは、法143条16項において認められた範囲（19頁以下参照）でなされる限り可能です。

　当該会社・団体において公職者等の後援会事務所となっている場合には立札・看板の類を事務所に設置することもできます（同条16項1号）。

(4) あいさつに関する留意（法147条の2、152条1項）

　公職者等による選挙区域内にある者に対して出すあいさつ状（法147条の2）やあいさつ目的の有料広告等の禁止（法152条1項）は、名宛人を公職者等としていますので、兼職・兼業先の行うあいさつに直接適用されるものではありません。

　しかし、名目上、兼職・兼業先名義でのあいさつ状・あいさつ広告であっても、その形式・内容等から実質的に公職者等が行ったといえる場合（特に個人事業主の場合などは）にはこれらの規制が適用される可能性があります。

(5) 業務上用いる看板の掲示について

　例えば公職者等の氏名が会社・法人名になっているような場合、当該会社名の看板などを掲げると必然的に公職者等の氏名が表示されることになります。これについては、政治活動・選挙運動とは関係なく業務上の目的で表示されているにすぎないといえる場合は、法143条に抵触するものではないと考えられています。

　他方、業務名目で選挙直前に多数の看板を設置するとか、必要以上に公職者等の氏名を強調して目立つような案内板を設置するなど、掲示の時期や態様、目的によっては事前運動（法129条）となるおそれがあります。

⑨　この勉強会も実はパーティー？ 政治資金パーティーの基本

> **Q**　市議会議員Ａさんの後援会Ｂ（政治団体）では、後援会の恒例行事として以下のことを行っています。法律上の問題はあるでしょうか。

❶ 毎年１回、「Ａを囲む夕べ」として参加者実費負担のもと激励会を開いているが、政治資金パーティーとして収支報告書に記載していない。

❷ 後援会員や有志の市民を対象に、毎月１回、ホテルで朝食を食べながらの政策勉強会として「朝活会」を開いており、少し高めに参加費をとり、支出（実費）との差額を後援会Ｂの活動費に充てているが、政治資金パーティーとして取り扱っていない。

❸ Ａの今後の政治資金を確保するため、市内のホテルを会場とした後援会Ｂ主催の大規模な政治資金パーティーの開催に当たり、

　ア　後援会Ｂの会員を中心に販売するため、印刷代を節約しようとして後援会報の記事に「参加申込書」を付け、参加する場合にはこれを切り取って提出する方法とし、当該記事には政治資金パーティーであることを記載しない。

　イ　政治資金パーティー開催の案内に「Ａさんを激励する第１回政治資金パーティー」との記載をし、購入者に手渡すパーティー券には「Ａさん激励会参加券」として政治資金パーティーであることを記載しない。

　ウ　２つの大会社を経営する知人のＣ氏に、それぞれの会社で100枚（100万円分）ずつ合計200枚（200万円分）のパーティー券を購入してもらい、さらにＣ氏個人にも家族分として３枚（３万円分）購入してもらう。

　　エ　D氏から、自分がパーティー券を買ったことを知られたくないとの
　　　希望があったので、お金を預かり、領収書はDの知人名義で発行する
　　　ことにする。
　　オ　残念ながら新型コロナウイルス感染症の影響でパーティーが中止と
　　　なってしまった。結果的に政治資金パーティーは開かれなかったので、
　　　収支報告書にパーティーの収支を区別して記載しないでおく。
❹　政治資金パーティーを政治団体である後援会Bではなく、有志が立ち上
　げた「A応援団」名義で開催する。

A

①　　政治資金パーティーは、対価を徴収して行われる催物で、対価と支出
　　との差額につき政治活動や政治団体の活動費用に充てることが予定され
　　ているものです（規正法8条の2）。「Aを囲む夕べ」は参加者の実費負
　　担であり、後援会Bに参加費と支出との差額が生じることや、それをA
　　さんの政治活動や後援会Bの活動に充てることが予定されていませんの
　　で、政治資金パーティーには該当しません。したがって、後援会Bは収
　　支報告書において政治資金パーティーとして記載する必要はありません。
②　　「朝活会」という名称で単に会費制で食事をしながら勉強会をしてい
　　るだけですが、対価を徴収し、支出との差額について後援会Bの活動資
　　金とすることを予定していますので、規正法上の政治資金パーティーに
　　該当します。そのため、毎回、告知義務や個別の帳簿作成等が必要とな
　　ります（規正法22条の8第2項、12条1項等）。
③　ア　政治資金パーティーであることについて、事前に文書で購入者に告
　　　知をする必要があり（告知義務。規正法22条の8第2項・5項）、告
　　　知文言は規正法施行規則で定められています（規正法施行規則39条）。
　　　　したがって、告知文言を記載せずにパーティー券を販売することはで
　　　きません。なお、規正法は告知文言を「書面」で告知することを求め
　　　ていますが、パーティー券本体に記載することまでは要求していませ

ん。

イ　規正法施行規則39条が、政治資金パーティーであることを告知する
文言につき「この催物は、政治資金規正法第8条の2に規定する政治
資金パーティーです。」としています。本設問のように催物のタイト
ルに政治資金パーティーと記載しても、別途上記文言を文書上に記載
する必要があります。なお、案内文に記載すれば、パーティー券に重
ねて上記文言を記載する必要はありません。

ウ　規正法22条の8第1項・3項は、1つの政治資金パーティー当たり
の対価を150万円までとしています。この150万円基準は規正法22条の
8第1項が「同一の者」としているところ、法人・個人の人格ごとに
判断します。したがって、C氏という同じ経営者であっても会社（法
人）は別ですので、それぞれ150万円まで購入することができます。
また、会社とは別に、C氏個人として購入することもできます。

　なお、個人事業主の場合は、事業（屋号）について法人格を持って
いないため、個人と屋号名とで別々に購入しても、1人（同一の者）
として扱われることになります。

エ　匿名及び他人名義でのパーティー券購入は規正法22条の8第4項、
22条の6第1項が禁じています。ちなみに販売者・購入者双方に罰則
もあります（規正法26条の2第5号・6号）。

オ　みなし政治団体の特定パーティーにつき中止となった場合でも収支
報告書の作成と提出を求めている（規正法18条の2第2項、17条1項）
ように、すでに対価としての収入や開催のための支出が発生していま
す。したがって、受けた対価や支出について帳簿を作成し、収支報告
書に記載しなければなりません（規正法9条1項）。

④　規正法8条の2は、政治資金パーティーにつき「政治団体によって開
催されるようにしなければならない」としており、政治団体以外の者に
よる開催を排除していませんので、政治団体でなくとも開催はできます。
ただし、一定規模以上の特定パーティーを開催する場合は、みなし政治
団体として種々の届出や書面作成・提出等が必要となります（規正法18

条の 2 ）。

　　政治資金パーティーは、政治家ないし政治団体の政治活動資金調達手段として、また支持拡大や知名度上昇のための手段として非常に多く行われています。

　　一方で、政治家や後援団体による勉強会やイベントなども開催されているところ、これらと政治資金パーティーとでは、政治資金収支報告書への記載義務の要否や告知義務の有無等異なる取扱いがされていますので、その区別や政治資金パーティーではどのような要件・制約があるのかを知っておく必要があります。

　　ここでは、政治資金パーティーの定義や要件・開催に当たっての制約等について検討します。

1　政治資金パーティーとは（定義）

　　政治資金パーティーの定義は公選法ではなく規正法に定められています。

　　すなわち、規正法 8 条の 2 において「対価を徴収して行われる催物で、当該催物の対価に係る収入の金額から当該催物に要する経費の金額を差し引いた残額を当該催物を開催した者又はその者以外の者の政治活動（選挙運動を含む。これらの者が政治団体である場合には、その活動）に関し支出することとされているものをいう」と定義されています。このパーティー自体も政策や主義の宣伝や公職者等の支持拡大等を目的としてなされる以上、政治活動の一環といえるでしょう。

　　この定義規定から読み取れる政治資金パーティーの要素は、

---

　①　対価を徴収して行われる催物

　②　対価としての収入から経費を差し引いた残額について、主催者又はその他の者の政治活動・選挙運動や政治団体の活動に使われることが予定され

> ているもの

の両方を満たす会合ということになります。

　したがって、ホテル等で立食により行われる典型的なパーティーとしての形式でなくとも、朝食会や勉強会、ランチミーティング、出版記念講演会といった形式でも、要素①と②を満たせば「政治資金パーティー」に当たります。

　反対に、パーティーの形式をとっていても、収入から経費を差し引くと残額が残らないような会合（例：レストランで正規のコース料金を参加者がそれぞれ支払う会合、場所代を参加者全員で頭割り）であれば、要素②を満たしません。

　また、そもそも対価を徴収しない後援会総会や一般向けの無料活動報告会などは、要素①を満たさないため「政治資金パーティー」には該当しません（ただし、対価を受けずに飲食物等を提供する場合は寄附の制限（法199条の2第1項、199条の5第1項等）に抵触する可能性がありますので注意が必要です）。

2　政治資金パーティー開催に関する規律

（1）開催主体（規正法8条の2）

　規正法8条の2は、政治資金パーティーについては原則として「政治団体によつて開催されるようにしなければならない」と規定していますが、政治家個人など政治団体以外の者によっても開催できます。

　もっとも、政治団体以外の者が開催する場合、収入が1,000万円を超えるパーティー（法律上「特定パーティー」と呼ばれます（規正法12条1項1号へ））となる見込みがあったり、事後的に収入が同金額を超えた場合には、主催者は政治団体とみなされるため（規正法18条の2）、後述（6）のとおり種々の規制が加えられています。

（2）告知義務（規正法22条の8第2項・5項、規正法施行規則39条）

政治資金パーティーを行うために対価を受けようとする場合、すなわちパーティー券を購入してもらう際には、「あらかじめ」、「書面により」、「当該対価の支払が政治資金パーティーの対価の支払である旨」の告知が要求されています。ただし、パーティー券本体に記載することまでは要求されていません。

この文言は規正法施行規則39条で一言一句定められており、「この催物は、政治資金規正法第8条の2に規定する政治資金パーティーです。」となっています。そのため、パーティー券販売に当たって上記文言を記載した文書を用いず口頭だけで告知した場合や、購入後に文書を渡して告知した場合などは告知義務違反となります。

なお、事前に文書をもって告知することで足り、購入者全員に対し個々に上記文言を記載した文書を交付する必要まではないと考えられます。

（3）対価の限度

①同一の者に対していくらまで販売できるか

1つの政治資金パーティーにつき、同一の者（個人・法人問わず）から受け取ることができる対価は150万円までに制限されています（規正法22条の8第1項）。これに対応して、支払う側も同金額までとされています（規正法22条の8第3項）。

「同一の者」については、個人・法人格ごとに判断されます。したがって、親子会社があるパーティー券を購入する場合、別法人ですから会社ごとに150万円までの購入が可能ですし、社長個人と会社（法人）の立場でそれぞれ最大150万円まで購入することもできます。

一方、個人事業主の場合は、屋号があっても法人格はないため、個人名と事業の屋号名とそれぞれの名義で購入したとしても、同一人（個人）の購入となります。そのため、個人名の購入分と屋号名での購入分とあわせて150万円以内となります。

なお、政治資金パーティーに出席する予定もないのに購入することと寄附

の関係については、104頁にて検討します。

②パーティー全体での販売限度額

　1つの政治資金パーティー当たりの対価の総額について、法令上の制限はありません。したがって、理論上は1度のパーティーでいくらでも対価を受け取ることができます。

　実際、政治資金パーティーでは、想定される来場者数よりも多くのパーティー券が販売されることが一般的です。

　しかし、例えば政治資金パーティーの会場や開催規模に比して極端に過大な数量を販売した場合や、定員制としたにもかかわらず定員数以上のパーティー券を販売したような場合は、104頁で検討するように寄附の問題が生じうることになります。

（4）パーティー券の販売方法

　販売方法は限定されておらず、対面方式のみならず郵便申込みやウェブサイト、メールでの購入申込みなどを利用して販売することも可能です（ただし、「書面」での告知義務（上記（2）参照）との関係で、開催告知も含めてウェブサイトやメールのみで済ますことは、現行法では困難と考えます）。

　なお、販売に当たって、以下のような規制がありますので注意が必要です。
- 本人以外の名義や匿名での購入の禁止（規正法22条の6第1項・3項、22条の8第4項）
- 当事者の関係などを利用し威迫等相手方の意思を不当に拘束する方法による購入のあっせんの禁止（規正法22条の7第1項、22条の8第4項）
- 相手方の意思に反して給与や下請代金などから控除する方法によるあっせんの禁止（規正法22条の7第2項、22条の8第4項）
- 公務員の地位を利用した販売や販売の関与の禁止（規正法22条の9第1項）

　特に本人以外の名義や匿名での購入は、20万円以上の対価を支払った場合に収支報告書への記載と公表されること（規正法12条1項1号ト、20条）と

の関係で、購入者から名前を出さないようにしてほしいなどと対応を求められることも多いかと思います。しかしながら、法に携わる政治家が法に反したり脱法的行為をすることは許されません。

　また、後援会の会員や支援者が、応援に力が入るあまり、第三者に購入を強要することなどがないように、規正法の規制についても周知する必要があります。

(5) 会計帳簿の作成、収支報告書の作成・提出（規正法12条1項1号ヘ～チ・同項2号）

　政治団体が政治資金パーティーを開催する場合、対価としての収入やパーティー開催のための支出について規定の事項を会計帳簿に記載しなければなりません（規正法9条1項1号ヘ・ト・2号）。

　また、毎年提出する収支報告書において、政治資金パーティーの収入を事業収入として報告し、当該パーティーが特定パーティーとなる場合は、詳細な内訳も記載します（規正法12条1項1号ヘ）。また、対価の支払いや支払いのあっせんが20万円を超える者について氏名等の記載も必要となります（同号ト・チ）。政治資金パーティーの支出については、1件当たり5万円以上のものについて詳細を記入します（同項2号）。

(6) 政治団体以外の者が特定パーティーを開催する場合の特例

　政治団体以外の者が政治資金パーティーを開催する場合で、対価に係る収入が1,000万円を超える特定パーティーとなると見込まれる場合は、当該政治団体以外の者はそのパーティーに関しては政治団体とみなされることになります（みなし政治団体。規正法18条の2）。これは、パーティー券が予想以上に売れたなどの事情で事後的に特定パーティーとなった場合も同様です。

　そのため、みなし政治団体となる者は政治団体としての団体の設立・解散の届出や、収支報告書の作成・提出等、政治団体に準じた規制を受けます。具体的には以下の手続が必要になります。

①設立届等の提出

特定パーティーを開催しようとするとき（「開催日」ではありません。事後的に特定パーティーとなる場合は対価が1,000万円を超えるパーティーであることが決まったときとなります）から7日以内に「政治団体設立届」及びパーティーの名称、予定収入やいわゆるもうけを支出する先などを記載した特定パーティー「開催計画書」を所管の選挙管理委員会に文書で提出します（規正法6条、18条の2第2項）。

さらに、当該届に併せて規正法22条の8第2項の告知書面も提出しなければなりません（規正法施行令9条2項）。

この届出をしないときは、特定パーティーについて対価の支払を受けたり支出をすることができません（規正法6条、8条、18条の2第2項）。

②会計帳簿の作成・収支報告書の作成・提出

みなし政治団体となった以上、特定パーティーに関して通常の政治団体と同様、収入と支出について会計帳簿を作成し、パーティー終了後には収支報告書を作成・提出しなければなりません（規正法18条の2第2項）。

ただし、通常の政治団体の場合と異なり、会計帳簿の作成や収支報告書の提出については会計責任者に加え代表者も義務を負い、収支報告書の提出については、パーティー終了の日から3か月以内となっています（同項）。

一方、何らかの理由により特定パーティーの開催が中止となったときは、中止時点での収支報告書を作成し、中止決定の日から30日以内に提出しなければなりません（規正法17条1項、18条の2第2項）。

③みなし政治団体の終了

みなし政治団体が収支報告書を提出したときは、政治団体でなくなったものとみなされます。

特定パーティーが中止となった場合は、収支報告書と同じく、中止となった日から30日以内に中止したこと及び年月日を届け出なければならず（いわゆる「解散届」）、この解散届と収支報告書の提出により政治団体でなくなっ

たものとみなされます（規正法18条の２第２項、17条）。

10　パーティー券の販売や御礼、返金など 政治資金パーティーにおける対応

> **Q**　Aさんの後援会B（政治団体）主催の政治資金パーティーが近づいてきました。後援会Bとしてはたくさんの人に来てもらってAさんの評判を高めるとともに多くの政治活動資金を確保したいと考えています。以下のような対応は問題ないでしょうか。

❶ 立食形式で300人分の会場と料理を予約したが、パーティー券は600枚販売する。

❷ 1枚2万円のパーティー券をパーティー直前に割引して1万円で販売する

❸ 社員3人の小さな会社であるC社の社長に、会社でパーティー券を50枚買ってもらう。

❹ パーティー当日、来場者に対して自身や政党のビラとともに地元の特産品をお土産として渡す。

❺ Aが、受付係を手伝った後援会員に差し入れとしてサンドイッチとお茶を提供する。

❻ Aが、当日来場して名刺交換した人に対し、パーティー開催後に印刷したお礼の手紙を送付する。

❼ 新型コロナウイルス感染症の感染拡大のため、急きょパーティーを中止することになり返金を行っていたところ、支援者から「返金しないで使ってくれ」と言われたので返金しないでおく。

A

① 　パーティー券を購入した者全員が必ず参加するとはいえない以上、ある程度の余剰を持たせた枚数を販売しても、余剰分の対価が直ちに政治団体に対する寄附とはならないと考えられます。しかし、政治資金パーティーの規模や内容と極端に乖離（かいり）した枚数を販売するなどした場合は、想定される参加者を超えた部分は公選法上の寄附となり、法人その他の団体からの支払いが禁止される寄附として違法となる（規正法21条1項）可能性があります。

② 　パーティー券は、当該政治資金パーティーに出席する権利を対価として購入するものですが、同じ内容であるにもかかわらず割引をした場合、安く購入した者は定価との差額分の支払いを免れ又は債務の免除を得ることになり、選挙区域内の者に対して行うことは法199条の5第1項の寄附に当たると考えられます。

　　なお、対価であるパーティー券をいくらと設定するかは主催者の裁量に委ねられており、価格差があってもそれぞれの設定価格が権利の正当な対価として寄附には当たらないと解する余地もあります。しかし、同じパーティーへの同内容の参加権という点で権利の内容は同じはずであり、主催者が相手ごとに自由に決定できるとすれば寄附の禁止の潜脱ともなりうることから、このような見解はとることができないと考えます。

③ 　C社の規模からすれば50人もの参加者が来場するとは考えにくいですが、C社が取引先に配ったりする可能性もあることから、直ちに規正法で禁止される法人の寄附（規正法21条1項）として違法とはならないと考えられます。もっとも、購入に際して、主催者とC社との間で、もともと出席するつもりはなく実質的な寄附としてC社が購入することを確認していたなど特段の事情がある場合は、違法とされる余地があります。

④ 　お土産は、政治資金パーティーの内容として予定され、購入者から支払われた対価に見合う内容で支出されていれば、寄附（法199条の5第1項）とはいえません。

⑤　受付係として従事した者に対する日当等は、主催者において人件費などの経費で支払われるべきものです。主催者ではないＡさんが選挙区域内で開催される政治資金パーティー会場にいる者に飲食物を差し入れた場合、禁止される公職者等からの寄附（法199条の２第１項）に当たります。

⑥　禁止されるあいさつ状は、公職者等の時候のあいさつ状であり（法147条の２）、名刺交換や来場に対する感謝のあいさつ状はこれに当たりません。なお、お礼状を年賀状や暑中見舞い等の時候のあいさつと併せて送った場合は、上記規制に抵触する可能性があります。

⑦　政治資金パーティーが中止となると、支払いを受けたパーティー券に対応する対価が存在しないことになります。そのため、主催者に支払われたパーティー券相当額は対価性を有しない金銭、すなわち寄附（法179条２項）になります。購入者が個人であれば通常の寄附と同じ処理となりますが、法人その他の団体であった場合、政党及び政治資金団体以外への寄附は禁じられていますので（規正法21条１項）、返金する必要があります。

　また、返金に際してすでに用意していた記念品を配った場合、当該記念品は対価性のない物品の交付となり、政治団体からの寄附として選挙区域内の者に対しては違法となる（法199条の５第１項）と考えられます。

> **Q**　Ａさんの事務所に、Ａさんと同県の県議会議員Ｙさん後援会が主催する政治資金パーティーの案内が届きました。以下のＡさんの対応に問題はないでしょうか。

❶「ご招待」とハンコが押されていたが、タダで飲食するのもどうかと思い、当日、来賓受付で正規の代金を入れたご祝儀袋を手渡した。

❷ 来場公職者の紹介で壇上に上がった際、「Ｙ君は私の盟友です。二人二

脚で頑張りますので、今後とも Y 君へのご支援をよろしくお願いいたします」と発言する。

A

① 　「ご招待」は、通常の政治資金パーティーの参加者たる権利につき対価を求めないというものです。そのため、A さんとしてはパーティー参加に当たり代金の支払いを免除されていることになりますが、受付窓口で「ご招待」とされたパーティー券につき正規の代金を支払えば、義務のない支払いであり、実質的には「祝儀」として寄附（法199条の 2 第 1 項）に当たると考えられます。

　これについては正規の代金を支払っている以上、寄附に当たらないとの見解もありますが、もともと主催者が支払いを受けることを想定していないのであれば、やはり義務なき支払いとして寄附となると考えられます。

　一方、A さんが「ご招待」のパーティー券を使用せずに自身で別途正規のパーティー券を購入した場合、これは正当な対価の支払いであって上記結論は当てはまらないものと考えられます。

　なお、本設問の回答ではありませんが、そもそも「ご招待」自体が Y さん後援会による選挙区域内の者（A さん）に対する寄附（法199条の 5 第 1 項）となる可能性もあります。

② 　不特定多数の者が集まる政治資金パーティーにおいて、当該発言が特定の選挙について Y さんや立候補予定者等への投票や支援を求めるような内容であれば事前運動（法129条）となりえますが、単なる応援や激励はこれに当たらないものと考えられます。

解説

政治資金パーティーの開催方法について規正法による規律がなされていま

す。これに加え、政治資金パーティーでは金銭の動きや参加者の行動に伴って公選法の規制の適用も受けます。

　そこで、政治資金パーティーの開催でありがちな事例をもとに確認してみましょう。

1　寄附の禁止

　政治資金パーティーでは参加者と主催者との間で金銭のやりとりが発生します。定められた会費をパーティーの対価として受け取ることはよいのですが、割引して販売した場合や、対価以外に金銭等を授受する場合には寄附の問題が生じます。

（1）後援団体に関する寄附の禁止（法199条の5）

　政治資金パーティーは、政党や政治資金団体が主催する場合もありますが、公職者等の後援団体が行うこともよく見られます。

　また、実行委員会方式で行う場合でも、特定の公職者等の政治活動支援や支持拡大等のために行われることもあります。

　こうした特定の公職者等やその主義・施策の支持、特定の公職者等の推薦を政治活動の主たる目的とする団体は、公選法上の「後援団体」として、当該支持・推薦する公職者等の選挙区域にある者に対する寄附が原則として禁止されています（法199条の5第1項）。

　後援団体たる後援会のする寄附についての具体的な禁止と例外の内容は69頁をご参照いただければと思いますが、その他の団体も含め政治資金パーティーの場面では以下の点が問題となりえます。

①無料配布、割引販売

　地元の公職者等に対して「ご招待」の印を押して無料でパーティー券を進呈したり、後援会の幹事や会員に対して割引販売をすることなどが考えられます。

　しかし、上記のとおり、後援団体は、原則として当該支持・推薦する公職

者等の選挙区域内にある者に対する寄附が禁じられています（法199条の5
第1項）。パーティー券の無料配布や割引販売は、パーティー券の対価の免
除という財産上の利益といえ寄附に当たり、無料配布や割引販売の相手方が
選挙区域内の者である場合、同条項に抵触します。

　この点、同条項が寄附の禁止の例外として、後援団体がその団体の設立目
的により行う行事又は事業に関する寄附について認めていること（同項ただ
し書）との関係が問題となります。

　私見としては、この例外は行事又は事業そのものについての寄附を指し、
行事又は事業そのものではない個別の寄附には及ばないと考えます。この例
外が、寄附を原則として禁止しつつ後援団体の設立目的に基づく活動の確保
と寄附による弊害との調整を図るために設けられていることからすれば、後
援団体の上記活動そのものに必要な限度で例外が認められれば足り、上記活
動そのものではない個別の寄附についてまで例外を拡大すれば、例外の範囲
や認めることによる弊害が大きくなって規制の趣旨が骨抜きとなってしまう
からです。

　そして、政治資金パーティーにおいて、特定の個人に対してパーティー券
を無料配布ないし割引販売することは、当該パーティーの事業そのものにつ
いての寄附ではなく、パーティー参加予定者個人に対する個別の寄附と考え
られます。したがって、上記例外の適用はないものと考えます。

②記念品の配布

　政治資金パーティーでは、来場者に対して記念品を渡すこともあります。
しかし、この記念品（の費用）は通常参加者が支払った対価に含まれている
ため、公選法上の「寄附」すなわち「金銭、物品その他の財産上の利益の供
与又は交付、その供与又は交付の約束で党費、会費その他債務の履行として
なされるもの以外のもの」（法179条2項）に当たらず、禁止されません。

　もっとも、記念品が参加者の支払った対価に比して対価性を欠くような場
合（例：3,000円の参加費に対し、2,000円の食事と3,000円の記念品を贈呈
するなど）には、対価性を欠く部分について寄附となる可能性があります。

③政党や公職者等へのパーティー収益の寄附

　政治資金パーティーは、主催団体ではなく特定の政党や公職者等の政治活動資金を確保する目的のために行われることがあります。この場合、主催した後援団体から支持する政党や公職者等への収益の寄附につき、主催者の属性により以下のとおり制限があります（法199条の5第1項）。

ア　後援会（規正法3条1項の「政治団体」）
- 政党その他の政治団体に対しての寄附

　寄附が可能です。ただし、政党・政治資金団体以外に対しては同一の団体に対し年額5,000万円までの制限があります（規正法22条1項）。
- 公職者等個人に対する寄附

　選挙運動に関する場合を除き、金銭の寄附はできません（規正法21条の2第1項）。

イ　規正法3条1項の「政治団体」以外の団体（会社や労働組合、副次的に政治活動を行っている団体など）
- 政党その他の政治団体に対しての寄附

　政党又は政治資金団体に対してのみ寄附が可能です（ただし、当該後援団体の資本金・出資金や組合員の数などに応じ年間の総枠制限があります。規正法21条の3第1項2号〜4号）。資金管理団体を含むそれ以外の政治団体に対しては禁止されています（規正法21条1項）。
- 公職者等個人に対しての寄附

　寄附はできません（規正法21条の2）。

ウ　規正法18条の2によるみなし政治団体
- 当該政治資金パーティーの開催に関してのみ政治団体と扱われるだけですので、寄附の場面では政治団体以外の団体として上記イに準じます。
- 後援団体ではなく個人が主催した場合は、法199条の5第1項の適用はありませんが、政党その他の政治団体に対する寄附金額の総枠・個別制限（規正法21条の3第1項・3項・4項、22条2項）や公職者等の選挙運動に関する場合以外の金銭での寄附の禁止（規正法21条の2第1項）があります。

（2）公職者等からの寄附の禁止（法199条の2第1項）

　公職者等は、選挙区域内の者に対しては、原則として寄附をすることはできません（法199条の2第1項）が、政治資金パーティーの対価として正規の代金を支払うことは「会費その他債務の履行としてなされるもの」であって寄附ではありません。

　他方で、「ご招待」として支払を免除された政治資金パーティーへの参加に当たり、正規の対価を支払うこと（後援団体が選挙区域内の者に対してする「ご招待」の是非は前述のとおりです）は、議論はあるものの、もともと債務を負っていない以上、対価の支払いは債務の履行とはいえず寄附に当たると考えられます。

　また、政治資金パーティーへの出席に当たり主催者に対して祝儀として金銭を渡すことは異論なく寄附となります。

　ただし、寄附となる場合でも、主催者が自身の後援団体以外の政党その他の政治団体又はその支部である場合のほか、自身の後援団体（資金管理団体以外の場合における選挙前の一定期間は除く）に対しては例外的に許されています（同項ただし書、199条の5第3項・4項）。

（3）パーティー券購入者からの寄附
①出席予定がないのに購入したり過大な枚数を購入することの可否

　政治資金パーティーのパーティー券を購入することは、対価の支払であって通常、寄附には当たりません。しかし、購入者が当該政治資金パーティーに参加する意思も可能性もないのに購入したり、購入者が個人なのに何十枚も購入するなど明らかに過大な量を購入する場合、問題はないのか議論されています。

　確かに、パーティー券をたくさん購入しても、購入者が取引先に配ったり、家族や友人を誘って出席したりする可能性があります。

　そのため販売する主催者としては、販売時、購入者が購入した枚数に応じて出席するつもりで購入したのか、もともと出席する意思もなく寄附の意図で購入したのかを知ることはなかなか困難です。この点、購入者である会社

が当初から出席しないことを見越しつつ購入したパーティー券が規正法上の寄附に当たるかにつき争われた東京高判平成28年7月19日判時2355号76頁が参考となります。

　上記裁判例では、結論としては寄附であることを否定しましたが、その判断理由において、「パーティー券の購入代金の支払は、その代金額が政治資金パーティーへの出席のための対価と認められる限り、『寄附』には当たらないが、パーティー券の購入代金の支払実態、当該パーティー券に係る政治資金パーティーの実態、パーティー券の金額と開催される政治資金パーティーの規模、内容との釣り合い等に照らして、社会通念上、それ自体が政治資金パーティー出席のための対価の支払とは評価できない場合にはその支払額全部が、また、その支払額が対価と評価できる額を超過する場合にはその超過部分が『寄附』に当たる」として、パーティー券購入の場合にも寄附となる場合があることを示しました。

　さらに同判決は、購入者が政治資金パーティーへの出席を予定しないことを認識しながらそのパーティー券を購入したとしても、「購入されたパーティー券に出席を予定しないものが含まれていることを主催者が個別的に把握し、その寄附性を認識していない限り、パーティー券購入者についても、『寄附』に当たるものということはできない」と述べ、規正法上の「寄附」となるには、主催者と購入者の双方が寄附性を有する購入であることを認識している必要があると判示しています。

　学説上議論のあるところですが、上記裁判例の趣旨からすると、例えば、パーティー券を販売したが実際には開催しなかった場合や、定員制のパーティーであるにもかかわらず明らかに出席者が定員を上回る数のパーティー券を販売した場合、主催者も購入者も政治資金パーティーへの参加の対価としてパーティー券を購入するものではないことを認識した上で購入してもらったような場合等には、パーティー券の購入が「寄附」となる可能性があると考えられます。

　また、政治資金パーティーの規模（収容規模や準備内容）に比して極端に販売枚数が多いケースや、金額が高価に過ぎるケースなどでは、主催者と購

入者の認識等も踏まえて「寄附」と認定される可能性もあると考えます。

　いずれにせよ、主観的な部分は認定が難しく、上記のような事情がない限り通常の販売方法では寄附であると認定されるケースは少ないと思われます。

②政治資金パーティーが中止となった場合の返金処理

　パーティー券の対価は政治資金パーティーに参加できる権利が対価ですので、政治資金パーティーが中止となった場合、すでに販売したパーティー券については返金をすることになります。この場合、購入者から返金しなくてよいといわれた場合の対価の取扱いはどうなるのでしょうか。

　中止後もパーティー券の対価を返金しなかった場合、主催者の手元には購入者の支払った対価がそのまま残り、購入者から対価相当の金銭の寄附（法179条2項）を受けたのと同じことになります。購入者が個人であれば、主催者が公職者等でない限り（規正法21条の2第1項）、寄附として受け取ることができます。

　他方、購入者が政治団体以外の会社、労働組合、職員団体その他の団体等で、かつ主催者が政党又は政治資金団体以外のときは、規正法21条1項・4項により政治活動に関する寄附を受けることができませんので、主催者が返金しないことは違法となります。

（4）パーティー開催時のご祝儀

　政治資金パーティーにおいては、一般参加者や後援者からご祝儀として花や金一封等が贈られることもあります。

　このようないわゆる「祝儀」は、贈与者の合理的意思としては当該政治資金パーティーの主催者に対する政治活動に関する寄附と考えられ、贈与者・主催者それぞれの属性に応じて公選法の規制が及びます。

- ●主催者が政党又は政治資金団体であれば、個人・会社・団体を問わず参加者から祝儀を受け取ることが可能です。
- ●主催者が後援会等その他の政治団体であれば個人及び政治団体からのみ祝儀を受け取ることが可能です（政治団体以外の会社・団体は規正法21

条1項により寄附ができません）。

● 一方、政治団体以外の者が主催者である場合（みなし政治団体を含む）は、そもそも政治資金に関する寄附を受けることができない（規正法8条参照）ため、パーティー券の対価以外に祝儀を受け取ることができません。

2　事前運動の禁止（法129条）

　公選法は、選挙の告示前から投票日前日を除く期間の選挙運動すなわち事前運動を禁じています（法129条）。

　政治資金パーティーにおいて、特定の公職者等への激励や参加者に対する支持・支援の呼びかけをされることも多いかと思いますが、もともと支持・支援している後援者のみで行う閉鎖的な決起集会ではなく、公開され一般の参加者もいる中で、①特定の公職の選挙について、②特定の立候補者や立候補予定者のために、③投票を得させる目的で、④選挙に有利となるような言動をした場合、事前運動に該当する可能性があります。

3　あいさつ状の禁止（法147条の2）

　政治資金パーティー終了後、来場者や名刺交換等をした人に対してお礼を伝えたくなるのは人情です。あいさつ状について公選法は、公職者等が年賀状や暑中見舞い等の時候のあいさつ状を出すことを原則として禁止しています（法147条の2）。

　しかし、公職者等以外は対象でなく、また時候のあいさつ状ではない慶弔や激励、感謝のためのあいさつ状については認められています。

　そのため、政治資金パーティー終了後に主催団体が来場者やパーティー券購入者に対してお礼状を送付することは問題ありません。

　また、公職者等が政治資金パーティーの来場者や名刺交換をした相手に対して、来場や名刺交換のお礼状を送付することもできます。

　もっとも、当該お礼状を時候のあいさつとともに行うような場合には上記の禁止が及びますし、お礼状の時期・内容や態様から事前運動とならないように注意すべきは当然です。

11 どこまでできる？ 災害時の募金・ボランティア活動

Q 市議会議員Aさんは、地元選挙区を襲った豪雨災害に心を痛め、以下のような行動を開始しました。公選法との関係で問題はないでしょうか。

❶ 地元が大変なのに歳費をもらうわけにはいかないと、歳費の一部を返上する。

❷ 社会福祉協議会や日本赤十字社に対し、義援金として後援会やA自身が代表を務める会社から寄附をする。

❸ ボランティアとして、地元避難所での炊き出しや地域の清掃を手伝う。

❹ 市が行う災害支援募金の趣旨に賛同し、募金箱を持って街頭で募金活動を行い、集まった募金を市の担当部署に届ける。

❺ Aを支援してくれている地元企業や後援者に対し、被災者への支援をお願いする。

❻ 地元で開かれた後援会総会において、市議会議員として市や県・国とも協力し、補助金や精神的ケア等、物心両面での支援を得られるよう関係機関に積極的に働きかけていくことを約束する。

❼ 後援会総会で、規約に基づき、被災した会員に見舞金の支給を決議し、希望者に5,000円ずつ支払う。

A

① 　歳費の返上は、支払者である市の債務を免除ないし市に金銭を供与するものであり、市に対する寄附となるためできません（法199条の2第1項）。市や県などの地方団体も選挙区域内にある者に当たります。こ

の場合、条例によって歳費額を変更すれば、そもそも債務の免除に当たらないこととなるため事実上の返上が可能となります。

② 　選挙区域内に社会福祉協議会や日本赤十字社の本部・支部や地区分区などがある場合、これらに対する寄附は選挙区域内の者に対する寄附となります。そのため、後援団体である後援会はこれを行うことはできません（法199条の5第1項）。ただし、その募金全額が選挙区域外の個人・団体等に直接届けられるような場合は、当該選挙区域外の個人・団体への寄附として許される余地があると考えられます。また、公職者等が役職員を務める団体からの寄附は、公職者等の氏名や氏名が類推されるような方法によらない限りすることができます（法199条の3）。

③ 　労務の提供も財産上の価値がある場合は寄附に該当しうるものですが、ボランティアは通常その行為に財産上の価値があるとまではいえず、当該ボランティア行為それ自体に財産的価値があるような特段の事情がない限り寄附とはならないと考えられます。

④ 　街頭に立って募金活動に参加することは、通常はボランティアとして寄附には当たらないと考えられます。もっとも、Aさんが実施主体となって募金を集め又は集まった募金をAさんの名前で届ける場合は、寄附の禁止（法199条の2）に該当する可能性があります。

⑤ 　第三者に対し、寄附をするよう呼びかけることは問題ありません。ただし、第三者を隠れ蓑として自身や関連会社から寄附をすることはできません（法199条の2、199条の3）。

⑥ 　国や地方公共団体から支援を得られるよう働きかけることやこれを支持者に表明することは、通常の政治活動の一環といえ問題ありません。ただし、特定の地域や特定層への利益誘導を強調するような発言は、選挙での得票目的が推認されやすく、その時期や態様によっては事前運動（法129条）と認められるおそれがあります。

⑦ 　後援団体の会員に対する支給する見舞金は、たとえそれが規約で定められていたとしても、法199条の5第1項の寄附に該当し認められないと考えられます。

> **Q**　Aさんは、市内で発生した地震による被害の回復に向けて次
> のような活動を行おうとしています。これらの行為は公選法
> に抵触しないでしょうか。

❶ Aの後援会（政治団体）が毎年行っている政治資金パーティーにおいて、
市内の事業者が生産する地元特産野菜を使った料理を提供する。

❷ 上記地元特産野菜は、主催した後援団体が地震のため出荷できない商品
を買い取って提供する。

❸ 市の事業者から商品を購入し、他市への出張の際に手土産として訪問先
に提供して復興をアピールする。

❹ 被害を受けた住民の自宅を戸別訪問し、被害の状況を確認するとともに、
市に対して望む施策や対応について意見を聞いて回る。

❺ 市の被害住民への対応が遅いことをAのホームページやメールマガジン
で批判し、次期市長にはAの所属政党のB氏がふさわしいと提言する。

A

① 　政治資金パーティーで地元特産品を使った料理を提供することは、参
加者から政治資金パーティーとしての対価を受けての提供であるため寄
附には当たりません。

② 　災害の影響で出荷できないだけで一定の価値がある商品をその価値に
見合った金額で買い取るのであれば問題ありませんが、相場に見合わな
い高値での買取りや廃棄予定で売却の見込みがない無価値の商品をあえ
て値段を付けて買い取ったような場合、買取金額によっては寄附に該当
する可能性があります。

③ 　相当の対価を支払って市内の事業者から商品を購入することは、単な
る売買であって寄附には当たりません。また、他市への出張の際に手土

産として訪問先に提供しても、当該相手方が選挙区域内の者である場合を除き、寄附とはならず問題ありません。むしろ、被災地支援としても有効な活動といえます。

④ 戸別訪問が禁止されるのは選挙に関して投票を得るため等の目的で行われる場合であり（法138条）、本設問のような被害状況の確認や政策に対する意見を聞くために訪問することは禁止されていません。しかし、選挙前などに上記目的を副次的に持ちつつ、一方で投票を得る目的も有して戸別に訪問をする場合などには、戸別訪問の禁止や事前運動の禁止（法129条）に抵触します。

⑤ Aさんが市の施策について批判し、また政策を論じることは、政治活動として自由に行うことができます。また、あるべき政策を投げかけ、インターネット上で議論することも問題ありません。しかし、提言内容が特定の候補予定者へ選挙での投票を呼びかけるような内容や選挙に関わる内容となった場合には、事前運動の禁止（法129条）に抵触する可能性があります。

解説

　災害が発生した時は、何かしら協力したいと考えるのは人情です。特に議員の方々の場合はその思いは強いと考えられます。

　そのような場面でも、公人としての立場から法律の規制を頭に置いておく必要があります。

1 ボランティア

　被災者に対し義援金や救援物資を送ったり、災害ボランティアとして復興に協力するなどの支援をすることが考えられます。しかし、災害支援のための活動は、対価がないか、あっても低廉なことが多く、これらは法が規制する「寄附」との関係で問題が生じます。寄附については、公職者等からの寄附（法199条の2）や公職者等の関連団体等の寄附（法199条の3及び199条

の4）、後援団体のする寄附（法199条の5）の規律が当てはまります。

　公職者等から及び公職者等の関連団体等からの寄附の制限については38頁以下、83頁以下、後援団体のする寄附の制限については69頁以下で述べていますのでご参照ください。

　以下、災害時に想定される具体的な活動を想定して検討します。

（1）ボランティア活動と「寄附」

　ボランティア活動は基本的に無償又は低廉な対価で行われるものです。そのため、ボランティアを受けた者にとっては、無償や相応の対価なく労務の提供を受けたことになって、公選法上の寄附になるとも考えられます。

　しかし、後片付けの手伝いや救援物資の仕分け等、一個人が行う通常のボランティア活動では、特段の事情がない限り特定の者に対する財産上の利益があるとは言い難く、公選法上の寄附には当たらないものと考えます。

　これに対して、自らの経営する会社の従業員や重機を多数動員して作業を行ったり、被災した住宅の解体工事を無償で請け負うような場合、また歌手活動をしていた公職者等がチャリティコンサートを開催するような場合は、一個人が行う通常のボランティアの範囲を超えており、「特段の事情」があるとして寄附に該当しうると考えます。

（2）物品や便益の提供

　被災者やボランティアの方々へ、休憩場所として事務所の一角を提供したり、非常食の提供を行うなどの対応をすることはどうでしょうか。事務所の一角を休憩場所として提供することは、ボランティアに対して特段の財産上の利益を与えるものではないといえますので、寄附には当たらないと考えます。しかし、電話等の設備利用も認めるとかボランティア事務所として一定期間提供するなど、態様によっては家賃を負担させず場所の利用利益を提供したと評価され、寄附に該当する場合も考えられます。

　また、被災者等へ事務所に備蓄してある非常食などを提供することについては、物品の提供の面も強く、分量によっては寄附に当たるのではないかと

考えます。微妙な線引きではありますが、違法となる可能性は否定できません。

（3）街頭募金活動への参加

　公職者等が街頭募金活動に参加し、募金箱を持って募金を呼びかけることは、特段の財産的価値を有するものとは考えられませんので問題ありません。ただし、後述のとおり集まった募金をどうするかという点で問題となる可能性があります。

（4）支援者等へのボランティア参加の呼びかけ

　ボランティア参加を呼びかけること自体は、何ら財産上の利益を与えるものではありませんので問題はなく、その後の支援者等のボランティア活動は個々人の活動ですので公職者等の寄附の問題ではありません。もっとも、ボランティア参加の呼びかけに伴い、何らかの利益の供与（例えば、手伝ってくれたお礼に夕食をごちそうするなど）があれば、それ自体について寄附の問題が生じることは別論です。

2　募金・援助等

（1）公職者等による募金と寄附

　公職者等から選挙区域内の者に対する寄附は、その名目のいかんを問わず原則として禁止されています（法199条の2）。

　したがって、自身が選挙区域内の被災者や会社、団体等に対して募金をすることはできません。会社や団体にあっては、本社や本部のみならず、支店や支所、事務所が選挙区域内にある場合も含まれているので、例えば日本赤十字社などは各市町村に地区分区があるため寄附ができないことになります。もっとも、この場合であっても、社会福祉協議会や日本赤十字社が選挙区域外の団体等への義援金の受付窓口となっているにすぎず、集められた義援金すべてが機械的に当該選挙区域外の団体等に全額交付されるようなときは、直接、当該団体等へなされた寄附と解して認められる余地があります。

　また、国や公職者等が選出された地域の地方公共団体も選挙区域内の者に当たるため、歳費の返上は、いくら善意によるものであっても、債務の免除ないし金銭の供与として寄附となるため許されません。ただし、歳費を削減する条例が制定されれば、これに基づく歳費削減はそもそも債務の免除に当たらず寄附となりません。この方法によって事実上、歳費を返上するのと同じ結果となります。

　なお、第三者が公職者等の名前で寄附をすることも禁じられていますので（法199条の2第2項）、公職者等ができないから後援者が代わりにお金を出し、公職者等の名前を使って寄附するということもできません。

（2）公職者等の関連会社・団体による寄附の制限（法199条の3）

　公職者等が役職員又は構成員を務める団体（法199条の3）が、公職者等の氏名が表示され又はその氏名が類推されるような方法で寄附することは認められません。例えば、「●●株式会社代表取締役A」といった名義や「△△会（××市選出市議会議員Aほか○名）」といった記載で寄附をするような場合です。公職者等が社長・理事長や役員となっている会社・団体が典型ですが、「職員」、「構成員」も入っており、単なる一般職員・会員の場合にも適用されるため注意が必要です。

（3）後援団体の行う寄附の制限（法199条の5）

　後援団体による選挙区域内の者への寄附は原則として禁止されていますが、これは後援団体内部での関係にも適用されます。したがって、後援団体がその構成員に金銭を交付することも寄附となります。

　この点、後援団体においては寄附ができる例外が定められ、設立目的に従った事業に関する寄附が認められているものの（法199条の5第1項ただし書）、その場合でも花輪、供花、香典、祝儀その他これらに類するものとしてされるものは認められていません。

　私見ですが、被災時の見舞金については災害を契機とした不幸に対し不祝儀として交付されるものであることから、上記の「その他これらに類するも

の」に当たり、後援団体の規約で、「被災時には決議をもって見舞金を支給する」と定めてあったとしても、支払うことはできないと考えます。

　なお、後援団体のメンバー有志（公職者等は除く。法199条の２）が募金を募って他の会員に見舞金を出すことは、当該有志個々人の行動であり、上記には当てはまりません。

（4）募金活動

　公職者等や後援団体が主体となって街頭募金活動を行うことは、それ自体問題はありません。しかし、集まった募金を届けるに当たっては、寄附の禁止（法199条の２、199条の５）との関係で問題が発生します。

　一般市民からの募金は、いったん主催者に対する寄附となります。そのため、公職者等や後援団体が主催して集まった募金を地方自治体や団体等に届けると、それは主催者からの新たな寄附となり、寄附先が選挙区域内の地方公共団体や団体であれば、選挙区域内の者に対する寄附となるため、法199条の２ないし法199条の５が適用されることになります。

　また、募金活動を公職者等の所属する関係団体が行った場合は、法199条の３により選挙区域内の者に対して公職者等の氏名を表示したり氏名が類推されるような方法で寄附することができません。

3　無形の援助、間接的援助

（1）無形の援助

　実際に金銭や物品を提供しない形での援助も考えられます。例えば、被災者に向けた有益な情報の提供や、「がんばろう、日本！」に表されるような被災地への応援をSNSやピンバッジをつけることなどで発信する方法です。

　こうした無形の援助は、例えば提供される情報が特別の利益・価値を持つような場合（有料の記事を無料配信するような場合など）でない限り、財産上の利益を与えるものではなく、寄附の禁止等の制限はないものと考えます。

（2）間接的援助

「食べて応援」や「買って応援」などのように、被災地への直接的援助ではなく、被災地の産業や名産品などの消費・購入などにより間接的に援助するという方法もあります。

これについては、「寄附の禁止」とパラレルに考えることができます。相当の対価を支払って購入し、又は特産物を消費することは、対価性があり財産上の利益を与えるものではありません。反対に、定価より高く購入するなど対価性がない場合には寄附に該当する可能性があります。

4　災害時の情報収集や発信

インターネットやスマートフォンなどの発達により、たくさんの情報を瞬時に受け取ることができるようになりました。被害に遭った方々にとって正確な情報はとても価値が高いものであり、公職者等が官庁や現場で収集した情報を正確かつ速やかに伝えることの意義は大きいと考えられます。

（1）情報の収集

情報の収集元としては、官公庁やメディア、支援者を含む被災された方々、さらには災害現場そのものなどが考えられます。

情報収集に当たっては、議員としてのつながりなど人脈を生かした方法をとられると思いますが、選挙区域内の方に対して行うに当たって、情報提供の謝礼を渡したり又はその約束をした場合には、その態様によっては寄附となる場合もありますので注意が必要です。

また、選挙が近い時期などに情報収集活動に名を借りて、選挙での得票目的で戸別訪問を行うことは、戸別訪問（法138条）や事前運動（法129条）に抵触します。なお、この目的は副次的なものであっても該当するため、情報収集の目的が併存しても結論は変わりません。

（2）情報の発信

公職者等が自ら情報を発信するに当たっては、内容によってはプライバ

シー侵害の問題や名誉毀損となる場合もありえますので、むやみに個人情報を発信することのないよう気をつけましょう。

　また、誤った情報を発信して災害対応活動を混乱させたり、人の信用を害した場合などは、業務妨害罪や信用毀損罪となる可能性もあります。災害時は混乱しているため裏取りがやりにくいとはいえ、情報が生死を分けることもありますから、速報性を重視しすぎて情報の正確性をおろそかにすることはできません。

　なお、情報の発信に当たって、自らの主張・政策を述べることは通常の政治活動の範囲でもあるので自由です。しかしながら、政策の訴えにとどまらず特定の候補（予定者）への投票を呼びかけるなどの行為に及べば、事前運動の禁止（法129条）に抵触することになります。

5　国や地方自治体等への支援の働きかけ

　国や地方自治体に復興や被害回復のため支援を得られるよう働きかけることは、財産上の利益を選挙区内の者に対して与えたことにはなりませんので、「寄附」には当たりません。また、議員がそのように働きかけをすること自体は、地域の問題解決のための政治活動の一環といえます。

12　（番外）コロナ禍における政治活動

> **Q**　市議会議員Aさんは、外出自粛や三密（密閉・密集・密接）の回避が求められる状況でもできる地域のための政治活動はないかと考えて、以下のことをしようとしています。これらについて公選法上問題はないでしょうか。

❶ AのホームページやTwitterアカウントで、市に対して希望する政策や対応について募集するとともに、アンケート調査や有権者とのチャット・電子掲示板を利用した意見交換をする。

❷ 事務所で演説をし、演説の様子を動画配信サイトでライブ配信する。

❸ Aの政治活動用ビラの配布を電子化し、後援会のメーリングリストを利用してビラの画像を配信の上、知り合いにも転送して広げてもらうようお願いする。

❹ 後援会員の経営する店舗の応援のため、Aのホームページで「オススメのお店」と題し、店の紹介記事を掲載する。

❺ 国から全国民を対象に給付金が支給されることになったが、自身の歳費は保障されているからとして、あえて受給の申請をせずにおく。

❻ 給付金を受給した後、給付金全額を医療従事者や災害で困っている人のために使ってほしいと、県外にある団体に寄附をする。

❼ 市から受け取る議員報酬を、感染拡大が収まるまで一定額返上する。

❽ Aの後援団体Bが、中止にした政治資金パーティーのチケット代返金の案内とともに、おわびの品として当日配布する予定だったお土産品を郵送する。

❾ 会場使用による政治資金パーティーの開催が困難であるため、後援団体Bがウェブ会議アプリを利用したオンラインでの政治資金パーティーを

開催する。

A

① 　法は、ホームページや SNS を利用する「ウェブサイト等を利用する方法」による政治活動を原則として自由に認めています。したがって、公職者等が政治活動としてウェブサイト等を利用して情報発信をすることや、発信のみならず有権者や地域の声を拾い上げたり、議論をすることも有意義な政治活動といえます。もっとも、発信内容や有権者等とのやりとりが特定の選挙に関して行われる場合、事前運動の禁止（法129条）や人気投票の公表の禁止（法138条の３）等に抵触するおそれがありますので注意が必要です。

② 　動画の配信もウェブサイト等を利用する方法であり、政治活動の範囲では規制されていないことから、配信することが認められています。また、演説内容が現在選挙運動期間中の他の候補者を応援する内容のものであっても、法142条の３により可能です。しかし、演説内容が現在選挙期間中でない特定の選挙に関わるもの（例えば自身の次回の選挙に関わる内容）であれば、事前運動の禁止に抵触するおそれがあります。

③ 　政治活動用ビラの配布は純粋な政治活動です。公選法は政治活動に関する電子メールの送信を規制しておらず、後援会が政治運動として電子メールを送信すること、政治活動用ビラを添付ファイルとして添付することも問題ありません。また、選挙運動用電子メールではありませんので、受信者は送られてきた電子メールそのものや添付ファイルを第三者に転送することも可能です。

④ 　単に自身が食事をした感想を日常的に書いている程度の範囲であれば、これによって紹介された店に対し財産上の利益を与えたとはいえないと考えられます。しかし、特定の店舗を支援する意図で殊更に宣伝したり、閲覧者に対し割引サービスを実施するような場合など、その目的や態様などによっては、当該店舗又は割引を受ける閲覧者に対する寄附（法

199条の2第1項）となる可能性もあります。

⑤　申請に基づく給付金は、その権利行使をするか否かは申請権者に委ねられており、申請することで給付金をもらう権利がはじめて具体的に発生します。したがって、申請せずに受給しないとしても、支給主体に対して給付金を受ける具体的権利を免除することにはならず、すなわち寄附（法199条の2第1項）をしたことにはならないと考えられます。

⑥　受け取った給付金は、公職者等の財産になりますが、それをどのように使うかは本人の自由です。したがって、受給した給付金について、法199条の2に抵触しない寄附であれば認められます。例えば、政党や政治団体に加え、自身の選挙区域外にある個人・会社やNPO法人等の団体等に寄附をすることが可能です。他方で、自己の選挙区域内に居住・滞在する個人や、選挙区域内に支店や支部・事務所などがある法人・団体等には寄附ができません。

⑦　108頁Aの①をご参照ください。

⑧　中止した政治資金パーティーのチケット代を返還することは、パーティー券購入者に何らの財産上の利益を与えたことにはならないため問題はないと考えられます。他方で、いくらおわびの趣旨であっても、不要になったお土産品を配ることは無償の物品供与であり、送る相手方が後援団体Bの支持するAさんの選挙区域内の者であれば寄附の禁止（公選法199条の5第1項）に抵触し許されません。選挙区域内の者かどうか区分することは現実的ではなく、実際には選挙区域内かどうかを問わず送付しない方がよいと思われます。

⑨　政府答弁書によれば、オンラインでのパーティーは規正法8条の2にいう「催物」に当たらず、オンライン形式の政治資金パーティーは認められないと考えられています（第202回国会における政府答弁書（令和2年10月2日内閣衆質202第4号）参照）。したがって、本設問のオンラインによる政治資金パーティーは、現行法の解釈上開催できません。

解 説

　2020年頃から世界的に猛威をふるった新型コロナウイルス感染症という未曾有の状況下、私たちの生活様式は大きく変わりました。これを受けて、議員の政治活動も変化を求められることになりました。外出自粛を求められている状況では、積極的に外へ出て街頭演説や握手をすること、たくさんの人を集めてする後援会行事や市政報告会等を行うことなどが憚られる場合があります。しかし、政治は生き物であり、常に地元の声を聞き、政策を広く発信することも必要不可欠です。

　そこで、これらを両立するためにはどのような方法があるのか、番外編として考えてみましょう。

1　インターネット等の利用

　自宅や事務所から有権者・支援者へ政策や主張を伝え、情報発信をする方法として、やはりインターネットの活用が中心になります。法は政治活動におけるインターネットの利用についてはほとんど規制を設けておらず、政治活動で広く利用できます。費用もあまりかからず手軽かつ広範に情報発信ができるインターネットは従来型の政治活動を大きく変えたといえます。

　インターネットと政治活動については29頁以下にて詳しく説明していますのでご参照ください。ここでは、「ステイホーム」や「三密」対策として考えられる方法をいくつか検討してみましょう。

（1）ウェブ会議システムの活用

　昨今、Zoom や Microsoft Teams といったウェブ上でのオンライン会議アプリケーションも充実しており、企業や学校などでも活用されています。

　ウェブ会議システムではリアルタイムに双方で顔を見ながら会話を交わせるとともに、画面を共有して説明を行ったり、さらには添付ファイルを直接送るなど様々な機能が充実しています。また、Zoom ウェビナーなど講義形式で発信するものもあります。

こうしたウェブ会議は参加者が一同に会する必要がなく、自宅や外出先などから自由に参加でき、後援団体の会議や、公職者等による活動報告会などで活用できます。

（2）ホームページ、SNS 等の活用

後援者のみならず地域住民や一般有権者に対する情報発信のツールとしてホームページや SNS の活用が有効です。近頃は、スマートフォンの普及により、いつでもどこでもインターネットに接続して検索することができます。ホームページでは大量の情報や政策、公職者等の紹介を、SNS では速報性のある情報を掲載するなどその特性に応じて情報を発信することができます。また、政治活動用ポスターやビラに QR コードを掲載し、興味を持った有権者等をより詳細な情報に誘導することも考えられます。

（3）政治活動用電子メールの活用

SNS が全盛となり、電子メールを使用しないことも増えてきましたが、まだまだこちらも現役です。政治活動等をまとめて報告するには長文にも対応する電子メールが便利です。公職者等自身又は後援団体などでメーリングリストを作成し、定期的に活動報告を行ったり事務連絡をするなども多く見られます。

（4）注意点

政治活動でインターネットを利用するに当たり何でも自由というわけではありません。一般的な規制、例えば事前運動の禁止（法129条）やあいさつ目的の有料広告禁止（法152条1項）などに注意する必要があります。また、他の選挙が行われているとき、当該選挙との関係では公職者等は「候補者」ではないため、当該選挙に関する選挙運動用電子メールを送ることができないなどの制約があります。政治活動の際に誤って応援する候補者への投票を呼びかけるなど選挙運動用電子メールを送ってしまったりすることのないよう、内容の吟味が大切です。

さらに、インターネットを利用する方法一般に共通する注意として、「いったん出てしまった情報を完全に消す（取り消す）ことは困難である」ということがあります。本当に発信してよい内容・言葉遣いであるかなど、発信前に必ず推敲し確認しましょう。

2　政治活動用文書図画の頒布

11頁で解説したとおり、選挙運動のための文書図画と異なり、政治活動のための文書図画の頒布は広く行うことができます。この頒布において、後援者の経営する商店等の店頭に置く方法やポスティングなど人と人との直接の接触を避ける方法をとることができます。

また、前述のインターネットを利用する方法を利用し、政治活動用のビラを画像データとしてホームページやSNSに掲載するほか、メール等の添付ファイルとして送信することもできます。

3　寄附

外出や活動の自粛が社会・経済への影響が懸念される中、自ら動くことができなくとも経済的な面での支援をしようということもあるかと思います。

しかし、法は公職者等や後援団体による選挙区域内にあるものに対する寄附を原則として禁止しています（法199条の2第1項、199条の5第1項）。そのため、寄附をする場合は、その相手方が選挙区域内にあるものに当たるかどうか確認して行わなければなりません。よく質問に挙げられる事項に、①歳費の返上、②ふるさと納税、③募金があります。38頁以下で検討したように、寄附の禁止の要件に該当するかどうかを当てはめればその可否が判断できます。

すなわち、①歳費の返上は、寄附の禁止の対象者が選挙区域内を含む地方公共団体も含み、物品の交付に加え債務の免除も含まれますので、公職者が自身の歳費を受け取らない又は返還することは禁止された寄附となります。②ふるさと納税及び③募金についても、その相手方が選挙区域内にある者である場合（当該相手方の本部のみならず支部や事務所等がある場合も含みま

す）はすることができません。寄附の禁止の要件該当性については常に意識を持つことが肝要です。

　なお、公職者等本人の寄附ではなくとも、本人が関連する会社や団体がする場合にも寄附が禁止される場合があります（法199条の3、199条の4）のでこちらにも注意が必要です。

4　政治資金パーティー

　政治活動を行うにはどうしても活動資金が必要です。そこで、後援団体などがホテルやホールなどを借りて規正法に基づく政治資金パーティーを開催し、資金を調達することが考えられます。

(1) 会場開催における対応
ア　感染防止対策と寄附の禁止

　パーティー会場にはたくさんの人が訪れます。そのため、感染拡大対策として、参加者にマスクを配布したり、手指のアルコール消毒をお願いすることなどがありうるところです。こうした行為は、禁止される寄附（法199条の5第1項）との関係で問題は生じないでしょうか。

　このうち、受付や入口などで手指のアルコール消毒をお願いすることは会場における感染拡大を図る目的で行われるもので、消毒をすることでその者に対し何らか財産上の利益を供与するものではなく、アルコール消毒を行うことは寄附には当たらないと考えられます。

　他方、パーティー来場者に対してマスクを配布することはどうでしょうか。マスクはそれ自体が価値を有しており、これを配布することは財物を供与するもので、形式上は寄附（法179条2項）に当たると言わざるを得ないと思われます。もっとも、使い捨てのマスクを参加者に配布し、会場から退出する際に回収して処分する場合などは、会場の衛生環境保持のための備品使用であり寄附ではないと解釈する余地はありますが、一般的にはやはり寄附になると考えられます。

　ただし、政治資金パーティーは単なる会合と異なり、参加者から会費が支

払われています。会費の中に当該マスクの費用も含まれているのであれば、対価の支払いがある物品の供与となるため、法199条の5第1項に抵触するものではなく配布できるといえます。

イ　開催中止時の対応

政治資金パーティーが中止となった場合、すでに支払われた会費は対価性のない金銭の受領であり、返金しない場合は寄附になると考えられます（106頁参照）。この場合、法人その他の団体から受けた金銭については、規正法21条1項が政党及び政治資金団体以外への寄附を禁じていることから返金する必要があります。

また、無駄になった記念品の処分ですが、返金にあわせてパーティー券購入者に送付すると、対価性を欠く物品の供与としてそれ自体が寄附（法199条の5第1項）となります。記念品相当額を返金額から控除した場合は、当該記念品はパーティー券購入の対価として供与されるものであるため、寄附には当たらないと考えられます。

（2）オンラインによる政治資金パーティーの開催

ウェブ会議システムを使い、多くの人が同時に接続して行うオンラインでの政治資金パーティーは可能でしょうか。

政治資金パーティーを定義する規正法8条の2では、「催物」は人を集めて行う様々な会合などを指すものとされているところ、オンラインの場合は、物理的に「人を集めて行う」ものとはいえないことから、「催物」に当たらない、すなわちオンラインによる政治資金パーティーは認められないと考えられています（第202回国会における政府答弁書（令和2年10月2日内閣衆質202第4号）参照）。

筆者自身としては、「催物」について実際に人が同じ場所に集うことまでは要求されていないというべきであり、昨今のインターネット普及によるオンライン環境の充実からインターネット上でのパーティーも「催物」に含めてもよいのではないかと考えるところですが、政府の考え方は上記のとおりです。

　したがって、本設問のオンラインによる政治資金パーティーは現行法の解釈上、開催できないといえます。なお、会場使用とオンラインのハイブリッド型の可否については、政府答弁書では触れられていません。この点、同じ１つのパーティーについて会場使用の面では政治資金パーティーとし、オンライン部分はそうではないと区別することは困難であり、事実上ハイブリッド方式についても認められないものと考えられます。

第 **2** 編

選挙時における活動

1　選挙のための準備行為
準備段階からコンプライアンスを

Q　市議会議員のAさんと後援会は、次の選挙を控え、早めに選挙の準備を始めています。告示前に以下のような事前準備を行っても問題はないでしょうか。

❶ 毎回選挙運動員をしてもらっている地域の方に、電話で次回選挙の運動員になってもらうよう依頼をする。

❷ 支援者の経営する会社で、社長が従業員に「選挙が始まったら給与のことは心配しなくていいから勤務時間中もAの選挙活動を手伝ってくれ」と指示する。

❸ 選挙運動員をお願いすることになった人に事前に集まってもらい、公選法の勉強会や事務についての打ち合わせをする。

❹ 後援会で選挙ポスターや選挙ビラのデザインについてアンケートをとる。

❺ 選挙運動用ポスター、ビラの試し刷りを捨てるのはもったいないので、Aの事務所の中に貼っておく。

❻ TwitterなどのSNSで「準備が進んでいます！」と制作中の選挙ポスター案や選挙はがき案の写真を掲載・報告する。

❼ 告示前に推薦状を各種友好団体に配って推薦のお願いをする。

❽ 選挙事務所開きのため、「選挙事務所開設のご案内」を事務所所在地の周辺一帯に配布する。

A

① 　選挙運動員になってもらうことの内交渉であり、典型的な準備行為として許されています。

② 　選挙運動員になるように伝えることは①と同様、準備行為といえます。しかし、選挙運動中の給与の保証をしている点については、働いていない以上、本来給与がもらえないにもかかわらず選挙運動に従事している時間について給与を支払うことを意味し、また報酬の支払いができない選挙運動員に対して実質的な報酬を約束するものであり、買収申込罪又は買収約束罪（法221条1項1号）に該当すると考えられます。

③ 　選挙運動員予定者に対し、選挙運動のための研修・打ち合わせを行うことは、円滑に選挙運動を開始するために必要な準備行為といえます。なお、この際に選挙運動員予定者に対し、投票依頼等をすることが許されないのはいうまでもありません。

④ 　選挙ポスターや選挙ビラのデザインについて、どのようなものがよいか周りに意見を聞くことはありうることであり、ポスターやビラについての評価・改善案を後援会に求めることは問題ないと考えられます。しかし、案であっても、不特定多数の者に文書図画を示して聞き回ったり、サンプルと称して大量に配布するなど、その態様によっては事前運動と判断されるおそれがあります。

⑤ 　選挙運動のための文書図画の掲示は、内容・掲示方法・掲示場所等が定められています（法143条等）。試し刷りは、実際には使用しないものではありますが、候補者の氏名やスローガン等が記載されていますので、このようなポスターを事務所の来訪者に見える形で掲示しておくことは事前運動となり、また法定外選挙運動用文書図画の掲示として法143条違反ともなります。

⑥ 　制作中の選挙ポスター案や選挙葉書案の写真をTwitterなどのSNSで掲載することは、選挙運動のための文書図画を頒布することになるため事前運動に当たるとともに、文書図画頒布制限（法142条）に違反するものと考えられます。

⑦ 　各種友好団体に対し立候補後の推薦の内交渉として打診することは、準備行為の範囲とされ事前運動にはならないと考えられます。しかし、告示前に推薦状を配って作成を依頼する行為は内交渉の範囲とはいえず、

実質的な選挙に関する支持・投票依頼と評価され、事前運動に当たる可能性が高いと考えられます。

⑧　選挙事務所の開設を連絡する際、案内文書に「選挙事務所開設」と記載して配布することは、事前運動に当たる可能性があります。選挙事務所の借入れ交渉は、告示後に選挙運動を開始するために必要な準備行為といえますが、事務所の周囲のみならず近隣一帯の住民に選挙事務所開設の連絡をすることは、選挙運動に向けた準備行為として必須とはいえません。むしろ、近隣住民に対する選挙のアピール・投票勧誘の意味合いが強く、事前運動と判断される可能性が高くなります。

解説

1　選挙のための準備行為と事前運動（法129条）

4頁以下でも述べたとおり、選挙運動期間中（正確には立候補届出後から投票日前日の午後12時まで）以外に選挙運動を行うことは、事前運動として禁じられています（法129条）。

しかし、何も準備をせずに立候補してすぐ選挙運動ということも困難です。そこで、立候補届出前にその準備としての行動（立候補や選挙の準備行為）というものが存在することになります。

そこで、こうした立候補や選挙の準備行為と、禁じられる事前運動をどのように区別するか、選挙運動の概念をもう一度押さえた上で検討しましょう。

（1）選挙運動とは

最高裁判例によれば、「選挙運動」とは、以下の要件を満たすものを指します（最判昭和53年1月26日刑集32巻1号1頁）。

① 特定の公職の選挙についてであること
② 特定の立候補者又は立候補予定者のための行為であること
③ 投票を得又は得させる目的があること

> ④　直接又は間接に必要かつ有利な周旋、勧誘その他諸般の行為をすること

　つまり「事前運動」とは、「選挙運動期間外に上記 4 つの要件を満たした行為をすること」ということになります。

(2) 準備行為

　選挙のための準備行為は、立候補を行うための準備行為（立候補準備行為）と選挙運動を行うための準備行為（選挙運動準備行為）に大別されます。

①**立候補準備行為**……立候補の届出をするための手続的行為

　　例：立候補するかどうかの情勢調査（いわゆる瀬踏み）、立候補予定者の選定行為、政党の公認、立候補手続の書類作成等

　これらの行為は、立候補の準備のために認められるものですが、投票依頼を兼ねるなど実態として前記選挙運動に当たる行為が行われた場合、その行為は当然事前運動となります。

②**選挙運動準備行為**……選挙運動を遂行するために必要な準備

　　例：選挙事務所や備品の借入れ内交渉、選挙運動員依頼の内交渉、選挙事務の割り振り、選挙運動用ポスター・看板・ビラ・はがき等の制作、選挙対策本部内部の打ち合わせ等

　これらの行為は、投票を得又は得させる目的で行われるものではなく選挙運動を行うための内部的な準備行為です。したがって、投票依頼の目的をもって交渉した場合や、準備行為を対外的に不特定又は多数に告知するような場合には選挙運動となり、事前運動に該当します。

　結局のところ、選挙運動と許される準備行為かどうかのポイントとしては、当該行為の目的や相手方、態様などによって個別具体的に判断されますが、目安としては以下のようなポイントが考えられます。

ポイント1	そもそも立候補の準備行為又は選挙運動に必要な準備行為といえるか。いえなければその時点で許されない。
ポイント2	立候補準備行為や選挙運動準備行為に当たり、投票依頼目的があれば事前運動となる。
ポイント3	立候補準備行為や選挙運動準備行為に付随して、投票依頼や候補者の宣伝等を行うと、事前運動となる。
ポイント4	立候補準備行為や選挙運動準備行為を必要以上に不特定又は多数に対し行ったり、告知した場合には、事前運動と判断される場合がある。

2　準備行為と文書図画の掲示・頒布制限

(1) 政治活動用文書図画の掲示の制限（法143条16項）

　選挙前は顔と政策をアピールして知名度を上げたいところですが、政治活動用文書図画のうち公職者等の氏名・氏名類推事項や後援団体の名称を記載したものの掲示は、法143条16項に定めるものを除き、選挙運動用文書図画の掲示制限に抵触するものとして掲示できません。

　政治活動用文書図画の掲示制限については19頁以下にて解説していますが、選挙直前の場合だと、いわゆる「事前ポスター」についての制限が重要です。

　すなわち、政治活動用ポスターについては、選挙告示前の一定期間は、政治活動用ポスターの掲示が制限されます（法143条16項2号・19項）。「一定期間」については23頁をご参照ください。

　この制限に違反して掲示した場合、法定外文書図画の掲示として違法となります。また、それが選挙運動期間外であれば事前運動の禁止（法129条）にも抵触します。

(2) 政党その他の政治団体のポスターの制限

　選挙告示前になると、公職者等の顔写真や氏名が掲載された政党の演説会告知の政党ポスター（いわゆる「2連、3連ポスター」）がたくさん貼られている光景をよく見かけるようになります。

　上記のような政党の演説会告知のポスターは、政党その他の政治活動を行

う団体の政治活動用ポスターである限り、法143条の規制を受けません。そのため、法201条の14に基づき、掲載された者が候補者となるときは、その立候補の日の前日まで掲示することができます。

　このポスターは、あくまで政党その他の政治活動を行う団体の政治活動として認められるものであり、候補（予定）者の名前や写真のみが大きく表示されていたり、当該候補（予定）者の政治活動のためにも使用されていると見られる場合や投票依頼の文言があるときなどは、法143条の制限に服することになります。また、事前運動（法129条）にも該当することになります。

　例えば、演説会の告知であるはずが、相当先の開催であったり、そもそも「8月某日」や「市内各所」などと開催内容が曖昧に過ぎる場合などは演説会告知とはいえず、「弁士」の選挙運動目的と見なされやすくなります。

（3）選挙運動用文書図画の頒布・掲示の禁止（法142条、143条）

　選挙運動のために使用する文書図画（選挙運動用文書図画）の頒布・掲示については厳格に定められており、選挙運動期間中に法定の種類・場所（方法）によってのみ頒布・掲示できることとなっています（法142条、143条）。

　具体的には、157頁以下において解説していますが、選挙のための準備行為段階においては、選挙運動期間前であるため選挙運動用文書図画を一切掲示・頒布できないことを覚えておけば足ります。なお、選挙運動期間外に頒布・掲示すれば事前運動（法129条）と重複して違反となってしまいます。文書図画は形があるものですので、頒布・掲示は証拠が残りやすい特徴もあります。

（4）告示前の文書図画の頒布・掲示制限のポイント

　以上を踏まえて、告示前に頒布・掲示する文書図画についてのポイントを整理してみましょう。なお、事前運動のポイントも併せてご確認ください。

ポイント1	そもそも文書図画が投票依頼など選挙での得票目的である場合、頒布・掲示は許されない。
ポイント2	一見、政治活動用や内部資料用の文書図画であっても、その目的、頒布・掲示の時期、場所、態様などから選挙運動のためと判断できる場合は、選挙運動用文書図画と判断される場合がある。
ポイント3	演説会告知用ポスターの記載の内容は明確にする必要がある。

選挙運動用の文書図画とはどのようなものか

　頒布（法142条）、掲示（法143条）とも、規制対象は「選挙運動のために使用する文書図画」です。この意味につき、頒布（法142条）に関連して過去の裁判例では「文書の外形内容自体からみて選挙運動のために使用すると推知されるものを指称するのであるが、それは、当該文書の外形又は内容に何らかの意味で選挙運動の趣旨が表示されていて、見る者が頒布の時期、場所等の諸般の状況から推して特定の選挙における特定の候補者のための選挙運動文書であることをたやすく了解し得るものであれば足りると解するのが相当であり、所論のように、当該文書の外形内容自体に特定の選挙における特定の候補者の当選を目的とする趣旨が逐一具体的に明示されていなければならないとまで厳格に解するのは相当でない」（高松高判昭和45年12月18日刑集26巻8号451頁・判タ263号275頁。下線筆者）とされています。

　要するに、文書上又はその内容に選挙運動の趣旨が示されていれば、それが詳細かつ明確に書かれていなくとも、その文書の記載や配られた時期、場所などの諸般の事情から、受け手が「あぁ、△△先生の○○選挙のための文書だな」と受け止めれば、「選挙運動のための文書」となりうる以上、「選挙」とは一切書いていないから選挙運動用文書図画ではないと言い切れないのです。

3　買収罪等（法221条以下）

　選挙の告示直前は、まもなく始まる選挙戦に備え、関係者間のやりとりや物品の仕入れなど対外的な活動が活発になります。票のとりまとめを依頼するなどの買収はそのような状況の下で発生しやすくなります。

　買収罪は、選挙の公正を害する重大な犯罪であり、公職者等の候補（予定）者自身のみならず、選挙に関わる者すべてが一番気をつけるべき犯罪です。

　法は221条以下で買収に関する規定を置いていますが、買収罪については248頁以下においてあらためて解説します。本章では、選挙前に公職者等の候補（予定）者が主体となりうるものについてポイントを絞り解説します。

　ちなみに、選挙人に対して投票を得又は投票させないために行うものを「投票買収」、選挙運動者に対して特定の候補者に有利となる選挙運動をさせ又はさせないために行うものを「運動買収」といいます。

（1）買収罪の種類

　主なものとしては以下のものが挙げられます。

①　事前買収罪（法221条1項1号）

②　利害誘導罪（法221条1項2号）

③　買収目的交付罪（法221条1項5号）

④　買収周旋勧誘罪（法221条1項6号）

⑤　候補者等に対する買収罪（法223条1項1号）

⑥　候補者等に対する買収の周旋・勧誘罪（法223条1項4号）

（2）買収罪等のポイント

　買収罪等は皆様も気をつけられているかと思いますが、勘違いしやすいこと、意外と認識されていないことをポイントとしてまとめてみました。

ポイント1	その申込みや約束だけでも成立し、現実に相手方が受け取ったことは要件ではない。
ポイント2	所期の目的が達せられたかどうかや相手方があっせんなどに応じたかどうかは関係なく成立する。
ポイント3	「選挙運動者」には選挙運動を依頼されただけの者や他の候補者の選挙運動の妨害などを依頼された者等、選挙運動員そのものではない者も含まれる。
ポイント4	「財産上の利益」は受けた相手方にとって財産上の価値があればよく、債務の免除やサービスなども含まれる。
ポイント5	対価については、実際にそれを行いうる権限は必ずしも要しない。

4　寄附に関する規制

　選挙のための準備行為そのものではありませんが、寄附に関しても制限があります。選挙が近くなると、様々な目的から公職者等や後援団体による集会や行事が活発に行われますが、いつもの感覚で寄附をすると違反することになってしまいますので気をつけましょう。

（1）公職者等による政治教育集会での寄附（法199条の2第1項かっこ書き）

　公職者等からの寄附の禁止の例外として、選挙区域内で行われる専ら政治上の主義又は施策を普及するために行う講習会その他の政治教育のための集会（政治教育集会）での寄附があります。

　これについては、饗応接待のほか、一定期間（42頁）中における寄附が禁止されていますので、選挙告示直前の開催では意識が必要です。

（2）後援団体による団体の設立目的により行う行事又は事業に関する寄附の制限（法199条の5第1項）

　後援団体が、団体の設立目的により行う行事又は事業に関する選挙区域内の者への寄附は、例外的に許されています。しかし、選挙告示前の一定期間（42頁）中は、これが原則に戻り禁止されます。

（3）公職者等から後援団体に対する寄附の制限（法199条の5第3項）

　公職者等から自己の後援団体である政治団体に対する寄附につき、選挙告示前の一定期間は禁止されます。ただし、後援団体が資金管理団体である場合は除かれます（法199条の5第3項、規正法19条2項）。

（4）特定の寄附の禁止（法199条）

　寄附者が、公職の候補者等の議会又は長の選挙に関し、その地方公共団体と特別の利益を伴う契約の当事者である場合は、その選挙に関しては寄附ができません（法199条1項）。「特別の利益を伴う契約」とは、条文にある請負のみならず、施設利用や運送、物品納入など幅広く含まれ、利益の割合が多い契約や独占的・特権的な利益があるような契約などをいいます。

　会社その他の法人が融資を受けている場合に、融資元が地方公共団体から利子補給金の交付又は契約の承諾の決定を受けているときは、その利子補給金の決定通知を受けた日から交付完了日を起点として1年を経過する日（交付決定が全部取り消された場合はその通知を受けた日）までの間、当該会社その他の法人は、その地方公共団体の選挙に関して寄附はできません（法199条2項）。この規定は、寄附をしようとしている会社その他の法人ではなく融資元が利子補給金を受けている場合の制限です。当該会社その他の法人が補助金等を受けている場合は規正法22条の3の寄附の質的制限を受けることになります（84頁参照）。

2 選挙の司令塔 選挙事務所

> **Q** 市議会議員Aさんは、秋に行われる選挙での再選に向け、選挙事務所の物件を早めに確保するとともに、事務所において以下のようなことをしたいと考えていますが、問題はないでしょうか。

❶ 自分の選挙区域内に居住する知り合いの不動産業者に対し、「秋の市議選に向けて早めに事務所を確保したいので、いい物件があったら教えてほしい」と事前に物件探しを依頼する。

❷ 同じ業者に対し、「優良物件が出てきたらライバルの候補予定者陣営には紹介せず、こちらへ優先的に紹介してほしい」と依頼する。

❸ 選挙事務所を借りる費用がかさむので、同時期に行われる県議会議員選挙の候補者とともに同じ物件を共同で借りて選挙事務所とする。

❹ 支援者や関心のある人が集まってくれるように、事務所ではなく広い倉庫を借りて選挙事務所にする。

❺ 地元密着をアピールするため、選挙区域内の複数の場所に選挙事務所を置こうと考える。

❻ 選挙事務所の開設に当たって、選挙区域内の支援者に「選挙事務所開設のお知らせ」を文書で送る。

❼ 投票所に向かう道沿いに選挙事務所を開設する。

❽ 選挙事務所が手狭なので、従来の事務所を使って選挙はがきの整理や候補者の街頭活動計画の打合せをする。

❾ 選挙運動用自動車の乗務員が昼食などをとるために、同じ選挙区で立候補している仲のよい他の候補者の選挙事務所を使わせてもらう。

❿ 選挙事務所を示す看板を、モニターに映して表示させるもの（デジタル

サイネージ）にする。

⑪　選挙事務所を示す看板を2枚つなげて大きな1枚の看板とする。

⑫　選挙事務所内に、選挙運動のために選挙管理委員会に届け出たポスターやAの政治活動用ポスター、後援会の広報紙などを貼る。

⑬　選挙事務所内に、選挙運動員用の休憩スペースを設ける。

⑭　選挙事務所に来た有権者用にウォーターサーバーを設置し、「ご自由にお取りください」と書いた札を立てて水とチョコレートを提供する。

⑮　選挙運動員のうち数名が材料を持ち寄って炊き出しを行い、夕食として選挙事務所スタッフに振る舞う。

A

①　選挙の告示前に選挙事務所の物件を探すことは、選挙運動の準備行為として認められています。ただし、物件探しの依頼にかこつけて投票を依頼すれば、それはもはや準備行為といえず事前運動（法129条）となりますので、注意してください。

②　選挙事務所の物件探しにおいて、優先的に紹介するように依頼することは、その態様が社会通念上正当な交渉といえる範囲であれば許されます。社会通念上正当とはいえない場合としては、例えばライバル陣営がすでに物件の契約直前となっているところを無理矢理横取りすること、ライバル陣営から問合せがあった場合に虚偽の説明をするよう不動産業者に指示することなど、取引を阻害したり取引行為として相当性を欠くようなものが挙げられます。このようなことがあった場合、ライバル陣営から民法上の不法行為責任（損害賠償）を追及されかねません。

なお、選挙区内に居住する不動産業者に対して、本設問のような物件の優先紹介やライバル陣営に紹介しないことに対して謝礼の支払いを持ちかけたりした場合は、運動買収として事前買収罪（法221条1項1号）が成立する可能性があります。

③　選挙事務所の設置の形態について公選法は規制を設けていませんので、

合同の選挙事務所も開設できます。ただし、設置にかかる費用や経費については、その使用状況に応じて按分する必要があります。

④　公選法は選挙事務所の広さについての制限は設けていませんので、広い倉庫を選挙事務所としても問題はありません。ただし、情報の管理とセキュリティ対策も考慮しなければなりませんし、選挙費用の制限がある中で空調費用等がかさむデメリットもあります。

⑤　選挙事務所は原則として1か所しか設置できませんが、選挙事務所を日々移動させるか、廃止と開設を繰り返す方法によれば、複数の場所に設置することは理論上可能です。もっとも、選挙事務所を移転させる労力や手続などの手間を考えれば、あまり現実的ではないように思われます。

⑥　選挙事務所の借入交渉は告示後に選挙運動を開始するに当たり必要な準備行為といえるのに対し、支援者に対する選挙事務所開設のお知らせは選挙運動に向けた準備行為として必須とはいえません。むしろ、支援者に対する選挙戦アピールないし支援のお願いの意味合いもあり、実務上認められている「選挙運動の準備行為」に当たらないといえます。案内文書に書かれた文面によっては、禁止されている事前運動（法129条）や法定外文書図画の頒布（法142条1項）に当たる可能性があります。

⑦　公選法は選挙事務所の設置場所を制限しておらず、投票所近くにある道沿いに開設することもできます。ただし、選挙事務所が投票所入口から直線距離で300メートル以内にある場合は、投票日当日は閉鎖しなければなりません（法132条、134条）。もし距離制限に抵触してしまった場合は、事務所を移転するか、投票日前日までに事務所を閉鎖しなければなりません。

⑧　選挙事務所かどうかは名称のみならず、その場所で行っている業務の内容も踏まえて判断されます。選挙はがきの整理や候補者の街頭活動計画の打合せなどを反復継続して行うような場合には、実質的に選挙運動に関する事務を行っているとして、選挙事務所に当たるとされ、原則として1か所しか認められない選挙事務所の数の制限（法131条）に抵触

する可能性があります。

⑨　法133条は「休憩所等」の設置を禁止していますが、自らの選挙事務所内の休憩スペースはこれに含まれません。しかし、他の候補者の選挙事務所は、「選挙事務所内」とはいえません。したがって、その場所を休憩や昼食スペースとして利用すれば、休憩所を設置したものとして違反となります。

⑩　デジタルサイネージは法143条2項の禁止する「電光による表示」又は「映写等の類」の掲示に当たり、許されません。

⑪　看板2枚をつなげて利用した場合は、全体として1枚の看板となります。選挙事務所を表示するための看板はサイズが決められており（法143条9項）、全体の大きさがその大きさを超える場合は同条項違反となります。また、看板を折り曲げて立体的に利用することもできません。

⑫　選挙運動期間中、掲示できるものは限定されており（法143条1項）、選挙事務所内に公職者等の政治活動用ポスターや後援会の広報紙などを掲示することはできません。また、選挙運動用ポスターについては、市町村長選挙及び地方議会議員選挙で法144条の2第8項によるポスター掲示場が設けられている場合は選挙事務所内に掲示することができません（法143条4項）。

⑬　選挙事務所内に選挙運動員のための休憩スペースを設けることは、選挙事務所の機能として当然含まれていますので、法133条の「休憩所等」には当たらず、設置することができます。ただし、当該休憩スペースを選挙事務所を訪れた一般の有権者にも開放して使用させる場合は、選挙事務所の機能としてではなく選挙運動のために有権者の休憩所を設置したといえ、違法になると考えます。

⑭　単に水やチョコレートひとかけら程度の提供であれば湯茶及びこれに伴い通常用いられる程度の菓子として許容されると考えられます。しかし自由に又は制限なく提供する場合は、もはや量的に過大であり、お茶受け程度のものと見ることはできず禁止されると思われます。

⑮　炊き出しを振る舞うことはまさに飲食物の提供であるところ、材料を

持ち寄った者だけで飲食するのであれば自己消費として許されます。それを超えて第三者に振る舞えば、飲食物の提供を禁止する法139条に抵触します。

解説

1　選挙事務所とは

　選挙運動において欠かせないのが選挙事務所です。選挙運動の作戦を立てて実行に移し、また選挙用品の購入管理や運動員の管理などの事務を行うため、司令塔的な場所になります。

　この「選挙事務所」とは何かについて、戦前の大審院（現在の最高裁判所に相当）の昭和 7 年12月24日判決（大刑集11巻1940頁）が「所謂選挙事務所トハ選挙運動ニ関スル事務ヲ取扱フ一切ノ場所的設備ノ謂ナリト解スヘキモノトス」と述べています。また、同判決は特定の候補者のために選挙事務を取り扱う場所として設置したとも認定しています。

　この判決は衆議院議員選挙法の選挙事務所について述べた判例ではありますが、同法はその後制定された公選法の前身でもあり、現在の公選法における選挙事務所の定義も同義と解してよいでしょう。

　そうすると、選挙事務所といえるためには、①特定の候補者の選挙運動に関する事務を取り扱うこと、②これを行う場所的設備であることを要し、これらの要件を満たせば、名前が違っても選挙事務所と判断されることになります。

（1）特定の候補者の選挙運動に関する事務を取り扱うこと

　「選挙運動に関する事務」は、典型的な事務である候補者の選挙運動の計画立案や選挙収支の出納業務にとどまりません。選挙ポスターの掲示や個人演説会のための準備、電話作戦の割り振りを行うこと、選挙はがきをとりまとめて整理すること、さらには選挙運動員や労務者の管理を行うこともこれに含まれます。

選挙の司令塔的な場所であるとの性質から、「事務を取り扱う」といえるためには一定の継続的要素が必要です。そのため、個人演説の直前に会場別室で登壇者と段取りを打ち合わせることや、普段の議員事務所に届いた選挙関係の郵便物と関係のない郵便物をその場で仕分けして選挙事務所に持って行くことなどは継続的でないため、これに当たらないと考えられます。また、統括責任者や出納責任者、選挙対策本部長などが必ずしも常駐している必要はなく、その場所の実態として選挙事務を総合的に取り扱っていれば選挙事務所と扱われます。

これに対し、単なる選挙ポスターや備品等の倉庫や選挙運動用自動車の駐車場は、そもそも「事務を取り扱う」場所には当たらず、選挙事務所とはいえません。

(2) (1)を行う場所的設備であること

選挙運動に関する事務を取り扱う場所となる他と区別された一定の場所が必要です。そのため、日々移動する自動車は一定の場所にあるとはいえませんので、この要件を満たしません（逆に、その自動車が移動しない放置車両などの場合は、一定の場所といえます）。また、「選挙区域内全体」を選挙事務所とすることも、他と区別された一定の場所とはいえませんので、できません。

もっとも、その場所において選挙運動に関する事務を継続的に行っていれば、事務机や複写機、電話などをはじめとする備品が置かれていることは必要ではなく、がらんどうの部屋で選挙対策の会議を反復して開いたり、倉庫のような場所でも選挙はがきやポスターの管理事務を行っていれば選挙事務所となります。

さらには、選挙管理委員会に届け出ていなくても「選挙事務所」といった表示を対外的に示した事務所であれば、第三者から見れば選挙事務所としての外形を作出しているため、何らの事務を行っていない場合でも選挙事務所として扱われます。

2　選挙事務所についての公選法の規制

　公選法は、選挙事務所について規定を置いています。設置に関するものと選挙事務所での活動に分けて見ていきましょう。

(1)　選挙事務所の設置に関する公選法の規律
ア　設置の準備

　選挙事務所の設置に向けた物件の借入交渉や後述のような選挙事務所を示す看板の作成を依頼したりすることは、特定の候補者の特定の選挙での当選に向けた活動であって、選挙の告示前に行うことは事前運動（法129条）に当たるとも思えます。

　しかし、これらの行為は内部的な準備行為にとどまるもので、有権者に対して投票を働きかけるものではないこと、不正行為や選挙運動費用の増加防止といった事前運動禁止の趣旨に反するものではないことから、講学上、「選挙運動の準備行為」であり事前運動として扱われません。実際上も、選挙の告示まで事務所の設置ができず看板なども作成できないとなれば、選挙運動がほとんどできない結果となってしまい、不都合が生じます。

イ　場所

　選挙運動期間中の選挙事務所の設置場所について、公選法は制限を設けていません。したがって、極端な話、選挙区域外（国政選挙における候補者届出政党や名簿届出政党の場合を除く（法131条1項））や人里離れた山の中、動かない車両の中に設置することも可能です。ただ、選挙事務所は選挙事務の司令塔であるとともに、有権者へのアピール手段でもありますので、わざわざそのようなところに設置する意味はないと思われます。

　ただ、選挙当日については、公選法は選挙事務所が投票所入口から直線距離で300メートル以上離れていない場合は設置することができないと規定しています（法132条）。

　この投票所入口から直線距離で「300メートル」というのは、投票所の建物そのものではなく、敷地の入口を指します。ですから、投票所の敷地を把

握し、その入口（複数あればすべて）から300メートル離れているかどうか
を事務所選定前に確認しておきましょう。

　もし、この距離制限に抵触する場合は、選挙運動最終日（投票日前日）の
日付が変わる前に大急ぎで事務所を片付けて閉鎖することになります。具体
的には選挙事務所の看板に白布を掛けて隠すか撤去し、ポスターを剥がし、
机や電話などを片付けるなど、「事務を取り扱う」ことをできないようにして、
所管の選挙管理委員会に選挙事務所の閉鎖を届ければ、その場所は「元」選
挙事務所です。とはいえ、選挙運動最終日にすべて片付けるのは、激戦の疲
れもあって実際には大変です。

ウ　大きさ

　選挙事務所の大きさについては、公選法に規定はありません。ですから、
広大な事務所でもワンルームの事務所でも構いません。もっとも、借入費用
の兼ね合いや情報や人の出入りなどの管理のしやすさなどを考えて適度な大
きさの場所を選ぶべきだと思います。選挙時は思いのほかたくさんの荷物や
資材がありますし、選挙運動員や労務者、支援者など人の出入りもあります。
また、個人情報やお金を扱うところでもあるので、セキュリティには特に配
慮しておく必要があります。

　選挙に勝っても不祥事で……とならないよう、司令塔である選挙事務所は
しっかりと良い物件を選びましょう。

エ　設置数

　選挙事務所の数は、法131条、令109条が選挙の種類に応じて定めています
が、原則として候補者１人につき１か所です。

　例外は、衆議院議員小選挙区選挙、参議院議員選挙区選挙と都道府県知事
選挙において政令が定める交通困難等状況にある区域（法131条１項、令109
条、別表第３）です。地方議会議員及び市区町村長選挙の場合はそもそも例
外の適用がありませんので、「１か所しか設置できない」との認識でよいと
思います。

オ　形態

　選挙事務所設置の形態についても、公選法は規制をしていません。そのた

め、2 人以上の候補者が共同で選挙事務所を開設することもできます。

　ただし、事務所費用の分担については注意が必要です。というのも、事務所費用を一方の候補者が全額負担すれば、他方候補者は無償で選挙事務所を開設できたことになるため、負担をしなかった部分につき負担した候補者からの寄附（法179条 2 項）となり、選挙区域が同じであれば選挙区域内の者に対する寄附として違法となる可能性もあります（法199条の 2 第 1 項）。使用する広さ・時間等に応じた按分負担とするのが合理的だと思います。

　また、共同での選挙事務所の場合は、双方の保有する個人情報や機密情報の管理もシビアにすべきです。管理を誤ると支援者や有権者の信頼を失いかねません。

カ　移転

　選挙事務所の移転（公選法の条文では「移動」）は可能ですが、1 日につき 1 回限りとなっています（法131条 2 項）。今ある選挙事務所を閉鎖して別の選挙事務所を新たに設置することも、実態としては移動と同じですので、同様の規制に服します。つまり、同時期に複数の選挙事務所が存在しないようにすれば、毎日 1 回だけ移転させることができます。

　なお、選挙事務所を移転したり、廃止した場合は届出が必要です（法130条 2 項）。

キ　設置権者と事務手続

（ア）　設置権者

　選挙事務所を設置できるのは、地方議会議員選挙及び首長選挙では、候補者か候補者の推薦を届け出た者に限られます（法130条 1 項 4 号）。

　そのため、勝手連のような団体や後援会は、上記の推薦を届け出た者に当たらない限り、独自に候補者の選挙事務所を設置することはできません。なお、候補者 1 人につき 1 か所ですので、候補者以外が設置した場合は、候補者自身は設置することができなくなります。

（イ）　設置に関する事務手続

　選挙事務所を設置したときは、設置した旨を直ちに選挙管理委員会に届けなければなりません。届出先は、市町村長及び議員の選挙では当該市町村の

選挙管理委員会、都道府県議会及び知事選挙では都道府県選挙管理委員会及び選挙事務所の所在する市町村の選挙管理委員会となります（法130条2項）。

　届出の書式については、届出事項・必要書類が決まっています（令108条）が、選挙管理委員会所定の書式等に従えば問題ありません。

（ウ）　標札の掲示（知事選挙のみ）

　知事選挙においては、選挙事務所の設置を届け出ると、選挙管理委員会より標札が交付されますので、選挙事務所の入口に掲示しておく必要があります（法131条1項4号・3項）。

（2）選挙事務所での活動
ア　選挙事務所で掲示できるもの

　選挙事務所では、その場所が選挙事務所であることを示すために、ポスター、立札、ちょうちん、看板の類を掲示することができます（法143条1項1号）。

（ア）　ポスター、立札、看板の類

　a　使える数

　選挙事務所1か所につき全部で3つまでです（法143条1項1号・7項）。

　b　大きさ

　縦350センチメートル×横100センチメートル以内（法143条9項）。縦横が逆でも構いません。また、大きさとは全体の大きさをいうため、ポスターや看板の文字が書かれた部分に加え、それをどこかに取り付けて掲示するための「足」や「腕」の部分も大きさにカウントされます。看板などをつくる際には、足等の長さも含めた大きさを考えて作成しましょう。

　c　記載事項

　記載事項については、選挙事務所を示すためのものといえる程度の内容である必要があります。それを満たす限り、候補者の写真やスローガンを掲示することもできます。単に政策・政見を記載しただけのものや、候補者の顔や活動の様子の写真を並べただけのようなものは、選挙事務所を示すためのものとはいえないでしょう。

　d　掲示の場所

　掲示する場所は、公選法が「その場所において使用する」と規定している
とおり、選挙事務所があるその場所でなければなりません。「選挙事務所は
あちら→」などと記載して近隣道路の路傍に置いたりすることはできません。

　e　装飾など

　ポスター、立札、看板の周りをリボンや造花などで装飾することは、華美
にすぎ選挙事務所を示すためのものとはいえないような態様でない限り可能
です（ただし、電飾については下記fの制約があります）。

　ただし、許される場合であっても、装飾も含めてbで規定する大きさに収
まる必要があります。

　f　掲示の方法

　3つの組み合わせ方は自由ですので、看板を3つ作成することもできます
し、ポスター、立札、看板をそれぞれ1つずつ作成することもできます。

　ただし、例えば候補者「○○××」の氏名のうち、「○○」の看板と「××」
の看板を作成してつなげて使えば、合わせて1つの看板となります。したがっ
て、つなげた全体が上記bの大きさ制限を超えないようにしなければなりま
せん。

　それ自体が独立した1枚のものをつなげた場合（例えば、候補者「○○××」
の氏名が書かれた看板を横に並べるなど）は、それぞれが1つずつの掲示と
なります。

　また、条文上書かれていませんが、隠れた要件として「立体感を持つもの
はダメ」というものがあります。そのため、看板3枚の側面をつないで立て
て置いたり、支柱に取り付けて回転させるなどの掲示方法は、立体感を有す
るものとして認められません。

　また、アドバルーン、ネオン・サイン又は電光を用いた表示やスライドそ
の他の方法による映写等の類を掲示することはできません（法143条2項）。
昨今、店舗でよく使われているデジタルサイネージ（モニター上に店舗の情
報その他いろいろな情報を表示する広告形式）もアピールするには便利に思
えますが、上記に当たるため使用できません。

　また、夜間、看板などをライトや蛍光灯で照らすことは可能ですが、周り
を電球で囲って点滅させるなどの方法は、法143条 2 項により禁止されると
解釈されています。この点は、上記 e の装飾が認められることと混同しない
よう注意が必要です。

　（イ）　ちょうちんの類

　a　数

　1 個まで（法143条 1 項 1 号・10項）。

　b　大きさ

　高さ85センチメートル×直径45センチメートル以内（法143条 1 項 1 号・
10項）。この大きさ内であれば形は問いません。

　c　記載事項

　特に制限はありませんが、選挙事務所を示すためのものである以上、ポス
ター、立札、看板に準じて考えればよいでしょう。

　d　掲示の場所

　これについても、ポスター、立札、看板と同様、選挙事務所があるその場
所に掲示する必要があります。

　e　その他

　ちょうちんの「類」とありますが、行灯（あんどん）がその例になります。
実際はあまり使われていないと思いますが、行灯であっても上記 b の大きさ
の制限がありますので注意してください。

　イ　**選挙事務所で行うことができること、できないこと**

　（ア）　できること

　a　選挙運動のための諸活動

　選挙事務所は前述のとおり、選挙運動の司令塔的な場所であり、選挙運動
計画立案やそのための事務作業を行うことができます。

　b　選挙運動

　選挙事務所内で演説を行ったり、投票を依頼する電話をかけるなどの選挙
運動そのものを行うことができます。なお、選挙事務所内での演説は夜 8 時
を過ぎてもできますが、選挙事務所からあえて外に向かって演説するような

場合は、法164条の6第1項の脱法行為として許されません。

　　c　選挙運動用ポスターの掲示

　選挙運動における文書図画の掲示は公選法が厳格に規制しており（法143条1項）、知事選挙及び法144条の2第8項でポスター掲示場が設置されている市町村長選挙・地方議会議員選挙では、選挙運動用ポスターは定められた公営掲示場にしか掲示できません（法143条3項・4項）。他方、市町村長選挙及び地方議会議員選挙のうち法144条の2第8項によるポスター掲示場が設けられている場合以外（法144条の4による任意制ポスター掲示場が設置された場合又はポスター掲示場が設置されない場合）は、選挙事務所の内外に選挙運動用ポスターを掲示することができます。

　　d　選挙運動用ビラの頒布

　選挙事務所において選挙運動用ビラを頒布することができます（法142条6項、令109条の6第3号）。

　（イ）　できないこと

　　a　飲食物の提供

　法は選挙運動に関して飲食物の提供を禁じています（法139条）。「選挙運動に関し」とは、一般的には「選挙運動に関することを動機とする」ことをいうとされており、選挙運動そのものに当たらなくても、提供が行われる時と場所、態様や目的から選挙運動に関連してされたものと認められるときには、「選挙運動に関し」の要件に該当することになります。

　選挙事務所の性質からすれば、そこで行われる飲食物の提供は「選挙運動に関し」て行われるものといえますので、選挙事務所にやってくる支援者・訪問者や選挙事務所内にいる選挙運動員などに対して飲食物を提供することはできません。

　なお、この規制は「何人も」となっており、選挙事務所にいる者に限らず激励に訪れる人やその他主体を問わず成立します。

「飲食物」とは

　加工せずにそのまま飲食できるものを指します。お茶やジュース、お酒、

お菓子、果物などが典型的なものです。そのため、加工しなければ飲食できないものは、ここにいう「飲食物」となりませんが、投票依頼の目的で提供すれば買収罪が成立しますし、寄附として扱われることにもなります。

「提供」とは

供与や饗応接待をいい、現実に相手が供与を受け、又は饗応接待を受けたことで「提供」があったことになります。

《例外》

「湯茶及びこれに伴い通常用いられる程度の菓子」（同条本文かっこ書）や法定の条件に従って選挙運動員及び労務者に対する食事や弁当を選挙事務所で提供すること（同条ただし書）は例外として許されています。

「湯茶及びこれに伴い通常用いられる程度の菓子」とは

「湯茶」は、いわゆる来客時対応で出すお茶等の簡素なものをいい、ビール、お酒やジュースなどはこれに当たりません。また、コーヒーについては、お湯を注ぐだけのインスタントコーヒー程度ならばギリギリ許される範囲かと思いますが、お湯で抽出するようなものや紅茶などは、湯茶に当たらないと考えます。

湯茶に「伴い通常用いられる程度の菓子」は、いわゆる「お茶受け」程度のものをいうとされています。よく挙げられる例として、アメやせんべい、まんじゅうなどがあり、通常（社会通念上相当）の程度を超えない限り、みかんやリンゴなどの果物、漬物などもこれに当たるとされています。

ただし、「お茶受け」の限界がどこまでかは、そのときの社会通念に従って判断されるため、明確な基準はありません。

私見ですが、あくまで例外的に提供が認められる場合なので、ケーキや高級菓子など価格や加工の程度が高いもの（質的な過大）は含まれないと考えられ、またアメやせんべい、まんじゅう、果物などであっても多量に提供する場合（量的な過大）はお茶受けとはいえず、さらには買収とみなされるお

それがあると思われます。

　例外であることを踏まえ、質的・量的に最低限度の提供にとどめておくべきでしょう。

　b　選挙運動用ポスターの掲示

　上記（ア）cでも説明したとおり、知事選挙及び法144条の2第8項でポスター掲示場が設置されている市町村長選挙・地方議会議員選挙では、選挙運動用ポスターは定められた公営掲示場にしか掲示できません（法143条3項・4項）。そのため、選挙事務所の内外に貼ることはできません。

　c　認められた選挙運動用文書以外の頒布や掲示

　上記（ア）dでの説明にもあるように、公選法は、選挙運動用ビラ以外の文書について、選挙運動のために使用する文書の頒布を認めていません（法142条1項、146条）。候補者の当選に向けた選挙事務を行う選挙事務所において、後援会報や広報紙といった候補者の氏名が記載された文書を頒布することは、通常、投票を得る目的で行われるものと見られますので、頒布することはできません。また、事務所内に掲示することも同様です（法143条、146条）。

（3）その他の規律（休憩所等の設置の禁止）

　選挙事務所それ自体ではありませんが、関係する規制として、選挙運動のための休憩所等の設置禁止があります（法133条）。「等」というのは、休憩所に類似して休憩ないし休息をとるために設けられた設備場所のことで、名称ではなく機能の点から判断されます。選挙事務所の中に候補者や運動員の休憩場所を設けることもよくありますが、これは候補者や選挙運動員が活動する選挙事務所の機能として当然有しているものですので、公選法が規制する「休憩所等」には当たりません。ただし、この休憩場所を一般の有権者に開放して自由に使わせるなどした場合は、選挙事務所としての機能と関係なく選挙運動のため一般向けに休憩所を設置したものとして違法となると考えられます。

　また、ある候補者から見て他の選挙の候補者が設置した選挙事務所は、候
補者本人の選挙事務所ではないため、他の候補者の選挙事務所を休憩所とし
て使わせてもらうことは、本規制に違反することになります。

3　どう配る？　どう掲示する？　選挙運動用文書図画

> **Q**　市議会議員として連続当選を目指すＡさん。選挙運動期間中、様々な場所で有権者にアピールをすべく、以下のような活動を行っていますが問題はないでしょうか。

❶ 気軽にビラを持ち帰ってもらえるよう、後援会の会員が経営する喫茶店や店舗のレジ横に選挙運動用ビラを置いてもらう。

❷ 次の街頭演説の場所に向かって移動中、出会った歩行中の有権者に「よろしくお願いします」と選挙運動用ビラを渡したり、ポスティングをする。

❸ 街頭演説に際し、その場で聴衆から「応援したいので名刺をください」と言われたため、自身の名刺を渡す。

❹ 選挙はがきの宛名書きを後援会会員に依頼したが、締め切りに間に合わないものについては直接ポストに入れてもらい、余った分については近所や会社にて配ってもらうよう指示をする。

❺ Ａが社長を務める会社の取引で、商談のため訪れた選挙区域内の取引先に対し、Ａが会社で使用している名刺を使って名刺交換する。

❻ 余った選挙ポスターを支援者に配り、自宅の塀や壁に貼ってもらう。

❼ 普段政治活動で使用しているポスターを個人演説会場で掲示し、来場者には選挙運動用ビラと一緒に個人の活動報告チラシや後援会報などを渡す。

❽ 選挙事務所の前にモニターを設置して、これまでのＡの活動をまとめた動画を再生する。

❾ Ａが経営する「Ａ商店」の店舗と駐車場に普段から設置してある「Ａ商店」と「Ａ商店駐車場はこちら」の看板を選挙期間中もそのままにして

おく。

A

① 　法142条の規制する選挙運動用文書図画の「頒布」とは、直接手渡しする方法に限られません。一定の場所に設置して自由に持ち帰ることができるようにすることも「頒布」となります。そして、法142条6項、令109条の6第3号は、選挙運動用ビラの頒布方法を限定しており、本設問の配布場所はそのいずれにも当たらないため認められません。

② 　①で述べたとおり、選挙運動用文書図画の頒布方法は限定されています。移動中は「街頭演説の場所」（令109条の6第3号）ではありませんので頒布できません。また、ポスティングも「新聞折込み」（法142条6項）とはいえないため認められません。

③ 　たとえ相手から求められた場合であっても、選挙運動期間中に票につながると考えて渡すのですから選挙運動のために配布される文書図画であり、候補者の氏名が記載された名刺を配布することは、法142条の規制に服します。当該名刺が選挙運動用ビラである場合など同条に定める頒布可能なものに当たらない限り、配布は違法となります。

④ 　選挙はがきは差出し方法が定められており、郵便物の配達事務を取り扱う日本郵便株式会社の営業所又は同社が指定した営業所に差し出す方法によらなければなりません（法142条5項、公職選挙郵便規則8条）。したがって、これ以外の方法又は場所、例えば自ら切手を貼ってポストに投函したり、はがきを誰かに直接交付するなどにより頒布した場合、同条違反となります。

⑤ 　政治家個人であっても経済活動をすることはありますから、会社の名刺を使うことも当然あります。会社の業務として人と面会し、名刺交換をしたというのであれば、名刺の記載上も使用目的からも選挙運動のために使用されるものと見ることはできず、法142条に違反するものとはいえません。

　　　これに対し、真意は法142条の規制を免れて自身の支持・投票を得る
　ために、形式的に会社の名刺を配るような場合は、配布の時期・方法・
　状況や渡す意図などによっては、同条の規制を免れる行為として法146
　条により違法とされる可能性があります。

⑥　　市議会議員選挙において選挙ポスターを掲示できる場所は、法144条
　の2第8項によりポスター掲示場が設置されている場合、当該掲示場以
　外に掲示することはできません（法143条4項）。本設問でこれに当たる
　場合は掲示できないことになります。

⑦　　個人演説会場内では、演説会の開催中、ポスターを掲示することがで
　き、その種類・大きさに限定はありません（法143条1項4号）。したがっ
　て、普段の政治活動用ポスターの掲示も可能です。一方で、選挙運動の
　ための文書図画について、選挙ビラは個人演説会場内での頒布は可能で
　す（法142条6項、令109条の6第3号）が、それ以外の頒布は認められ
　ていないことから、個人の活動報告チラシや後援会報などを渡すことは
　できません（法142条1項3号～7号）。

⑧　　モニターを利用しての動画再生は「映写」にあたり、選挙運動のため
　の映写は屋内の演説会場での演説会中を除き認められていません（法
　143条1項4号の2・2項）。したがって、選挙事務所前での再生はでき
　ません。

⑨　　法146条は、選挙運動に関する文書図画の掲示制限を免れる目的での
　掲示・頒布を規制しています。A商店の駐車場案内看板にはAさんの氏
　名が表示されていることから、本条の適用が問題となりえます。この点、
　設問の看板は株式会社A商店の業務のため選挙運動期間以前より掲げら
　れており、文書図画の掲示制限を免れる目的はないと考えられますので、
　法146条1項に違反するものではないと考えられます。

　　　しかし、業務上の必要性があるとの名目で、殊更にAさんの氏名を目
　立たせるような看板を設置したり、選挙運動期間直前に設置するとか、
　必要以上に多数の看板を設置するなど、時期や態様によっては上記掲示
　制限を免れる目的があると認定される場合もあります。

解 説

1　選挙運動のために使用する文書図画の頒布・掲示制限

　選挙運動のために使用する文書図画の頒布又は掲示については、選挙の公正等の観点から厳しく制限が設けられており、原則として禁止（頒布：法142条、掲示：法143条）され、法142条以下の例外に該当する場合のみ行うことができます。しかも、違反した場合には罰則が設けられています（法243条）。

　「選挙運動のため」とは、選挙運動に資することを専ら又は主たる目的ないし意図する場合のみならず、従たる場合も含むと解されます。したがって、選挙運動に資することが目的に含まれていれば、「選挙」の文字がなく一見選挙運動のためと見られない場合であっても該当することになります。

2　選挙運動のために使用する文書図画の頒布制限（法142条以下）

(1)「頒布」とは

　「頒布」とは、不特定又は多数人に文書図画を配ることのほか、特定少数の人への配布でも不特定又は多数人に配布されることが予定又は予想される状況での配布も含まれます。そのため、誰でも持ち帰ることができるようまとめて置いておくことや、一定の者にとりまとめて渡すこと、さらにはとりまとめた者が個別に配布することも「頒布」に当たります。

(2) 頒布できるもの

　選挙運動期間中において頒布できる選挙運動のための文書図画は、選挙の種類に応じその種類と枚数が決められています（法142条1項3号〜7号）。

　地方議会及び首長の選挙においては、選挙管理委員会に届け出た2種類以内のビラ（以下「選挙ビラ」といいます）及び通常はがき（以下「選挙はがき」といいます）です。

なお、インターネット等を利用した頒布については193頁以下にて説明します。

（3）頒布枚数（法142条1項3号〜7号）

頒布できる枚数はそれぞれ以下のとおりです。

選挙の種類		選挙ビラ	選挙はがき
知事（3号）	当該選挙区域内の衆議院小選挙区の数が1の場合	10万枚	3万5,000枚
	上記で1を超える場合	10万枚＋1万5,000枚×（小選挙区数－1）（但し上限30万枚）	3万5,000枚＋2,500枚×（小選挙区数－1）
都道府県の議員（4号）		1万6,000枚	8,000枚
指定都市の長（5号）		7万枚	3万5,000枚
指定都市の議員（5号）		8,000枚	4,000枚
指定都市以外の市長（6号）		1万6,000枚	8,000枚
指定都市以外の市の議員（6号）		4,000枚	2,000枚
町村長（7号）		5,000枚	2,500枚
町村議員（7号）		1,600枚	800枚

（4）頒布の方法

頒布の方法についても、文書図画の種類に応じて決められています。

ア　選挙ビラ

政治活動用ビラと異なり選挙ビラの配布方法については、法が限定的に定めています。認められている方法は、

① 新聞折込みの方法（法142条6項）
② 候補者の選挙事務所内での頒布（法142条6項、令109条の6第3号）
③ 個人演説会の会場内での頒布（同）
④ 街頭演説の場所での頒布（同）

となっています。

　したがって、上記②～④以外の場所で選挙運動用ビラを誰かに渡したり、備え置いたり、さらにはポスティングをすることは認められていません。

　イ　選挙はがき

　郵便物の配達事務を取り扱う日本郵便株式会社の営業所又は同社が指定した営業所に差し出す方法による必要があります（法142条5項、公職選挙郵便規則8条）。また、日本郵便株式会社において選挙用である旨の表示をしたものでなければならないとされています。

　したがって、これ以外の方法又は場所、例えば自ら切手を貼ってポストに投函したり友人などに配ることや、街頭演説や駅立ちの際に聴衆に直接選挙はがきを頒布するなどした場合、違反となります。

3　選挙運動のために使用する文書図画の掲示制限（法143条以下）

(1)「掲示」とは

　「掲示」とは、文書図画を一定の場所に掲げて人に見えるように示す行為をいい、何かに貼り付けることが要件ではありません。身につけたり見えるように放置しておくことも「掲示」です。

(2) 掲示できるもの

　法が限定的に掲示を認めているものはその場所や状況に応じて異なります（法143条1項）。

　それぞれ数や大きさなども定められており、法が定めるものを表にまとめると以下のようになります。

掲示できる場所・状況	掲示できるもの	大きさの限度	数
選挙事務所を表示するため選挙事務所において使用するもの（1号）	ポスター	縦 350cm×横 100cm（足を含む）	事務所1か所当たり合計3つまで
	立札及び看板の類		
	ちょうちんの類	高さ85cm×直径45cm	1個
選挙運動用自動車・船舶に取り付けて使用するもの（2号）	ポスター	縦 273cm×横 73cm（足を含む）	規定なし（ただし自動車・船の運行や積載等に関する法規の遵守は必要）
	立札及び看板の類		
	ちょうちんの類	高さ85cm×直径45cm	1個
候補者が使用するもの（3号）	たすき、胸章及び腕章の類	規定なし	規定なし
演説会場にて当該演説会開催中使用するもの（4号）	ポスター	※別掲	※別掲
	立札及び看板の類		
	ちょうちんの類	高さ85cm×直径45cm	1個
「屋内の」演説会場内で当該演説会の開催中に使用するもの（4号の2）	映写等の類	規定なし	規定なし
義務制のポスター掲示場（法144条の2第1項）	個人演説会告知用ポスター（知事選挙に限る）（4号の3）	長さ42cm×幅10cm	ポスター掲示場の数
知事選挙：義務制のポスター掲示場	選挙運動のために使用するポスター（いわゆる選挙ポスター）（5号）	長さ42cm×幅30cm	・知事選挙：ポスター掲示場の数
その他の選挙で法144条の2第8項に基づくポスター掲示場			・その他の選挙で義務制に準ずる任意制ポスター掲示場がある場合：ポスター掲示場の数
（義務制に準ずる任			（上記ポスター掲

意制ポスター掲示場）が設けられた場合：ポスター掲示場		示場が設けられなかった場合） ・指定都市の市長：4,500枚 ・都道府県議会議員：1,200枚 ・市議会議員選挙：1,200枚 ・指定都市以外の市長：1,200枚 ・町村長：500枚 ・町村議会議員：500枚
その他の選挙で義務制に準ずる任意性ポスター掲示場が設けられなかった場合：任意の場所（ただし制約あり）		

　演説会場にて当該演説会開催中使用するもの（4号）については、会場の内と外にあってはそれぞれ以下のとおりです。

場所	選挙の種類	掲示できるもの	大きさの限度	数
会場内	すべての地方議会議員と首長選挙	ポスター	規定なし	制限なし
		立札及び看板の類		
		ちょうちんの類	高さ85cm×直径45cm	会場外を含む会場全体で1個
会場外（開催中の会場の範囲に含まれる場所に限る。知事選挙では会場前であること）	知事選挙（法164条の2）	立札及び看板の類（選挙管理委員会から交付された表示板を付けたもの）（法164条の2第2項）	縦273cm×横73cm（足を含む）	1つ以上5つ以内
	知事選挙以外の地方議会議員と市町村長選挙	ポスター	縦273cm×横73cm（足を含む）	会場ごとに合計2つまで
		立札及び看板の類		
		ちょうちんの類	高さ85cm×直径45cm	会場内を含む会場全体で1個

（3）掲示の内容・方法等についてのポイント

ア　選挙事務所や選挙運動用自動車、演説会場にて掲示するもの

選挙事務所（142頁以下）、街頭演説（169頁以下）及び演説会（181頁以下）においても解説していますので当該項目をご参照ください。

イ　候補者の使用するたすき、胸章及び腕章の類

・記載内容について限定はなく自由です。

・大きさについての規定はありませんが、あくまで「たすき、胸章及び腕章の類」といえる程度のものである必要があります。

・「類」の例として、帯やはちまきなどが当たると解されており、他方でシャツやパーカー、ゼッケン、法被などはたすきや胸章とはいえません。したがって、選挙運動のために候補者の氏名やスローガンが書かれたシャツやパーカーなどを着て活動することは許されません。

・確認団体があるときに、同団体の行う政談演説会や街頭政談演説などで候補者の氏名や氏名が類推されるような事項が記載されたたすき等を使用することはできません（法201条の13第1項2号）。

ウ　選挙ポスター

・記載事項に制限はありませんので氏名のほかにスローガン等自由に記載ができます。

・形も大きさの制限内であれば自由です。

・ポスターの表面には、掲示責任者及び印刷者の氏名（又は名称）及び住所の記載が必要です（法144条5項）。

・掲示後にポスターの内容を変更することについては、解釈上、ポスターの同一性を失わない程度の微修正であれば可能とされています。

・投票日当日に掲示したままでも問題ありません（法143条6項）。

エ　個人演説会告知用ポスター（知事選挙のみ）

・あくまで個人演説会告知のためのものでなければなりません。

・記載事項として、表面に掲示責任者の氏名と住所の記載が必須です（法143条13項）。

・掲示場所がポスター掲示場のみとされている（同条3項）ため、事実上、

選挙ポスターと一緒に掲出することになります。その際、選挙ポスターと一体のものとして作成し掲示することが可能です（同条12項）。

・投票日当日も掲示場に貼ったままとすることが認められています（同条6項）

(4) 選挙ポスターについて義務制に準ずる任意制ポスター掲示場が設けられなかった場合の注意

・国や地方公共団体が所有・管理する場所、不在者投票管理者の管理する投票を記載する場所には掲示ができません（ただし、ポスター掲示場や道路の橋、電柱、公営住宅や地方公共団体の管理する食堂及び浴場等は除かれます。法145条1項、則18条）。

　また、他人の居住、管理又は所有に係る工作物に掲示する際には、当該他人の承諾を得なければなりません（法145条2項）。

　ですから、余ったポスターを持ち帰って、自宅の塀や壁に張ると違法になる場合があるため注意が必要です。

・各ポスターには選挙管理委員会の定めるところにより、選挙管理委員会から検印を受け、又は交付された証紙を貼ることが必要です（法144条2項）。

・各ポスターを並べて掲示することは可能ですが、単独では独立の意味を持たず連続させることでひとつの意味を持つようなもの（例：候補者名を一文字ずつ記載したようなポスター）を並べて張ることは、大きさの制限の潜脱でありできません。

(5) 掲示制限違反のみなし規定（法143条2項）

　法は、選挙運動のために、アドバルーン、ネオン・サイン又は電光により文書図画を表示させることや、屋内の演説会場内で演説会開催中になされる映写等の類（法143条1項4号の2）を除いてスライドその他の方法による映写等の類を掲示した場合、掲示制限違反に該当するとのみなし規定を置いています。

　昨今ではアドバルーンなどを利用した方法は少ないですが、ディスプレイを用いたデジタル表示の機会は増えています。ディスプレイを用いて選挙運動のために候補者の情報等を表示させるとか応援動画を流すといった行為が、掲示制限違反となる可能性があることは留意すべきです。

　なお、看板や立札等の照明としての電灯の使用はこれに当たりません。

4　選挙運動のために使用する文書図画の頒布・掲示制限の潜脱防止（法146条）

　公選法は上記の頒布・掲示についての規制潜脱を防止するため、146条1項で、「選挙運動の期間中」に「第142条又は第143条の禁止を免れる行為として」、「公職の候補者の氏名若しくはシンボル・マーク、政党その他の政治団体の名称又は公職の候補者を推薦し、支持し若しくは反対する者の名を表示する文書図画」の頒布・掲示を禁止しています。

　ここにいう「選挙運動の期間中」とは、その選挙の選挙運動ができる期間を指しますので、告示から投票日前日までになりますが、選挙運動期間外に行った場合は選挙運動期間外の選挙運動を禁ずる事前運動の禁止（法129条）との関係で問題となり得ます。

　「第142条又は第143条の禁止を免れる行為として」とは、一見すると選挙運動とは関係のない広告やお知らせなどのような体裁・名目をとっていながら実質的に見れば選挙運動のためになされている行為をいい、法146条が例示している著述、演芸等の広告に限られるものではありません。これに当たるかは実質的な判断が必要となり、結局はその行為の行われた態様・目的・方法・性質などを総合的に考慮して判断せざるを得ません。

　なお、法146条2項にはみなし規定があり、年賀状、寒中見舞状、暑中見舞状その他これに類似するあいさつ状を選挙区域内に頒布・掲示することは、意図にかかわらず上記禁止を免れる行為とみなされるので注意が必要です。

　法142条又は法143条と146条の区別については微妙なところがあるものの、行為者の認識に加え、当該文書図画につき外形から見て明らかに選挙運動のために使用されていると認識できる場合には法142条又は法143条が、そうで

ない場合には法146条が問題になると考えることがひとつの目安になると思
われます。

4　目立つからこそ違反に注意！街頭演説

Q　いよいよ選挙戦が始まり、候補者となったＡさんは選挙区域の各所でマイク片手に有権者へ政策を訴えています。街頭演説に当たっても様々な対応をしてみましたが公選法上問題はないでしょうか。

❶ 選挙告示後、標旗が届く前に選挙事務所の前で、集まってくれた支援者に対して再選に向けた抱負と投票の呼びかけなどを話し始め、途中で標旗が届いたのでその場で掲げた。

❷ 街頭演説に際し、周囲にＡの氏名やスローガンを記載したのぼりをたくさん立てたり、選挙運動用ポスターを手に持って掲げて聴衆に示す。

❸ 街頭演説を目立たせるため、街頭演説の前後で政策を織り込んだ自作のオリジナル曲を録音したCDで流しながら選挙運動員とともに大声でＡの名前を連呼して合唱する。

❹ 街頭演説の際、プロジェクターを設置して演説者の顔が遠くにも見えるように映し出す。

❺ 街頭演説のために駐車した選挙運動用自動車に選挙ポスターやＡの顔写真などを貼り付ける。

❻ 街頭演説の際に、選挙ビラとともに希望者にはＡの名刺を配る。

❼ 有権者に向かって手を振ったりビラを配ったりしないスタッフ（設営係や交通整理係）は腕章をつけなかった。

❽ 街頭演説を終えて次の場所に向かう際、Ａが自身の氏名が書かれたたすきや腕章を、選挙運動員が法定の腕章をつけたまま自転車で移動した。

❾ 候補者がいないときに、選挙運動員だけで街頭演説をする。

❿ たくさんの場所でアピールできるよう、選挙運動員がいくつかのグルー

プに分かれて同時に街頭演説をする。

⓫　選挙運動期間中、ちょうど国政選挙があったので、その投票日に投票所
　　近くの歩道上から投票所に行く有権者に向かって街頭演説をする。

⓬　夜8時を過ぎてから、候補者が選挙事務所内にて、事務所の扉を開けて
　　演説する。

A

①　選挙運動のための街頭演説は選挙管理委員会の定める標旗を掲げなけ
　　ればならず、標旗を掲げるまでになされた街頭演説はこれに違反するこ
　　とになります。途中から掲げた場合でも、それまでの違反がなかったこ
　　とにはなりません。

②　街頭演説においては、候補者が使用するたすきと選挙運動用自動車・
　　船舶に取り付けて使用されるポスター、立札、ちょうちん及び看板の類
　　に限り掲示することができます。そのため、本設問のような行為は、許
　　されない文書図画の掲示に当たり、法143条違反となります。

③　街頭演説においては、録音盤を使用することができますので（法164
　　条の4）、生演説ではなくCDを流すこともできます。しかし、本設問
　　のような目立たせる目的で選挙運動員とともに大声で合唱するような場
　　合は、気勢を張る行為として法140条違反となるおそれがあります。

④　プロジェクターなどによる「映写」は、屋内の個人演説会場における
　　演説会開催中にのみ許されており（法143条1項4号の2）、屋外の街頭
　　演説の場で使用することはできません。

⑤　選挙運動用自動車に取り付けて使用するポスター・立札や看板につい
　　てはサイズの限定はあるものの、種類（内容）や数は制限されておらず、
　　本設問のような貼り出しも可能です（ただし、ちょうちんの類について
　　は1個のみとなっています）（法143条1項2号・10項）。

⑥　街頭演説の場所で配布できる選挙運動のための文書図画は選挙運動用
　　ビラに限定されており（法142条1項3号～7号・6項、令109条の6第

3 号）、これ以外のものを配布することはできません。名刺はＡの氏名が記載され、選挙での支持・投票を得る目的で配布されているといえますので配布できません（法146条）。

⑦　街頭演説を行うに当たって、「選挙運動に従事する者」は15人以内かつ選挙管理委員会の定める腕章の着用が義務付けられています。この「選挙運動に従事する者」には労務者も含まれるため、本設問の設営係や交通整理係であっても腕章をつけなければなりません。なお、候補者本人や選挙運動用の自動車の運転手１人や船舶の船員は腕章をつける必要はありません（法164条の７）。

⑧　公選法は選挙運動のために使用する文書図画等の回覧を頒布とみなして禁止しています（法142条12項）。この回覧には文書図画を身に付けて持ち歩くことも含まれます。この点、選挙運動員が街頭演説の際に着用する腕章も選挙運動のために使用する文書図画に当たり、これを付けたまま移動することは回覧行為として禁止されます。もっとも、候補者のたすき等は法142条12項が回覧の例外として明示していますので、候補者がつけたまま移動することに問題はありません。

⑨　街頭演説においては、候補者がいなくても標旗を掲げていれば街頭演説をすることができますので問題ありません。

⑩　街頭演説を行う際は、選挙管理委員会の定める標旗を掲げなければなりませんが、地方議会議員及び首長選挙では標旗は１本しか交付されませんので、複数の場所で同時に街頭演説を行うことはできません。

⑪　他の選挙の投票が行われている場合、その投票所設置場所の入口（必ずしも建物の入口とは限らず、敷地の入口と考えます）から直線で300メートル以内の区域では、投票日の午前０時から投票所の閉まる時間まで街頭演説をすることはできません（法165条の２）。本設問の場合、投票時間中と考えられますので、街頭演説の場所が投票所の入口から直線で300メートル以内であれば、法165条の２に違反することになります。

⑫　選挙運動のための街頭演説は午後８時までとされています（法164条の６第１項）が、屋内で行われる屋内の人に向けた演説は「街頭演説」

ではないため、午後 8 時以降も可能です。しかし、たまたま事務所の扉
が開いていて声が漏れ聞こえたのではなく、スピーカーをわざわざ屋外
に向けたり必要以上の大音量を出し、又は音が屋外に漏れ聞こえること
を意図して扉や窓を開け放すなど、殊更屋外にいる人に聞かせる目的で
屋内で演説をするような場合はまさに街頭演説であり、法164条の 6 第
1 項違反になると考えます。

解 説

1　街頭演説とは

(1) 定義

　街頭演説とは、街頭やこれに類似した場所で行い、又はこれらに向かって
する演説のことを指し、屋内から街頭へ向かってする演説も含まれます（法
164条の 5 ）。また、事前に人を集めて行う場合も上記の要件を満たす限り街
頭演説となります。

　なお「演説」とは、多くの人々の前で、自分の主義・主張や意見を述べる
こと（『広辞苑〈第 7 版〉』）をいいます。

(2) 選挙運動のためにする街頭演説

　法は一般的な街頭演説のうち、「選挙運動のためにする街頭演説」について、
（街頭演説）との見出しをつけ、法164条の 5 以下で規制しています。

　公選法が認めている候補者個人の「選挙運動のためにする街頭演説」は、
演説者が指定された標旗を掲げてその場で行うものに限られます。

　一方で、選挙運動と関係のない平時の政策の普及宣伝・政治啓発のための
街頭での演説や、政党その他の政治団体が行う政策の普及宣伝や演説の告知
のために行う街頭政談演説（法201条の 5 以下）はこれに含まれません。なお、
街頭政談演説においては、政策の普及宣伝・政治啓発に附随する程度で従属
的にですが、所属候補者に係る選挙運動のための演説ができます（法201条
の11第 1 項）し、後述の腕章もつける必要はありません。

本章では、街頭政談演説を含まず、純粋な「選挙運動のためにする街頭演説」について説明しています。

（3）街頭演説の条件（開催方法）

ア　時期

街頭演説は、まさしく選挙運動であり、街頭演説ができる期間は選挙運動が可能な期間である立候補届出後、投票日前日までとなります（法129条）。そのため、立候補届出前に街頭演説を含む選挙運動を行った場合は、事前運動として罰せられることとなります。

イ　時間

街頭演説ができるのは、午前8時から午後8時までの間です（法164条の6第1項）。街頭演説ではない個人演説会や単なる駅立ち、電話作戦等の選挙運動については時間制限はなく、午後8時以降翌日午前8時までの間も可能です。

ウ　場所

街頭演説ができる場所は、上記（1）定義で述べたとおり、街頭やこれに類似した場所に加え、屋外に向かってする場合の屋内であり、その場にとどまって行わなければなりません（法164条の5）。

ただし、法は以下の場所での街頭演説を禁止しています（法165条の2、166条）。

① 公営住宅以外で、国又は地方公共団体の所有し又は管理する建物（一時的に管理している場合も含みます）。この規定は「建物」を対象としていますので、屋外の敷地などは含まれません。

② 汽車、電車、乗合自動車、船舶（選挙運動用船舶を除く）及び停車場その他鉄道地内。いわゆる電車・バス・船の中や駅施設等です。ただし、駅前の広場といった一般人が自由に出入りできる場所は、業務（旅客の乗降や貨物の整理等）に必要とされる場所を除き、含まれないとされています。

③ 病院、診療所その他の療養施設。これについては鍼灸施設は含まれず、

　また①と異なり限定がなく敷地も禁止範囲に含まれます。
④　他の選挙の投票日において、投票日の午前0時から投票所の閉まる時間までの間、投票所設置場所の入口（必ずしも建物の入口とは限らず、敷地の入口と考えます）から直線で300メートル以内の区域。

　さらに、禁止されてはいませんが、学校（幼保連携型認定こども園、幼稚園、小学校、義務教育学校、中学校、高等学校、中等教育学校、特別支援学校、大学及び高等専門学校）及び病院、診療所その他の療養施設の周辺では、静穏を保持し（法164条の6第2項、140条の2第2項）、また長時間にわたって同じ場所にとどまることのないように努めなければなりません（法164条の6第3項）。

エ　標旗の掲示

　街頭演説を行うには、演説場所において、選挙管理委員会が指定する標旗を掲げなければなりません（法164条の5第1項・2項）。
　標旗は候補者1人につき1本（同条3項）ですので、街頭演説は複数か所で同時に行えないことになります。

オ　街頭演説で従事する者の限定

　街頭演説において、選挙運動に従事する者は候補者1人につき15人以内に限られます。この中には、運搬係や路上誘導係など労務提供をするだけの者も含まれますが、候補者本人と選挙運動用自動車の運転手1人又は船舶の船員は含まれません（法164条の7第1項）。
　つまり、街頭演説では、候補者と運転手1人又は船員を除き、応援弁士であろうと誘導係や記録係であろうと、合計15人までにしなければなりません。
　また、この15人については、街頭演説の際、選挙管理委員会の定める腕章（街頭演説用11枚、選挙運動用自動車・船舶の乗車用腕章4枚）をつける必要があります（法164条の7第2項）。15人の制限を守っていても、腕章をつけていなければ公選法違反となります。

（4）街頭演説でできること、できないこと

街頭演説でできることについて一覧にすると、以下のような表になります。

行為	可否
連呼行為	○
拡声機の使用	○
録音盤の使用	○
文書図画の頒布・回覧	△ ・配布物は法142条1項各号に定められたビラのみ ・街頭演説の場所・時間的範囲に限定あり。
文書図画の掲示	△ ・候補者が使用するたすき・胸章・腕章の類 ・選挙運動用自動車・船舶に取り付けて使用するポスター、立札及び看板の類・ちょうちんの類は条件により可 ・映写は不可 ・知事選挙における立札・看板の類について例外（法164条の2第5項）あり
候補者以外の者の演説	○
気勢を張る行為	×

ア　連呼行為

街頭演説の場所では、演説者・選挙運動に従事する者いずれも連呼行為をすることができます（法140条の2第1項）。ただし、学校及び病院、診療所その他の療養施設の周辺では、静穏を保持するよう努めなければならないため、事実上制限されます（同条2項）。

イ　拡声機の使用

街頭演説において拡声機が使用できますが、1そろいに限られ、かつ選挙管理委員会の定める表示が必要です（法141条1項1号・5項）。

ウ　録音盤の使用

街頭演説において、録音盤を使用して流す（演説する）ことができます（法164条の4）。ここでいう録音盤とは、音声を録音して再生する装置であり、現在でいえばCDやSDカードなどに音声ファイルを保存し、それを携帯機

器や PC 等で再生するような場合も含まれると考えられます。

　なお、再生においてスピーカーなどを使用して音声を肉声よりも増幅する場合には、拡声機の使用となるため、上記イの拡声機についての要件も満たすことが必要です。

エ　選挙運動のためにする文書図画の頒布・回覧

　（ア）　街頭演説の場所において選挙運動用ビラを配布することができます（法142条1項3号～7号・6項、令109条の6第3号）。

　もっとも、演説の声が聞こえる限り「街頭演説の場所」であるということにはならず、街頭演説という行為の態様から、演説の場所と合理的に評価できる場所的範囲に限定されます。

　時的範囲に関しては、街頭演説を「今後予定している」場所や「行った」場所というものではなく、まさに街頭演説を行っているかその間近い前後の時間である必要があります。

　（イ）　法は文書図画等の回覧を頒布とみなし、原則として禁止しています（法142条12項）。認められるのは、選挙運動用自動車・船舶に取り付けられた文書図画を取り付けたまま回覧すること及び候補者がたすき、胸章及び腕章の類を着用したまま回覧することに限られます（同条）。

　回覧には文書図画を身につけて持ち歩くことも含まれますので、選挙運動に従事する者が街頭演説中に着用する腕章を街頭演説終了後もつけたまま移動することは、上記の例外とはならずできません。

オ　文書図画の掲示

　選挙運動期間中に掲示することができる選挙運動のため使用する文書図画について、法は規制を設けており（法143条）、街頭演説においては候補者が使用するたすき・胸章及び腕章の類（同条1項3号）と選挙運動用自動車・船舶に取り付けて使用されるポスター、立札、ちょうちん及び看板の類（同条1項2号）に限られます。

　したがって、これ以外の掲示は認められていないため、街頭演説の場所にのぼりや立札・看板等を立てたりすることや、随伴者がポスターを掲げるといったことはできません。

　なお、知事選挙に限って、法164条の 2 第 2 項・ 5 項により、個人演説会の会場に表示する立札・看板の類につき、個人演説会用に使用しないものについては会場外のいずれの場所においても選挙運動に使用できますので、事実上、街頭演説の場所に掲示しておくことができることになります。

カ　候補者以外の者による演説

　街頭演説では、演説者は候補者に限られていません。そのため、候補者がいなくても街頭演説は可能であり、腕章をつけなくてよい選挙運動用自動車の運転手も演説することができます。

　もっとも、運転手は労務者のため報酬を支払うことができますが、演説等の選挙運動をした場合、選挙運動員となるため、これに関しての報酬を支払うことはできません（法197条の 2 ）。

キ　気勢を張る行為

　選挙運動の静穏等を守るため、公選法は選挙運動のために気勢を張る行為を禁止しています（法140条）。

　法は条文で、「自動車を連ね又は隊伍を組んで往来する等」と例示をしていますが、具体的に何が「気勢を張る行為」に当たるかは、それぞれの行われた状況や態様によって判断されることになります。

　先例では、かんしゃく玉を破裂させたり、チンドン屋を使うことなどが「気勢を張る行為」に当たると判断されていますが、これを踏まえると、通常の選挙運動の範囲を超え、周囲の平穏を害し又は不安を生じさせるような行為をいうと考えられます。

2　選挙運動のために使用される自動車・船舶（法141条以下）

　街頭演説の際に選挙運動のために使用される自動車（いわゆる選挙カー）・船舶などが利用されることもあります。法はその利用につき様々な規制を設けています。

(1) 使用できる自動車・船舶と使用条件

選挙の種類に応じて以下のとおりとなっています。

	都道府県・市の首長及び議員の選挙	町村長・町村議会議員選挙
使用できる数（同時使用できる数）	候補者ごとに1　（法141条1項1号）	
使用できる自動車の種類	以下のいずれか（法141条6項、令109条の3第1項1号） ①定員4〜10名の小型自動車（構造上、天井や側面・後面が一部でも開放されていたり、サンルーフ等天井が一部でも構造上開閉できるものは除く） ②車両重量2トン以下の4WD自動車（構造上、天井や側面・後面が一部でも開放されているものを除く） ③自動二輪車（サイドカー付きも可）を含む①、②以外の定員10名以下の乗用自動車（ただし、自動二輪以外については、構造上、天井や側面・後面が一部でも開放されていたり、サンルーフ等天井が一部でも構造上開閉できるものは除く） ※側面と後方の窓を除き、構造上開閉できる場合に開いて走行した場合は「構造上開放されているもの」と扱う（令109条の3第2項）。⇒走行中は閉めておく必要があります。	左の①、②、③に加えて、 ④小型貨物自動車（法141条6項、令109条の3第1項2号、道路運送車両法3条、道路運送車両法施行規則2条、同別表第一） ⑤軽貨物自動車（解釈上認められています）
	上記条件を満たす自動車であっても、構造上宣伝を主たる目的とする自動車は使用できません（法141条1項1号かっこ書）。	
使用できる船舶	制限なし	
表示	選挙管理委員会から交付された表示板を取り付けることが必要（法141条5項）	

乗車人数	自動車	候補者と運転手1名を除いて最大4名（法141条の2第1項）
	船舶	候補者と船員を除き最大4名（法141条の2第1項）
乗員の腕章		候補者、運転手及び船員を除き、乗員は選挙管理委員会より交付された腕章を付ける必要があります（法141条の2第2項）

（2）できること

《選挙運動用自動車》（法141条の3ただし書）

・法140条の2の定める要件のもと、午前8時から午後8時までの間、自動車上で連呼行為を行えます。ただし、他の選挙の投票日は投票所設置場所の入口から直線で300メートル以内の区域では行えません（法165条の2）。また、学校及び病院、診療所その他の療養施設の周辺では、静穏を保持するよう努めなければなりません（法140条の2第2項）。

・停止した自動車上では、選挙運動のための演説ができます。

《選挙運動用船舶》（法164条の5第1項1号）

・連呼行為については自動車の場合と同様ですが、自動車と異なり、船上で選挙運動が可能です。ただし、街頭演説は停止して行う必要があり、標旗の掲示も必要です。

（3）掲示できる（取り付け可能な）文書図画

選挙運動用自動車・船舶にはポスター、立札、ちょうちん及び看板の類を取り付けることができます（法143条1項2号）。数量や大きさについては、159頁以下にてまとめていますが、ポイントとしては、ちょうちんは1つに限られること、ポスター、立札及び看板の類は大きさの制限と交通法規を遵守すれば数量に限定がないとされていることです。記載内容についても制限はありません。選挙ポスターとは違う写真を掲載したり、自らのスローガンや政見、マスコットキャラクターやトレードマークなども掲載することができます。

3　拡声機（法141条）

　街頭演説で周囲に主義主張を訴えるために必須のツールである拡声機。これについても法は規制をしています。

（1）拡声機とは

　音声を増幅する機械装置であり、通常は音声を入力するマイク部分と増幅装置及び出力するスピーカー部分で構成されています。

（2）法の認めている拡声機の使用（法141条1項1号）

　法は、主として選挙運動のために使用する拡声機について、候補者1人につき1そろいの使用のみを許容しています。「1そろい」とは、いわゆる「1セット」の意味です。そのため、スピーカー部分が複数になる場合もあります。

　法は拡声機の中に携帯用のものを含むとしていますので、ハンドメガホン・ハンドスピーカーも拡声機です。肉声以上の音量を発生させる装置についても拡声機に含まれると解釈されており、「拡声機」の概念は相当広く当てはまります。

（3）表示義務

　拡声機を使用するためには、選挙管理委員会が定めた表示をしなければなりません（法141条5項）。これを欠いた拡声機の利用は違法です。

（4）追加で使用できる場面

　個人演説会場や街頭演説を除く幕間演説等の場では、上記1そろいのほか、演説中にもう1そろい別に使用することができます（法141条1項ただし書）。この追加分については（3）の表示は不要です。

5 工夫の余地と気をつけるべき落とし穴
個人演説会・幕間演説

> **Q** 市議会議員選挙において、Aさんは市の公民館で行う個人演説会にて有権者の心を掴むため、様々な工夫を凝らしてみました。以下のようなことはできるでしょうか。

❶ 個人演説の会場を分かりやすく伝えるため、会場外の案内看板に電飾の飾り付けをする。

❷ 後援会から、会員向けメーリングリストを使って、「本日Aの個人演説会を開催！　ご友人を誘って是非来場ください！」と呼びかける。

❸ 演説会場内の壁面全体にわたりAの歴代の政治活動用ポスターや政党のポスターを大きく拡大コピーしたものを並べて掲示する。

❹ 政策を分かりやすく伝えるため、プロジェクターで説明資料を背景に映す。

❺ 演説会の様子をインターネットで生配信する。

❻ 来られなかった有権者のため、Aの後援会が演説会の様子を録画して後援会のホームページやYoutubeなどに掲載する。

❼ Aが次の予定に向かうため退場した後、応援している県議会議員や後援会長による演説を継続し、終了が午後9時を過ぎることになった。

A

① 　個人演説会場において、演説会の開催中に会場外に看板の類を設置することができます（法143条1項4号）。しかし、当該看板について照明灯のための電灯の範囲を超え、装飾のために電飾を施すような場合は、法143条2項により許されません。

② 　個人演説会の参加勧誘は候補者に対する投票を得るための選挙運動ですが、メーリングリストすなわち電子メールによる選挙運動は、市議会議員選挙では候補者本人、指定都市の議会議員選挙では候補者本人又は確認団体が発信する場合にのみ認められています（法142条の４第１項５号・７号）。本設問においては、Ａさんが立候補した選挙が指定都市の議会議員選挙であり、かつ後援会が確認団体であった場合に限り本設問のメール配信が認められ、それ以外では許されません。

③ 　個人演説会場内では、ポスター、立札及び看板の類のほか、ちょうちん１個を掲示することができます。ポスター、立札及び看板の類については数量や大きさの制限はないため、様々な大きさの多数のポスターを掲示することができます（法143条１項４号・９項）。

④ 　個人演説会場内では映写による選挙運動のための文書図画の掲示ができます（法143条１項４号の２）。そのため、個人演説会で話す内容をまとめた資料やパワーポイントによる説明文書を会場内に設置したディスプレイ等に映し出して利用することもできます。

⑤ 　演説の様子のインターネット配信は、「ウェブサイト等を利用する方法」での選挙運動であり、選挙運動を行いうるものであれば誰でも認められています（法142条の３）。そして、個人演説会の様子をウェブサイト等を利用して配信することを禁止した規定もないため、本設問のような生配信も可能です。

⑥ 　動画サイトに演説会の様子の動画をアップロードすることは、上記⑤と同じく「ウェブサイト等を利用する方法」による選挙運動に当たります。これについても法は禁止しておらず、後援会が行っても問題はありません。ただし、投票日当日は新たに掲載できません（法129条）。

⑦ 　個人演説会は候補者本人がいない場合でも開催ができます（「候補者本人が居ること」が個人演説会の要件ではありません）。したがって、候補者のＡさんが退場した後も個人演説会を継続できます。また、個人演説会は街頭演説と異なり時間の制約（法164条の６第１項）がなく、午後８時を過ぎても問題ありません。

> **Q**　支援者のBさんが運営する食品工場（B社）で、昼休みに工場内の食堂にて演説をさせてもらうことになりました。以下のようなことはできるでしょうか。

❶ 演説の際、館内放送を使わせてもらい、敷地内に演説を流してもらう。
❷ 演説直後、食堂内にいた有権者に選挙ビラを配布する。
❸ 演説の際、周りに選挙ポスターを貼り付けた看板を置いておく。

A

① 　放送設備を利用した選挙運動は禁じられています（法151条の5）。B社工場の館内放送の利用はこの放送設備の利用に当たり、本設問のような対応は許されません。

② 　選挙運動用ビラの配布場所は法定されており、幕間演説の場で配布することはできません。したがって、本設問の配布は認められません。

③ 　選挙運動のための文書図画の掲示は、法143条1項各号の場合に限り許されています。幕間演説は「演説会」ではないため、同項4号の適用はありません。他方、選挙運動用自動車に取り付けてある看板やポスターを幕間演説の際に自動車を持ち込むなどして掲示することはできますが、自動車から取り外して傍らに置いておくことはできません。したがって本設問の行為は法143条1項に違反します。

> **Q**　後援会のCさんが経営する印刷会社の朝礼であいさつをさせてもらうことになりました。以下に問題はありませんか。

❶ 朝7時から行われる朝礼であいさつをさせてもらう。

❷　Aが演説中たすきを掛けておく。

❸　Cから従業員に対し、事前に「Aさんが演説に来るから必ず集まるように」と告知して人を集めておいてもらう。

❹　あいさつ終了時に参加者有志で「Aの当選に向けてガンバロー」と連呼する。

A

①　幕間演説は街頭演説ではありませんので、時間制限はありません（法164条の6第1項）。そのため、早朝に開催することも、午後8時を過ぎて行うことも認められます。

②　候補者が使用するたすき、胸章及び腕章の類については、場所の指定なくその使用が認められています（法143条1項3号）。幕間演説において候補者がたすきを掛けたまま演説することに問題はありません。

③　幕間演説は、もともと演説を聴く目的以外でたまたま集まっている聴衆に対し、選挙運動のための演説を行うものです。本設問のように事前に演説をすることを告知して人を集めた場合、当該演説は「個人演説会」となります。Cさんないし会社がこの演説会の開催を主催した場合、候補者以外の者による個人演説会開催を禁止した法164条の3に違反することになります。

④　連呼行為は街頭演説、幕間演説や個人演説会の場で行うことが認められており（法140条の2第1項）、本設問の演説の場が連呼行為の制限を受ける場所でない限り可能と考えられます（同条2項）。

解説

1　個人演説会

（1）定義

候補者が自分の政見の発表や投票依頼などの選挙運動のために、候補者自

身が開催する演説会をいいます。あらかじめ選挙運動の演説のため一定の場所に聴衆を参集させた上で行われることが単なる「演説」との違いです。個人演説会は候補者のみが開催することができ、その他の者が開催することはできません（法161条、161条の 2 、164条の 3 ）。

　なお、選挙運動期間中に政党その他の政治団体が行う政治活動に関する演説会を「政談演説会」といいますが、これについては216頁以下にて検討します。

(2) 個人演説会の開催方法

　個人演説会の開催場所は、以下の 2 つに分類されます。この分類に応じ開催の条件・方法が異なります。

　① 　学校・公民館その他の公営施設を使用するもの（法161条）

　② 　それ以外の施設を使用するもの（法161条の 2 ）

　なお、法161条の 2 が「施設」であることを前提としており、街頭での開催はできないとされています（結果的に街頭で行う演説は街頭演説となります）。ただし、同条は「建物その他の施設の構内を含むもの」とあるため、施設内にある屋外は可能と考えられます。

	①公営施設	②それ以外の施設
使用できる場所	以下の公営施設（法161条 1 項） ・学校 ・社会教育法第21条に基づき設置された公民館 ・地方公共団体の管理に属する公会堂 ・その他市町村の選挙管理委員会の指定する施設（コミュニティセンターや集会所、体育館、文化会館、福祉センターなど。各自治体において事前に確認しておきましょう）	①の公営施設及び以下の場所以外の施設（法161条の 2 、166条） ・公営住宅以外の国又は地方公共団体の所有し又は管理する建物 ・汽車、電車、乗合自動車（バス）、選挙運動用船舶以外の船舶及び停車場（駅等）その他鉄道地内 ・病院、診療所その他の療養施設 ※個人の家やオフィス、工場や当該施設の中庭等でも可能。
使用のための手続	・開催日の 2 日前までに使用しようとする施設、開催日時、候補	当該施設の管理者等の承諾

	者の氏名を文書で市町村の選挙管理委員会に申し出る（法163条、令112条１項）。 ・同一場所での開催の申出は、同時に複数回行えず、当初申し出た開催日を経過しなければ新たに申出はできません（令112条２項）。	
開催可能な時期	立候補届出日の２日後から投票日前日まで（法163条、129条）	立候補届出日から投票日前日まで（法129条）
開催時間	・１回について５時間以内（令112条３項） ・開催時間について制限はないものの、事実上施設の利用可能時間内に限られます。	・１回当たりの時間制限無し ・開催時間に時間制限はありません。
使用料	同一施設ごとに１回限り無料（法164条）	当該施設の管理者等との協議により決定
他の選挙がある場合	他の選挙の投票日当日は、投票所設置場所の入口から直線で300メートル以内の区域では行えません（法165条の２）。	

（3）できること

ア　選挙運動のための演説

　個人演説会において、候補者は自身の選挙運動のための演説を行えます（法162条１項）。また、候補者以外の者も候補者の選挙運動のための演説をすることができます（法162条２項）。

イ　文書図画の掲示

　個人演説会では、その演説会場において演説会の開催中、選挙運動のための文書図画として、以下のものの掲示が認められています（法143条１項４号・４号の２、164条の２）。

　《会場外》
・（知事選挙以外）ポスター、立札、ちょうちん及び看板の類
・（知事選挙）選挙管理委員会から交付された表示板を付けた立札又は看

　　板の類※

※当該立札又は看板については、演説会の開催中、会場前の見やすいところに設置しなければなりません（法164条の2第1項）。

《会場内》

・ポスター、立札、ちょうちん及び看板の類

・屋内の演説会場内で当該演説会の開催中に使用する映写等の類

●「演説会場」

　演説会を行う会場内のみならずその外側を含む概念とされています。ただし、外側といっても無限定ではなく、同一建物やその敷地に接着した場所といった「演説会場」と合理的に判断されうる程度の範囲にあることが必要と考えられます。

●「演説会の開催中」

　まさに演説者が喋っている時間のみならず、演説会の開催と評価しうる前後の時間も含みます。一般的には、開始前に聴衆が参集をはじめる時間帯ころから演説会が終了し聴衆が会場から立ち去った時点頃までが含まれると考えられます。

●記載内容

　映写等の類を除きいずれの文書図画にも、その表面に掲示責任者の氏名と住所を記載しなければなりません（令110条、125条の2）。しかし、その他記載の内容については法定されておらず氏名や写真、スローガン等自由に記載できます。

●各文書図画の大きさ、数量

161頁の表をご参照ください。

●「映写等の類」（法143条1項4号の2）

　屋内の演説会場内に限り、演説会の開催中に映写等の類を掲示できます。映写等の例としてはパワーポイント等のスライドや動画、インターネット上のホームページ等をモニターに表示させることなどが挙げられます。

　もっとも、映写に当たっては放送設備を使用することはできません（法151条の5）。

映写の内容については制限されていませんので、政策資料や写真、動画の使用も可能です。

ウ　連呼行為

個人演説会の会場では連呼行為をすることができます（法140条の２第１項）。ただし、学校及び病院、診療所その他の療養施設の周辺では、静穏を保持するよう努めなければならないため、事実上制限されます（同条２項）。この連呼行為はあくまでも個人演説会の会場においてなされるものであるため、会場から会場外（にある者）に向かって連呼行為を行うことはできません。

また、演説会の開催中又はこれと接着する前後の時間という一定の時間的接着性も要求されます。個人演説会の会場として使用するからといって、いつでも連呼行為ができるわけではありません。

エ　選挙運動のためにする文書図画の頒布・回覧

個人演説会の会場内において、選挙運動用ビラを配布することができます（法142条１項３号〜７号・６項、令109条の６第３号）。また、候補者が個人演説会場内で、たすき、胸章及び腕章の類を着用したまま回覧することも認められています（法142条12項）。

オ　録音盤の使用

街頭演説と同様、個人演説会でもCD等の録音盤を使用して流す（演説する）ことができます（法164条の４）。

カ　ウェブサイト等を利用する方法によるインターネット中継等

ウェブサイト等を利用する方法（ホームページ、ブログ、SNS等。詳細は191頁以下をご覧ください）にて個人演説会の様子を中継したり、後日、録画した動画を動画サイトなどにアップロードして公開することは可能です（法142条の３）。

※なお、個人演説会の開催そのものではありませんが、選挙運動用電子メールによる個人演説会の開催告知や参加の呼びかけ等は、法142条の４第１項５号〜７号により候補者本人（または確認団体）のみが行え、その他の者はできません。

2　幕間演説

（1）定義

　幕間演説とは、もともと特定の演説を聴く目的以外でたまたま集まっている聴衆に対し、候補者や支援者などが選挙運動のための演説を行うことをいいます。したがって、候補者等による選挙演説が行われることを事前に知らされて、演説を聴くため集められた者を前に演説を行った場合、それは演説会であって幕間演説とはいえません。

　候補者以外の第三者が、特定の候補者が選挙運動のための演説を行うために、そのことを示して参集させた場合、候補者以外の者による個人演説会の開催を禁じる法164条の3に違反するおそれがあります。

　選挙時には後援会をはじめとする支援者が自身の関係する会社や組織などでの幕間演説の機会を提供してくれることもよく見受けられますが、上記のように法164条の3に抵触することのないように気をつけなければなりません。

（2）幕間演説の開催方法・時間

ア　開催場所

そもそも演説が禁止されている場所では行うことはできません。すなわち、

・公営住宅を除く国又は地方公共団体の所有し又は管理する建物
・汽車、電車、乗合自動車（バス）、選挙運動用船舶以外の船舶及び停車場（駅等）その他鉄道地内
・病院、診療所その他の療養施設
・他の選挙の投票日は投票所設置場所の入口から直線300メートル以内の区域

では選挙運動のための演説を行うことができない（法165条の2、166条）ため、幕間演説も禁止されます。

　なお、公道やバス停、開放された公園など施設外で演説を行う場合は街頭演説であり、幕間演説とはなりません。また、幕間演説の形をとって会社等

の敷地内から公道等の通行人やバスの待合の有権者等に向けて演説する場合
も、実質的には街頭演説となります。

イ　開催時間

街頭演説とは異なり時間の制約はありません。したがって、午前8時より
前や午後8時を過ぎても行うことができます。

ウ　開催のための手続

特に定められた手続はありません。もっとも、選挙運動のための演説を行
うという性質上、施設の管理者や会合・イベントの主催者等より事前に開催
の可否の確認や許諾をもらっておく必要があると考えられます。

(3) できること

ア　選挙運動のための演説

個人演説会と同様、選挙運動のための演説を行うことができます。演説者
は候補者に限定されず、支援者や会合の主催者など第三者がなることもでき
ます。

イ　連呼行為

幕間演説の場においても連呼行為をすることができます（法140条の2第
1項かっこ書で「演説を含む」とされています）。

なお、学校及び病院、診療所その他の療養施設の周辺では、静穏を保持す
るよう努めなければなりません（同条2項）。

ウ　ウェブサイト等を利用する方法によるインターネット中継等

動画サイトやホームページ、SNSを利用した幕間演説の中継や報告をす
ることができます（法142条の3）。

(4) できないこと

街頭演説や個人演説会と異なり、以下のことはできませんので注意が必要
です。

ア　文書図画の掲示

選挙運動のための文書図画の掲示は、できる場所や方法が限定されており

（法143条１項）、候補者が使用するたすき、胸章及び腕章の類以外の掲示はできません（同項３号）。

イ　選挙運動のためにする文書図画の頒布・回覧

幕間演説の場では選挙運動用ビラを配布することはできません（法142条１項３号〜７号・６項、令109条の６第３号）。

聴衆からビラや名刺を求められても配ることができませんので思わず渡してしまわないように気をつけましょう。

ウ　録音盤の使用

CD 等の録音盤について、法は「演説」を除外しており使用することはできません（法164条の４）。

エ　映写等の類

映写等の類についても法は「演説会場内」としており（法143条１項４号の２）幕間演説では使用することはできません。

6

正しく効果的に
選挙運動におけるインターネットの活用

Q 市議会議員選挙に立候補しているＡさんは、選挙期間中、再選を果たすため、以下のようなインターネットを活用した選挙運動を行っています。このような活動は問題ないでしょうか。

❶ Ａが、政治活動中に名刺交換をしてくれた人に対し、一律に選挙運動の活動報告メールマガジンを発行し自身への投票と選挙運動への参加を呼びかけるメールを送る。

❷ ❶について、Ａ自身が忙しく時間がないためＡの指示に基づいて選対本部の事務員ＢがＡ名義で発信する。

❸ 「友人紹介キャンペーン」として後援会員から知り合いのメールアドレスやLINEの友人を教えてもらい、その友人に投票をお願いするメールやダイレクトメッセージを送る。

❹ Ａの後援会から、後援会員に対して友人・知人を誘っての個人演説会への参加を呼びかけるメールを送信する。

❺ Ａ自身が重点政策や主張を語る動画を、YouTubeを使って選挙期間中、毎日配信する。

❻ 後援会員が、Ａから送られてきた政策表明と投票依頼のメールを友人に転送したり、Twitterのつぶやきをリツイートする。

❼ ホームページに選挙運動用ビラや選挙はがきを画像データで掲載する。

❽ 後援会員の企業ホームページなどにＡの選挙運動用ホームページへのリンクを張ったバナー広告やＡの選挙広告を掲載してもらう。

❾ 投票日後、ホームページやSNSに掲載した選挙運動用ビラの画像や投票呼びかけの動画をそのままにしておく。

① 　選挙運動用電子メールを送るためには、その宛先について法定の要件（法142条の 4 第 2 項以下）を満たす必要があります。本設問では、この要件を満たす場合に限り選挙運動用電子メールを送ることができます。

② 　選挙運動用電子メールを送信できるのは候補者本人及び確認団体のみとなっています。この点 B さんは候補者ではありませんが、A さんの指示に基づいて発信業務を機械的に行ったといえる場合は A さんの手足と見ることができるので送信できます。しかし、B さんが自分の意思でメールの内容を作成・変更して送信したような場合は、候補者ではない B さん自身の送信となり違反となります。

③ 　本設問のような方法の場合、メール送信については法142条の 4 第 2 項以下の要件である「自ら通知」を満たさない可能性が高いと思われます。紹介先の確認と承諾を得ておくことが重要です。他方で LINE でのダイレクトメッセージは電子メールに該当しないため、送っても公選法上は問題ありません。

④ 　上述のとおり選挙運動用電子メールを送信できるのは候補者・確認団体に限られます（法142条の 4 第 1 項。なお、確認団体制度は現在、知事・市長選挙及び都道府県議会と政令市の議員の選挙のみ認められています）。本設問のメールは候補者 A さんの支持拡大・投票を得させるための呼びかけであり選挙運動用電子メールといえるため、A さんの後援会が確認団体であり、かつ法定の要件を満たしていない限りメール送信は違法となります（法142条の 4 ）。

⑤ 　選挙運動のために動画をインターネットで配信することも可能ですが、立候補届出前や投票日当日の配信（更新）はできません（法129条）。

⑥ 　メールの転送は転送者が新たに発信者となるところ、候補者及び確認団体以外の者の選挙運動用電子メール発信は認められていません（法142条の 4 第 1 項）。したがって、本設問の転送は許されません。これに対し、Twitter のつぶやきは電子メールを利用する方法に当たらないため、

候補者のツイートをリツイートしても問題ありません。

⑦　選挙運動用ビラや選挙はがきの画像データをホームページに掲載することはできますが、これを印刷して配ったりすることは印刷された「選挙運動のための文書図画」を頒布することになるため、法142条により認められません。

⑧　候補者は、選挙運動用ホームページへのリンクを張ったバナー広告や選挙運動のための有料広告を出すことはできません。無料であれば掲載可能ですが、その場合、寄附との関係に注意が必要です。

⑨　インターネット上の選挙運動に関する記事や投稿、画像などを投票日後もそのままにしておくことは認められています（法142条の3第2項）。

解説

1　公選法の「インターネット」

（1）概念の関係

　公選法では、インターネットについて、「インターネット等を利用する方法」、「ウェブサイト等を利用する方法」、「電子メールを利用する方法」などそれぞれの概念を定義しています。これらについては30頁にて解説していますのでご参照ください。

> **「選挙運動用電子メール」と「政治活動用電子メール」**
>
> 　法が規制しているのは、選挙運動のために使用される電子メール、すなわち「選挙運動用電子メール」です。政治活動の一環として送信される「政治活動用電子メール」とは区別されます。ただし、「政治活動用電子メール」の送信時期や態様、メールの内容によっては「選挙運動用電子メール」と認定され事前運動の禁止（法129条）や選挙運動用電子メールに関する規制（法142条の4）に抵触する可能性があります。

(2) 動画配信や SNS

昨今の情報発信で多く用いられる YouTube での動画配信やホームページ上でのチャットのほか、Twitter や LINE、Instagram などの SNS は、電子メールにはあたらず、「ウェブサイト等を利用する方法」に該当します（30頁参照）。

2　インターネット等を利用した選挙運動をできるのは誰か

法はインターネット等を利用した選挙運動について、その主体ごとにできることを区別しており、選挙運動の主体として以下の3つに分類しています。

(1) 公職の候補者（法142条の4第1項5号〜7号）

文字どおり候補者本人です。「当該選挙の候補者」の意味であり、以前の選挙では候補者でも当該選挙で立候補していなければ、「候補者」とはなりません（この場合、「(3) その他の者」と同じになります）。

(2) 政党その他の団体のうち一定の確認書の交付を受けたもの（確認団体）
　　（法142条の4第1項5号・6号）

いわゆる「確認団体」として選挙管理委員会より認められた団体です（法201条の6第3項、201条の9第3項）。知事・市の首長選挙と都道府県及び政令市の議会議員選挙においては、確認団体が認められていますが、上記以外の町村長選挙、市町村議会議員選挙においては確認団体制度がありません。

この確認団体に該当しない政党又は政治団体（町村長選挙、市町村議会議員選挙においてはすべての政党や政治団体）は、当該選挙では「(3) その他の者」と同じ扱いになります。

(3) その他の者

上記（1）及び（2）以外の者であって、かつ選挙運動が禁止されていない者になります。選挙運動が禁止されている者とは、例えば一般公務員（国家公務員法102条2項、地方公務員法36条2項）、公立学校の教育公務員（教育

公務員特例法18条１項）、18歳未満の者（法137条の２第１項）や選挙管理者・投票管理者等の選挙事務関係者（法135条、88条）、選挙管理委員会の委員や職員等の特定公務員（法136条）、公民権が停止中の者（法137条の３）などです。

　なお、一般公務員や公立学校の教育公務員については政治活動も一般的に禁じられています。

3　インターネットを利用してできる選挙運動

（1）ウェブサイト等を利用した文書図画の頒布（法142条の3）

【できる主体】

・公職の候補者……○

・確認団体…………○

・その他の者………○

【できること】

①文書・画像の表示・頒布……○

　選挙運動のために使用されるホームページやブログ等は、画面表示それ自体が「選挙運動のための文書図画」となります。文書図画の頒布については法142条が厳しく制限していますが、ウェブサイト等を使用するものについては制限されていません。

　したがって、ホームページ、ブログ、Facebook を開設して選挙に関する情報を発信することに限らず、Twitter、LINE、Instagram 等の SNS での投票依頼や活動報告などの選挙運動も自由に行うことができます。さらに、SNS などでのメッセンジャー機能は「電子メール」に当たらないため、この機能を使って投票や応援依頼などの選挙運動を行うこともできます。

②動画の配信・アップロード……○

　動画も、動く文書図画として利用することができます。したがって、YouTube や自身のホームページ、LINE 上で投票を呼びかける動画や演説会の様子などを配信し、又は録画した映像をアップロードすることもできます。

③画像データのダウンロード・頒布・印刷……△

選挙運動用ビラやポスター、選挙はがきなどを写真データ等でホームページなどに表示させることは、上記①で述べたとおり可能です。

しかし、ホームページ等を見た人がデータとして媒体に保存の上第三者に交付したり、印刷して配布・掲示することやはがきとして利用することは、画面に表示させる範囲を超えており、当該保存媒体や印刷物はそれ自体が「選挙運動のための文書図画」としてその頒布・掲示行為は法142条、143条により違法となります（保存媒体の頒布について法271条の6第3項）。

④投票日当日の掲載……△

投票日の前日までに頒布したものは、投票日当日以降もそのままにしておくことができます（当日については法142条の3第2項、その後については解釈上）。したがって、投票日に削除する必要はありません。

他方で、投票日当日に新たに書き込みや更新をしたり、アップロードすることはできません。

【注意点】

①表示義務

頒布する者は、電子メールアドレスその他のインターネット等を利用する方法により、その者に連絡をする際に必要となる情報を受信者の通信機器の画面上に表示させなければなりません（法142条の3第3項）。

> **「電子メールアドレスその他のインターネット等を利用する方法」とは**
> ● 直接メールアドレスを表示する方法のほか、IDやハンドルネームをクリックするとリンク先で上記情報が表示される方法なども認められます。さらに、Twitterなど SNS でユーザー名から直接連絡がとれる場合などでは、メールアドレスの記載がなくともユーザー名の表示で足りるとされています。
>
> **「その者に連絡をする際に必要となる情報」とは**
> ● 具体例として、メールアドレスのほか、返信用フォームの URL、Twitterのユーザー名など、その者に直接連絡がとれるものであることが要求されています。

ホームページなどで複数のページがある場合の対応

●ホームページでは複数のページがつくられることが通常ですが、各ページ
　が1つの「文書図画」となります。そこでトップページに連絡先を記載して、
　他のページからリンクなどでトップページに戻れるようにすることで、連
　絡先の表示を最小限にすることができます。

②他の権利との衝突

　文書図画を頒布するに当たっては、他の者の名誉を傷つけたり、著作権や
商標等の権利を侵害しないよう配慮しなければなりません（法142条の7参
照）。

　また、選挙運動の様子を動画や写真で公開する場合などは、写り込んでい
る他の人の肖像権やプライバシーを侵害しないように気をつけましょう。

(2) 電子メールによる選挙運動（法142条の4）

【できる主体】

・公職の候補者……○

・確認団体…………○

・その他の者………×

　候補者でない個人や確認団体でない後援会が選挙運動用電子メールを送る
ことは認められていません。このことは、適法な送信者から送られてきたメー
ルを知人や後援会の会員等の第三者に転送する場合でも同様です。転送をす
ることが新たなメールの送信となるためです。

全部自分で送らなければいけない？

●支援者など送信する宛先が大量にある場合、一つひとつを候補者本人や確
　認団体が入力して送信することは忙しい選挙戦の中では大変な負担です。
　そこで、メール送信代行業者を使ったり、事務所の事務員が実務的な送信
　作業を行う可能性があります。この場合、業者や事務員が送信者たる候補
　者や確認団体の指示に基づいて機械的に送信事務のみを行っている場合は、

単なる送信者の手足（道具）と見ることができ、送信者の主体の制限に違反しません。

　しかし、業者や事務員が送付する文面を考えたり、候補者本人から指示された文面を自らアレンジするなどした場合はもはや手足（道具）といえません。このような場合、実質的な送信者は文面を作成した業者や事務員となり、法142条の 4 第 1 項に違反すると考えられます。

選挙運動の事務連絡

● 選挙運動を組織的かつ効果的に行うために、支援者間でインターネットを利用して連絡等を行うこともあると思います。このような連絡を個人間の電子メールでした場合、内容によっては選挙運動用電子メールに該当するおそれがあります。そのため、電子メール等に当たらないホームページや掲示板を利用したり、SNS のダイレクトメッセージ機能や Facebook などを活用することも検討すべきです。

【できること】

　特定の電子メールアドレスに宛てて自己ないし所属候補者への投票を呼びかけたり支持を求める選挙運動用電子メールを送ることができます。

　当該選挙運動用電子メールには、文章のみならず、文書や画像を添付したり、自身や政党のホームページや選挙サイト等へのリンクを張ることも可能です。

【注意点】

①宛先の制限

　選挙運動用電子メールは、以下の宛先（受信者）に対してのみ送付することができます。

	宛先（受信者）	送信できるメールアドレス
ア	あらかじめ、送信者に自ら送信先電子メールアドレスを通知し、かつ選挙運動用電子メールを送信するように求め、又は送信に同意することを通知した者（法142条の4第2項1号）	受信者から通知された電子メールアドレスへ送信できます。
イ	あらかじめ、送信者に自ら政治活動用電子メールの送信先電子メールアドレスを通知し、かつ送信者の政治活動用電子メールを継続的に受信している者であって、以下の要件に当たらない者（同条2項2号） ・その後、通知した電子メールアドレスに政治活動用電子メールの送信をしないように送信者に通知した者 ・あらかじめ送信者から送付された選挙運動用電子メールを送信する旨の通知に対して、自ら通知した電子メールアドレスに選挙運動用電子メールの送信をしないように送信者に通知した者	受信者から通知された政治活動用メール受信用の電子メールアドレスのうち、受信者から当該選挙運動用電子メールの送信拒否通知を受けた電子メールアドレス以外の電子メールアドレスに送信できます。

②記録保存義務

　選挙運動用電子メール送信者は、前記①ア及びイのそれぞれの場合に応じて記録を保存する義務があります（法142条の4第5項）。

〈①アの場合〉

・受信者が電子メールアドレスを自ら通知したこと

・あらかじめ受信者から選挙運動用電子メールの送信をするように求めがあり、又は送信をすることに同意があったこと

〈①イの場合〉

・受信者が電子メールアドレスを自ら通知したこと

・送信者が当該電子メールアドレスに継続的に政治活動用電子メールの送信をしていること

・送信者が受信者に対し、あらかじめ選挙運動用電子メールの送信をする旨の通知（送信通知）をしたこと

③送信メールにおける表示義務（法142条の4第7項）

選挙運動用電子メールには、以下の表示をしなければなりません。

- ・当該メールが選挙運動用電子メールであること
- ・送信者の氏名又は名称（選挙管理委員会に届け出たものと同一のもの）
- ・送信者に対して、送信拒否の通知ができることの説明
- ・インターネット等を利用する方法によって送信拒否の通知を行うために必要な電子メールアドレスやその他の通知先

表示については、どの時点からでも拒否の通知が行えるようにするため、メールごとに表示が必要と考えられています。

受信者から「自ら通知」されることが必要

前頁表ア・イのいずれも「自ら通知」したことが必要となっています。この点、総務省「改正公職選挙法（インターネット選挙運動解禁）ガイドライン」では、選挙運動用電子メール送信者に対し、①電子メールアドレスを記載した名刺や書面を交付した場合、②電子メールアドレスを本文に記載した電子メールを送信した場合、③通知をするため後援会入会申込書に電子メールアドレスを記入した場合、などを「自ら通知」の例に挙げています。

また、同ガイドラインは、電子メールアドレスの記載がある名簿を購入して知った事例、メール配信代行業者を利用してメールマガジンを配信している場合に、受信者の電子メールアドレスが送信者に通知されていない事例や一般的に公表されている電子メールアドレスを収集した事例などは、「自ら通知」といえないとしています。

つまり、受信者自らが、送信者に電子メールメールアドレスを通知することを認識して行うことが必要であるといえます。その意味で、例えば友人を通じて電子メールアドレスの提供を受ける場合に、提供者に取得の目的や誰がその情報を取得するのか明確にしないで行ったようなときは、「自ら通知」があったとはいえないと考えられます。

④送信の禁止（法142条の4第6項・2項）

　相手方から、事前に電子メールアドレスを明らかにしてそのアドレスに選挙運動用電子メールの送信をしないよう通知を受けた場合は、当該電子メールアドレスに選挙運動用電子メールを送ることはできません。

【選挙ごとに送信同意が必要か】

　上記の送信の求めや送信の同意は、あらかじめ一度取得しておけば、その後、受信者から拒否の通知がない限り、選挙ごとに再度確認する必要はありません。このことは拒否の通知も同様で、一度拒否すればその後の選挙においても拒否の効力は継続するものと考えられています。

【送信の希望や同意の確認は明確に】

　送信の求めや送信の同意について、名刺を渡したり申込書などに電子メールアドレスを記載しただけでは、必ずしも政治活動用電子メールや選挙運動用電子メールの受信までも希望しているとは限りません。記録保管義務との兼ね合いや事後のトラブルを防ぐためにも、最初に送付するメールで政治活動用電子メールや選挙運動用電子メールの受信の可否についての確認（例：「今後必要がない場合はその旨お申し出ください」等）や申込用紙や申込みフォームに受信の可否についてのチェック項目を入れておく（例：「政治活動用電子メールや選挙運動用電子メールが必要ない場合にはチェックを入れてください」等）などして、送信の希望・同意の存在を明確にしておくべきでしょう。

【告示直前や選挙運動期間中における送信通知や送信同意の確認】

　また、選挙運動用電子メールの送信通知や同意を求める通知につき、選挙告示前に送ることも多いと考えられます。そのような確認の通知を送ること自体は告示前でも許されると考えられているものの、文面において選挙での支持や選挙運動に関わる内容を記載した場合には事前運動の禁止（法129条）に抵触する可能性がありますので注意が必要です。

　他方で、選挙運動期間中に選挙運動用電子メールの送信通知や同意を求める通知に選挙運動に関わる文言を記載した場合は、「あらかじめ」の要件を満たさず法142条の4第2項の潜脱行為となる可能性があります。

【政治活動用電子メールの継続性について】

　継続的に政治活動用電子メールの送信をしていることについては、過去のメールマガジン等のバックナンバー、各政治活動用電子メールの送信先電子メールアドレス一覧などのデータが記録になると考えられます。

　選挙直前に唐突に政治活動用電子メールを送信しただけでは、「継続的」の要件を満たさない可能性があります。

（3）有料インターネット広告

【原則禁止】

法142条の6は、原則として、

① 　選挙運動のための公職の候補者名や政党その他の政治団体の名称又は類推事項を表示した有料広告（1項）

② 　①の規制を潜脱する公職の候補者名や政党その他の政治団体の名称又は類推事項を表示した有料広告（2項）

③ 　公職の候補者や政党その他の政治団体の名称又は類推事項を記載していない場合でも選挙運動用ウェブサイト等にリンクされた有料広告（3項）

を出すことを禁じています。

　ただし、以下の場合については例外的に有料インターネット広告を認めています。

【例外的にできる主体】

・公職の候補者……×

・確認団体…………△

・その他の者………×

【できること】

　確認団体は選挙運動期間中に、上記の②、③に当たる有料インターネット広告、すなわち自己の選挙運動用ウェブサイト等へ直接リンクを張った有料バナー広告を出すことができます（法142条の6第4項）。

　「バナー広告」とは、インターネットのホームページ等でタイルや短冊の

ように画像やアニメーションが表示された広告で、その上でマウスをクリックすると設定したホームページなどにつながる（リンクする）ものです。

【注意点】

このバナー広告には、確認団体である政党等の代表・支部長等として候補者の氏名や写真なども掲載できると考えられていますが、殊更に候補者の氏名や写真が大きいなど、バナー広告それ自体が「公職の候補者や確認団体の選挙運動のための文書図画」といえる場合には、【原則禁止】の①に当たるとして違反となる場合があります。

(4) 無料インターネット広告

【できる主体】

・公職の候補者……○

・確認団体…………○

・その他の者………○

【できること】

法は、無料で行う選挙運動用インターネット広告について特段の規制は設けていませんので、自由に行うことができます。

【注意点】

公職の候補者や確認団体が、選挙運動用インターネット広告につき、本来有料サービスであるものを無料で第三者に掲載してもらうような場合、無料とされた経緯や事情等（例えば、選挙終了後の政治活動用インターネット広告の広告料を割増にするなど）によっては、当該広告掲載が有料広告禁止の潜脱と判断されるおそれがあります。

仮に無料広告であると認められたとしても、この場合、本来の料金分につき寄附を受けたことになりますので、収支報告書に記載しなければならず、また、第三者が選挙区域内の公職の候補者等である場合には法199条の2の寄附の禁止、企業や労働組合その他の団体の場合には規正法21条1項の寄附の禁止等との抵触に注意が必要です。

（5）その他

ア　落選運動（法142条の5）

　落選運動とは、ある特定の候補者に当選を得させないことのみを目的とする活動をいいます。ある候補者に当選を得させないことで自ら又は支援する候補者を当選させようとする活動は、自ら又は支援候補者のための選挙運動になります。

【できる主体】

・公職の候補者……○

・確認団体…………○

・その他の者………○

　公職の候補者や確認団体が自ら積極的にライバルを落選させるためだけの活動をすることはあまりないかもしれませんが、法は主体に制限を設けていませんので、理論上、候補者自身や確認団体もすることができます。

【できること】

ウェブサイト等及び電子メールを使用した文書図画の配布。

【注意点】

①　表示義務

　落選運動をする場合、ウェブサイト等には掲載した者の電子メールアドレスを、電子メールを送る場合には電子メールアドレス及び氏名又は名称を記載しなければなりません。

②　選挙運動との関係にも注意

　上記落選運動の定義から、電子メールで例えば「○○候補を落選させて△△市政を継続させよう」などと呼びかけた場合、候補者△△の選挙運動となりますので、電子メールによる選挙運動の制限（法142条の4）の制限を受けることになります。特定の候補者を当選させようとする意図があればもちろん落選運動には当たりませんが、そうでない場合においても文面の表現には注意が必要です。

イ　バーコードやQRコードの使用

【できる主体】

・公職の候補者……○

・確認団体…………○

・その他の者………○

【できること】

スマートフォンなどでもホームページ等にアクセスできるよう、バーコードやQRコードを使用することができます。

【注意点】

①　バーコードやQRコードを記載・表示した場合、読み取り後に表示される事項（表示事項）が記載されているものとされます（法271条の6第1項）。したがって、選挙運動期間中に「その他の者」が、選挙運動用ウェブサイトのリンクアドレスを表示事項とするQRコードの画像を電子メールに貼り付けて送信した場合、選挙運動用電子メールの送信先制限（法142条の6）違反となる場合があります。

②　上記表示事項に関する規定は、文書図画に記載しなければならないと法が定めている事項（法定記載事項）については適用されません（法271条の6第2項）。例えば、選挙運動用ビラに記載すべき頒布責任者及び印刷者の氏名・名称及び住所（法142条9項）等です。そのため、これら法定記載事項の記載の代わりにバーコードやQRコードを記載することはできないことになります。

※上記については、総務省ホームページに掲載されている「改正公職選挙法（インターネット選挙運動解禁）ガイドライン」（https://www.soumu.go.jp/main_content/000222706.pdf）を参照しており、同ガイドラインではそのほか詳細についても詳しく解説されています。

7　何ができる？後援団体による選挙応援

Q　Aさんは再選を目指す市議会議員選挙の立候補届を済ませ、いよいよ選挙戦が始まりました。Aさんの後援団体である「Aを育てる会」（以下「育てる会」）のメンバーも張り切っています。後援団体としても以下のような協力を考えていますが公選法上問題ないでしょうか。

❶ 選挙運動期間中、選挙応援のため育てる会会長の自宅に選挙対策チームが毎晩集まって、正式な選挙事務所とは別に電話かけの配分や対策のための会議を開催する。

❷ 育てる会の幹部が、会員に対し、選挙はがきの宛先に知り合いの名前を書いてもらうよう依頼して10枚ずつ配布する。

❸ 個人演説会や街頭演説を盛り上げるため、事前に育てる会会員の自宅を回り、演説会や街頭演説の時間と場所を伝えて盛り上げを依頼する。

❹ 候補者の朝の駅立ちに育てる会のメンバーも多数で参加し、「市民に寄り添うA！　街を元気にするA！」などと通行人に繰り返し声かけをする。

❺ 選挙事務所で頑張っている関係者や訪問者のため、育てる会から飲食物を差し入れたり、選挙事務所で炊き出しをする。

❻ 育てる会のメールマガジンで「Aのトップ再選目指して、必ず投票に行きましょう！」と呼びかける。また、LINEグループやTwitterで同様に呼びかける。

❼ 「日頃の地道な啓蒙が大切」とAの選挙運動期間中も育てる会として街頭での政談演説を開催する。

❽ Aの選挙運動期間中に日頃配布しているAの顔写真と名前入りの政治活

動用ビラを配布する。

A

① 　電話作戦の配分や選挙対策を話し合う会議は、選挙に関する事務等を行っているといえ、当該場所は「選挙事務所」との届出がなくとも選挙事務所に当たると考えられます。選挙事務所を設置できる者や数は法で定められており、市議会議員選挙である本設問では設置の届出（法130条2項）及び設置数の制限（法131条1項）違反になると考えられます。

② 　選挙はがきは所定の方法（法142条5項）により頒布しなければならず、手渡しなどで頒布することはできません。しかし、発送の前提として宛名や推薦欄への記載をしてもらう作業目的で手渡すことは、選挙はがき作成に必要な準備であり、違法な頒布とはいえません。もっとも、選挙はがきを回収するつもりもないのに宛名書き依頼の名目で頒布したような場合や、不特定多数の有権者に大量に頒布したりすれば、法の規定を潜脱し法定外の方法により頒布したものとして頒布方法の違反（法142条5項）となります。

　なお、相手方へ訪問の上選挙はがき作成を依頼するような場合、併せて投票依頼目的があったり、無関係な者も含め手当たり次第に訪問するなどの訪問態様によっては戸別訪問の禁止（法138条）に当たる可能性もあります。

③ 　選挙運動のために演説会・街頭演説について戸別に告知を行うことは、戸別訪問類似行為（法138条2項）として禁止されています。本設問の場合、個人演説会や街頭演説を盛り上げるために訪問しており、選挙運動のためになされていることは明らかであり、同条項に違反するものといえます。なお、他の訪問目的と併存していても禁止されます。

④ 　駅立ちで声かけをすること自体は問題ありません。もっとも、同じフレーズを短時間に連続して繰り返した場合は連呼行為（法140条の2）に当たる場合があり、また大人数で一斉に声を上げるなどの場合は気勢

を張る行為（法140条）とされる場合もあります。本設問では、フレーズが短く、多数で行っていることからこれらに該当する可能性が高いと思われます。

⑤　選挙運動に関し飲食物を提供することは禁止されています（法139条）もっとも、湯茶及びこれに伴い通常用いられる程度の菓子は例外とされています。

　　選挙事務所での炊き出しについては、材料を持ち寄った者が自ら食事するためであれば、自らの食事をつくっているだけですが、これを第三者に提供する場合は、法139条が禁ずる「提供」に当たることになります。

⑥　電子メールを使って選挙運動ができる団体は選挙の種類により限定されており（法142条の4第1項5号〜7号）、また、対象も制限されています（法142条の4第2項各号）。Aさんの選挙が政令市以外の市議会議員選挙である場合は候補者Aさん以外は選挙運動用メールを送信できず、本設問のメール配信は違法となります。他方、LINEグループやTwitterでの呼びかけはウェブサイト等を利用する方法による選挙運動であり、候補者や確認団体外の者も行うことができるため、育てる会が発信することも可能ですが、連絡先の表示等の要件があります（法142条の3以下）。

⑦　選挙運動期間中（投票日を除く）の政談街頭演説は、Aさんの選挙が政令市の議会議員選挙の場合、育てる会が確認団体であれば一定の要件の下で行えます（法201条の8第1項2号）。政令市以外の市議会議員選挙の場合は原則として自由に行えます。

⑧　選挙期運動期間中は、政党その他の団体による選挙区域内の特定の候補者の氏名又はその氏名が類推されるような事項を記載した文書図画の頒布・掲示が禁止されています（法201条の13第1項2号）。そのため本設問の政治活動用ビラは配布できません。

解 説

1　後援団体による選挙運動

　後援会に代表される後援団体は、支持する公職者等の選挙において積極的に選挙運動に関与することが一般的です。後援団体として、又は支援者個人として様々な活動が想定されますが、結果的に違法な活動として支持する公職者等の足を引っ張る結果になっては元も子もありません。そこで、公選法ではどのような規制があるかを把握しておく必要があります。

(1) 選挙事務所（法130条）

ア　選挙事務所の制限

　選挙事務所とは、特定候補者の選挙運動に関する事務を取り扱う場所的設備をいいますが、地方議会議員・首長選挙においては推薦届出をした者も設置することができます（法130条1項4号）。

　したがって、後援団体（法199条の5第1項）である後援会も要件を満たせば選挙事務所を設置することができますが、選挙事務所の数には制限があります（知事選挙については法131条1項ただし書・4号により原則1か所、例外で5か所。地方議会議員及び市町村長選挙については同項5号により1か所）。そのため、すでに法定数を満たしている場合には、追加して設置することはできません。

イ　選挙事務所として届け出ていない場所での作業・会議

　後援会の有志が選挙事務所ではないところで選挙運動に関する事務や選挙の対策会議を継続して行ったような場合など、実態として選挙事務を総合的に取り扱っていれば、届出がなくとも選挙事務所と判断されることになります。その場合、届出義務の違反（法130条2項、242条1項）や数の制限に違反（法131条1項、240条1号）することになります。

(2) 選挙運動のための文書図画の頒布・掲示（法142条以下）

　これについては、157頁以下で詳説していますのでご参照ください。

（3）戸別訪問の禁止（法138条）

ア　投票を得るための戸別訪問は禁止

誰であっても選挙期間中に投票を得る等の目的で戸別訪問をすることは禁止されています（法138条1項）。

要件は、

① 選挙に関して行うこと

② 投票を得若しくは得しめ又は得しめない目的があること

③ 戸別訪問をすること

ですが、判例では相当緩やかに（該当する範囲を広く）解釈されています。

要件①　選挙に関して行うこと

選挙運動のためのみならず、選挙に際し又は選挙に関連する場合も含まれます。どのような場合が「選挙に関して」といえるかは、その訪問の時期や態様、方法などの諸般の状況を総合的に見て判断せざるを得ません。ただし、要件②の目的が必要ですので、選挙に際して訪問したからといって直ちに公選法の禁止する戸別訪問に該当するものではありません。

要件②　投票を得若しくは得しめ又は得しめない目的があること

この要件は、目的という内心に関わるものです。そのため、その目的があるかどうかは、訪問者や被訪問者の説明に加え、訪問の時期・態様や訪問時の行動内容といった客観的な事情から判断されます。

例えば、選挙運動期間中にたすきを掛けて訪問したり、「○○（候補者名）の後援会員です」と名乗る行為、後援会員であるかどうかを問わず選挙区域内の家を手当たり次第に訪問して声かけをするといった訪問態様、訪問時に本来は配布できない公職者等の名称が入った後援会報を渡す行為、他の用件はそこそこに公職者等の選挙戦の話をするなどの状況があれば、上記の目的を有していたのではないかと推認されやすくなります。

要件③　戸別訪問をすること

ここでいう「訪問」は、家や事務所などの中に入らなくとも、敷地の入口や軒先で声をかけた場合や、不在の場合でも該当します。さらに、インターホンを鳴らすことなくビラや選挙はがきなどをポストや戸内に入れ歩くこと

も「訪問」となります（この場合は法142条にも抵触します）。

　なお、「戸別」の訪問は２戸以上の訪問をする意図のもとなされることが必要ですが、連続性についてはかなり緩やかに判断されています。手分けして各自１戸ずつであっても、日をまたいでであっても、全体を見て連続性が認められています。

イ　戸別訪問類似行為も禁止

　選挙運動のために、戸別に、演説会の開催や演説を行うことについて告知をする行為、特定の候補者の氏名若しくは政党その他の政治団体の名称を言い歩く行為についても、戸別訪問行為とみなして禁止されています（法138条２項）。

　要件は、①選挙運動のために行うこと、②演説会の開催若しくは演説を行うことについて告知すること、又は、特定の候補者の氏名や政党その他の政治団体の名称を言い歩くこと、③戸別に行うことです。

要件①　選挙運動のために行うこと

　純粋な政治活動のためであればこれに当たりませんが、「選挙運動のため」かどうかは主観的な要素が強いため、行われた行為の時期・態様などによって判断されることになります。

　したがって、政治活動だと主張しても、行ったのが選挙告示直前であったり、選挙の候補者であることをほのめかして説明することなどがあれば、選挙運動のためと見られるおそれがあります。

要件②　演説会の開催若しくは演説を行うことについて告知すること、又は、特定の候補者の氏名や政党その他の政治団体の名称を言い歩くこと

　これらは直ちに投票依頼等の目的を有する行為とはいえませんが、要件①を満たす限り、これらの行為は候補者の印象を強めるものとして実質的に投票へ向けた行為といえることになるため規制されています。

　また、「名称を言い歩く」こととは、投票を求めて名称を述べることが典型ですが、後援会への入会説明の際に付随して述べることも含まれます。

要件③　戸別に行うこと

　戸別ではなく、歩道を歩きながら演説会を告知することは、「戸別」の訪問には当たりません。また、街頭で出会った知り合いなどに個別に告知することも、後述の許された「個々面接」であって禁止されていません。

（4）「個々面接」や「電話作戦」

　街でたまたま出会った人に公職者等への投票依頼や演説会の告知をしたり、電話をかけて電話口に出た人に対して投票依頼をすることは、「戸別」の「訪問」に当たらないため選挙運動として行うことが認められています。

　しかし、戸外に出ていた人を敷地入口に呼び出し、投票依頼や候補者の氏名や演説会等の告知をすることは、訪問して行う行為であって「戸別訪問」に当たり禁止されます。

（5）飲食物提供の禁止（法139条）

　何人も選挙運動に関して飲食物（湯茶及びこれに伴い通常用いられる程度の菓子は除きます）を提供することは許されません。

　条文上「何人も」とあるように、後援会などの団体であっても、個人であっても適用されます。

　「選挙運動に関して」とは、選挙運動に関連して又は動機としてなされるものであり、投票依頼などの目的は不要です。

（6）気勢を張る行為・連呼行為の禁止（法140条、140条の2）

　選挙運動のための気勢を張る行為や連呼行為は禁止されています。

　これは、条文上いずれも「何人も」となっているため、選挙運動員ではない後援団体の会員が行った場合にも適用があります。

ア　気勢を張る行為

　意気盛んなことを示す行為ですが、条文の「自動車を連ね又は隊伍を組んで往来する」は例示にすぎず、その方法は様々なものがあります。声をそろえて喚声を上げることや、音楽を大音量で流したり、大人数でパフォーマン

スをすることも、態様や場所によっては該当することになります。

イ　連呼行為

連呼行為とは、一定の短いフレーズを短時間に繰り返すことであり、「○○よろしく！　○○へ一票を！」など候補者の氏名やスローガン、「本日午後6時、△△にて演説会開催！」などの案内を繰り返し述べることが典型です。

なお、連呼行為の禁止には例外があり、演説会場や街頭演説・演説の場所、午前8時から午後8時までの間に選挙運動用自動車の上でする場合は連呼行為が可能です（法140条の2第1項ただし書）。ただしこの場合でも、学校・病院・診療所や療養施設等の周辺では静穏を保持するようにしなければなりません（同条2項）。

(7) 署名運動の禁止（法138条の2）

公選法は、選挙に関しての署名運動も規制をしています。

禁止される署名運動は、

① 選挙に関して行われるものであること
② 投票を得若しくは得しめ又は得しめない目的があること
③ 選挙人に対し署名運動をすること

の要件を満たすものとなります。

要件①　選挙に関して行われるものであること

この要件については、「(3) 戸別訪問の禁止」と同様、選挙運動のためのみならず、選挙に際し又は選挙に関連する場合も含まれます。

要件②　投票を得若しくは得しめ又は得しめない目的があること

これについても「(3) 戸別訪問の禁止」で述べたことと同様です。署名運動では何らかの主張・要望についての賛同や反対などの意見を求めるものが多いのですが、公職者等の掲げる特徴的な政策や、候補者のうちただ1人しか主張していないような事柄と同様の内容である場合には、このような目的が肯定されやすくなると考えられます。

要件③　選挙人に対し署名運動をすること

「選挙人に対し」とありますが、解釈上、選挙区域内の選挙人（有権者）に限られず、例えばX市の市長選挙に関して争点となっているX市とY市の合併推進について、Y市の選挙人に対して署名運動をするなど、選挙区域内に影響を及ぼす目的でする場合も含まれるとされています。

（8）人気投票の結果等の公表禁止（法138条の3）

後援団体としては、選挙において支持・推薦する公職者等がどのように評価されているか気になるところですが、公選法は人気投票の結果等の公表を禁じています。

具体的には、

①選挙に関して、②公職に就くべき者を予想する人気投票について、③経過や結果を公表すること

を禁止しています。

①は、戸別訪問や署名運動の禁止と同様です。

②は、要するにその選挙で議員や首長にふさわしい人を投票させることであり、対象者の立候補（又はその予定）の有無は問いません。

③については、その方法に限定はなく、文書を配布したり掲示することのみならず、ホームページに掲載したり、口頭で報告することも含まれます。LINE等のグループメッセージやチャット等においての公表も、不特定多数が閲覧できる可能性がある以上含まれると考えます。

（9）インターネットを使った選挙運動（法142条の3以下）

インターネットを利用した選挙運動については191頁以下にて解説しています。

ここでは、後援団体が行う場合に想定される態様について解説します。

ア　ウェブサイト（ホームページ・ブログ等）の利用

後援団体やその構成員個人が、公式ホームページや自身のブログ等（以下「ホームページ等」といいます）を開設し、支持する公職者等への投票を呼

びかけたり、選挙運動用のビラやポスターの画像を掲載することもできます（もっとも、その画像を印刷して掲示や頒布はできません）。動画を配信することも同様です。ただし、著作権やプライバシーなどへの配慮が必要です。

　ホームページ等は、投票日もそのままにしておくことができますが、新たな更新は選挙運動期間外の選挙運動となるためできません（法142条の3第2項、129条）。

イ　電子メールの利用

　選挙運動用電子メールは、候補者本人と、知事、市長、都道府県議会議員、指定都市の市議会議員の各選挙における確認団体に限り送信が可能です（法142条の4第1項5号～7号）。

　したがって、確認団体でない後援会や候補者でない個人が選挙運動用メールを送ることは認められていません。これは、適法な送信者から送られてきたメールを転送する場合にも適用されるため、候補者や確認団体から選挙運動用メールを適法に受信した者が同メールを第三者に転送することは違法です。

ウ　SNSの利用

　TwitterやLINE、Facebook、Instagramなど、手軽に情報発信ができるSNSが浸透しており、これらを使った草の根の選挙運動も考えられます。

　SNSでの発信はホームページ等と同様に考えられ、またメッセージの送信は上記イの電子メールには当たらないため、メッセンジャー機能などを使って選挙運動を行うことができます。

（10）有料バナー広告

　知事、市長、都道府県議会議員、指定都市の市議会議員の各選挙に限り、選挙運動期間中に確認団体が自己の選挙運動用ウェブサイト等へ直接リンクを張った有料バナー広告を出すことができます（法142条の6第4項）。

2　選挙運動期間中の後援団体の政治活動

　個人が、選挙運動期間中、選挙運動にわたらない範囲で政治活動を行うこ

とは自由です。他方で、後援会等の後援団体を含む政党や政治団体等の選挙運動期間中における政治活動については、一定の規制が設けられています。

(1) 制限を受ける政治団体とその例外

制限を受けるのは、「政党その他の政治活動を行う団体」（法201条の8第1項、201条の9第1項）です。

ここにいう「政治活動を行う団体」は、本来的に政治活動を行う政治団体のみならず、政治活動目的が副次的な団体も含まれます。

(2) 制限の範囲（法201条の8第1項、201条の9第1項）

政治活動が制限されるのは、それぞれの選挙における告示日から投票日当日までです。投票日当日も規制されることに注意が必要です。

また、制限を受ける場所の範囲は、当該選挙区域内に限られています。

(3) 制限を受ける政治活動

以下で述べる各種政治活動について規制がありますが、それ以外の政治活動は選挙運動にわたらない限り自由に行えます。

ア　すべての種類の選挙において規制される政治活動（法201条の13）

（ア）　連呼行為

連呼行為の意味は、上記1（6）イで説明したものと同様です。また、学校・病院・診療所や療養施設等の周辺では静穏を保持するようにしなければならないのも同様です（法201条の13第2項）。

なお、例外として、法201条の5から201条の9で定める確認団体等が政談演説会や街頭政談演説の場所、政策の普及宣伝及び演説の告知のために使用される政治活動用自動車上（午前8時から午後8時までに限る）で行うことは認められています。

（イ）　特定の候補者の氏名又は氏名類推事項を記載した文書図画の掲示及び頒布

選挙運動のために使用される文書図画の頒布・掲示は法142条、143条等が

規制していますが、その潜脱を防ぐため、政治活動のための文書図画についても、特定の候補者の氏名又は氏名類推事項を記載したものを掲示・頒布することを規制しています（法201条の13第1項2号）。これはビラ、ポスター、看板、パンフレットなどその方法は問いません。

また、「特定の候補者」は後援会が支援する候補者に限られず、ライバル候補者も含まれます。

なお、例外として、新聞紙・雑誌やインターネット等を利用する方法による頒布については除外されています（法201条の13第1項2号かっこ書）。ただし、確認団体が発行する機関新聞紙・機関雑誌については、号外・臨時号・増刊号など臨時に頒布されるものに特定の候補者の氏名や氏名類推事項を掲載する場合は、この例外は適用されず原則どおり規制されます（法201条の15第1項・3項）。

（ウ）　国又は地方公共団体の所有又は管理に係る建物における文書図画の頒布

この「建物」には、職員の宿舎や公営住宅は含みません（法201条の13第1項3号）。また、対象となった建物で政談演説会がある場合に、その会場で文書図画を頒布することは認められています（法201条の13第1項ただし書）。

なお、新聞紙・雑誌は上記（イ）と同じく文書図画から除外されています。また、頒布方法として郵便等や新聞折込みの方法は認められています（同項3号）。

（エ）　選挙運動期間前のポスターの掲示

選挙運動期間前に掲示した政治活動用ポスターについて、そのポスターに氏名又は氏名類推事項が記載された者が立候補した場合、その選挙が行われる選挙区又は区域にあるポスターを立候補した日のうちに撤去しなければなりません（法201条の14）。

イ　知事選挙・市長選挙・特別区の区長選挙（法201条の9、266条1項）で規制される政治活動

確認団体については、以下のとおり制限される政治活動の一部について、

選挙運動期間中（投票日は含まれません）、例外的に行うことが認められて
います。

確認団体は、

①　政党その他の政治団体

②　所属候補者又は支援候補者（いわゆる無所属候補者で当該政党その他
の政治団体が推薦し、又は支持する候補者）を有すること

③　当該選挙に関する事務を管理する選挙管理委員会から確認書の交付を
受けること

の要件を満たした団体（法201条の9第1項ただし書・3項、令129条の4第
2項）をいいます。

（ア）　政談演説会

政談演説会とは、政党その他の政治団体が政策の普及宣伝のために行う政
治活動としての演説会をいいます。

確認団体は、この政談演説会について、知事選挙では衆議院の小選挙区ご
とに1回ずつ、市長選挙では2回行うことができます（法201条の9第1項
1号）。開催に当たっては、事務を管理する選挙管理委員会に事前に届け出
ておく必要があります（法201条の11第2項）。

【できること】

政談演説会では、政治活動の政策の普及宣伝に加え、所属候補者又は支援
候補者の選挙運動のための演説（候補者本人の演説を含む）も可能です（法
201条の11第1項）。また、前述のとおり、政治活動としての連呼行為もでき
ます（法201条の13第1項ただし書）。

もっとも、政談演説会として行う以上、政治活動が主で選挙運動が従であ
る必要があります。

【関連する制限等】

政談演説会を開催できるのは、午前8時から午後8時までとなっており、
複数の選挙が行われる場合の開催場所の制限もあります（法201条の12）。

政談演説会の開催に当たりポスターや立札及び看板などによって告知する
ことができますが、その際はそれぞれの活動に対する規制（後述（オ）や（カ））

を遵守しなければなりません。

　さらに、確認団体の機関新聞紙・機関雑誌によっても告知することができます。この場合は、選挙に関し報道・評論するものではないため、後述（ク）の機関新聞紙・機関雑誌についての規制は受けません。

　（イ）　街頭政談演説

　街頭政談演説とは、政党その他の政治団体が政策の普及宣伝のために街頭で行う演説のことをいいます。

　確認団体は、停止した政治活動用自動車の上やその周囲で街頭政談演説を行うことができます（法201条の9第1項2号）。

　この街頭政談演説では、政談演説会と同じく従として選挙運動のための演説ができ、政治活動のための連呼行為も可能です（法201条の13第1項ただし書）。さらに回数制限もありません。

　なお、演説に当たっての事前の届出は必要ありませんが、政談演説会と同様の時間・場所の規制があります（法201条の12）。

　（ウ）　政治活動用自動車の使用

　確認団体は、政策の普及宣伝及び演説の告知のため政治活動用自動車を1台使用することができます（法201条の9第1項3号）。

　ここにいう「政策の普及宣伝」には政党その他の政治団体の発行する新聞紙、雑誌、書籍及びパンフレットの普及宣伝が含まれます（法201条の6第1項3号。（エ）の拡声機の使用でも同様です）。

　政治活動用自動車には、当該選挙事務を管理する選挙管理委員会の定める表示をしなければなりません（法201条の11第3項）。

　政治活動用自動車上では、午前8時から午後8時まで政治活動のための連呼行為をすることができます（法201条の13第1項ただし書）。

　なお、自動車には立札及び看板を取り付けることができますが（法201条の9第1項5号ロ）、候補者の氏名や氏名類推事項を記載することはできません（法201条の13第1項2号）。

　（エ）　拡声機の使用

　確認団体は、政談演説会場、街頭政談演説や屋内での政談演説の場所、政

治活動用自動車の車上において、政策の普及宣伝や演説の告知のために拡声機を使用することができます（法201条の9第1項3号の2）。

　使用できるのは声を増幅・拡大する「拡声機」1そろい（法141条と同様の解釈です）ですので、複数のメガホンを同時に使用することはできません。

　（オ）　ポスターの掲示

【掲示の条件】

　確認団体は、政治活動用のポスターを以下の条件で掲示することができます（法201条の9第1項4号）。

①　知事選挙：長さ85cm×幅60cm以内のもの、衆議院小選挙区ごとに500枚以内

②　市長・特別区の区長選挙：長さ85cm×幅60cm以内のもの、1,000枚以内

　ポスターには、その選挙事務を管理する選挙管理委員会の定めに従い検印を受けるか証紙を貼るとともに、ポスターの表面に確認団体の名称・掲示責任者及び印刷者の氏名又は名称を記載しなければなりません（法201条の11第4項・5項）。

【掲示の場所】

　ポスターの掲示場所につき、他人の工作物に掲示する場合は、居住者、居住者がいなければ管理者、管理者がいなければ所有者の承諾を得なければなりません。

　なお、各地域の屋外広告物等に関する条例にも配慮が必要です。

　また、国又は地方公共団体の所有・管理に係るものや不在者投票の投票記載場所での掲示はできませんが、橋りょう、電柱、公営住宅、地方公共団体の管理する食堂及び浴場については管理者の承諾が得られれば掲示が認められます（法145条1項・2項、201条の11第6項、則31条の3第1項）。

【記載内容】

　ポスターの記載内容は、確認団体の政治活動に関するものであればよく、また、所属候補者又は支援候補者の選挙運動のためにも使用できますが、選挙区域内で候補者の氏名や氏名類推事項を記載することはできません（法

201条の6第2項、201条の9第2項、201条の13第1項2号）。

　ポスター上に政党その他の政治活動を行う団体のシンボル・マークを表示するものも、政治活動用ポスターとされています（法201条の5）。

（カ）　立札及び看板の類の掲示

　選挙運動期間中は、政党その他の政治団体の本部又は支部の事務所において掲示するものを除き、立札及び看板を設置することはできません。この場合、掲示内容は主として本部又は支部の事務所であることを示す内容である必要があります。

　これに加え確認団体は、

① 　政談演説会の告知のために使用する立札及び看板の類（各政談演説会ごとに合計5つ以内）

② 　政談演説会場内で使用する立札及び看板の類

③ 　政治活動用自動車に取り付けて使用する立札及び看板の類

について、以下の条件のもとで掲示が認められています（法201条の9第1項5号）。

　なお、「類」とは、垂れ幕やプラカードなど使用の方法として立札及び看板と類似の効果を有するものをいいます。

　この立札及び看板の類についても、ポスターと同様、政党その他の政治活動を行う団体のシンボル・マークを表示する場合には、政治活動用の立札及び看板の類とされます（法201条の5）。

【掲示の条件】

　掲示に当たり、①の立札及び看板の類については、政談演説会場の所在地の都道府県選挙管理委員会（知事選挙）又は市の選挙管理委員会（市長選挙）、区の選挙管理委員会（区長選挙）が定める表示をした上、表面に掲示責任者の氏名及び住所を記載しなければなりません（法201条の11第8項・第9項、266条1項）。

　また、①、②については政談演説会が終了した後、③については政治活動用自動車について政策の普及宣伝及び演説の告知のため使用することをやめた後、直ちに撤去する必要があります（法201条の11第10項）。

【記載内容】

記載の内容につき、公選法は候補者の氏名や氏名類推事項の記載を禁じています（法201条の13第1項2号）。また、①については、条文上「政談演説会の告知」を内容としていることが前提となっています。

（キ）　ビラの頒布

確認団体は、当該選挙に関する事務を管理する選挙管理委員会に事前に届け出た2種類以内の政治活動用ビラを頒布（散布は除きます）することができます（法201条の9第1項6号）。

【頒布の条件】

ビラの表面には、当該確認団体の名称、選挙の種類及び法14章の3の規定によるビラである旨を表示する記号を記載しなければなりません（法201条の11第5項）。

【頒布の枚数】

枚数につき、制限はありません。

【使用方法・内容】

所属候補者や支援候補者の選挙運動のために使用することができます（法201条の6第2項、201条の9第2項）が、候補者の氏名や氏名類推事項を記載することはできません（法201条の13第1項2号）。

なお、政党その他の政治活動を行う団体のシンボル・マークを表示するビラも、政治活動用ビラとされています（法201条の5）。

【頒布場所・方法】

頒布の方法としては、政談演説会場での配布や、選挙事務所や街頭演説等選挙運動の場での手渡し、郵送や新聞折込みなど自由に行うことができますが、国又は地方公共団体が所有・管理する建物での頒布は認められません。ただし、専ら職員の居住の用に供されているもの及び公営住宅においては可能です（法201条の13第1項3号）。

なお、他人の住居や集合住宅などで、「ビラ投函禁止」や「ビラ配布のための敷地内立入りを禁止します」などの表示がある場合、敷地などへの立入りが住居侵入罪（刑法130条）に問われるおそれもあります（最判平成20年

4月11日刑集62巻5号1217頁、最判平成21年11月30日刑集63巻9号1765頁等）。

　さらに、頒布の目的・態様などによっては、戸別訪問の禁止（法138条）に抵触する可能性もありますので注意を要します。

（ク）　機関新聞紙・機関雑誌

　政党その他の政治団体の発行する新聞紙及び雑誌（機関新聞紙・機関雑誌）は、選挙の告示日から選挙日までの間、選挙に関して報道及び評論を掲載することができません（法201条の15、148条）。

　しかし確認団体については、一定の場合につき例外を認めています。

【例外の条件】

①　確認団体の本部が直接発行しているもの（ただし、一部に地方版を設けて掲載することはできます）

②　通常の方法によって頒布するもの

③　選挙の都度、当該選挙事務を管理する選挙管理委員会にあらかじめ届け出た新聞紙・雑誌各1種であること。なお、届出に当たってはその名称、編集人及び発行人の氏名、創刊年月日、発行方法及び引き続いて発行されている期間を記載しなければなりません（法201条の15第2項、令129条の7）。

④　号外、臨時号、増刊号その他の臨時に発行するもの（号外等）ではないこと

　なお、この制限は機関新聞紙・機関雑誌のうち、当該選挙に関する報道及び評論を掲載するものを対象としていますが、そのような報道及び評論を掲載していないものであっても、号外等で当該選挙区域の特定の候補者の氏名や氏名類推事項が記載されている場合には、ここにいう号外等とみなされます（法201条の15第3項）。

【認められる機関新聞紙・機関雑誌の掲載内容】

　選挙の公正を害さない範囲で、当該選挙に関し報道及び評論を掲載することができます（法201条の15第1項、148条1項）。条文では「虚偽の事項を記載し又は事実を歪曲して記載する等表現の自由を濫用」とありますが、例示であり、その他の方法でも選挙の公正を害する記載は認められません。

【機関新聞紙・機関雑誌の頒布方法等】

「通常の方法」により頒布することができます。従前の頒布方法が通常の方法であるかどうかは、それまでの機関新聞紙・機関雑誌発行における当該頒布方法の継続性、頒布の態様、有料か無料かなどによって総合的に判断されます。

その上で、頒布の方法につき、発行期間や種類により下表のように分類されます（法201条の15第1項）。

	機関新聞紙	機関雑誌
引き続いて発行されている期間（※）が6か月以上	告示日前6か月間で平常行われていた方法に加え、政談演説会場で頒布可能	告示日前6か月間で平常行われていた方法に加え、政談演説会場で頒布可能
引き続いて発行されている期間が6か月未満	政談演説会場での頒布のみ可能	政談演説会場で頒布することが平常の方法である場合に限り、政談演説会場での頒布のみ可能

（※）　紙面の日付ではなく実際に発行した日の翌日から起算します（民法140条）。

さらに、法148条2項により都道府県の選挙管理委員会の指定する場所に掲示することができます。

ウ　都道府県議会議員選挙・政令市の議会議員選挙（法201条の8）

これらの種類の選挙についても、確認団体について制限された一部の政治活動を行うことができます。なお、制限の内容や例外についてはイ（知事・市長・特別区の区長選挙）の場合とほとんど重複するため、ここでは簡略に挙げていきます。

ここでの「確認団体」は、

①　選挙区域を通じて3人以上の所属候補者（再選挙・補欠選挙・増員選挙のときは1人）を有する政党その他の政治団体

②　当該選挙に関する事務を管理する選挙管理委員会から確認書の交付を受けること

の要件を満たした団体（法201条の6第3項、201条の8第1項ただし書・2項・3項、令129条の4第1項）をいいます。

（ア）　政談演説会

確認団体は、この政談演説会について、所属候補者の数の4倍に相当する回数だけ行うことができます（法201条の8第1項1号）。

開催に当たっては、事務を管理する選挙管理委員会に事前に届け出ておく必要があります（法201条の11第2項）が、指定都市の議会議員選挙についての届出先は個人演説会の開催の申出の場合（法163条、令141条の2第1項）と異なり、「区」ではなく、「市」の選挙管理委員会となります。

（イ）　街頭政談演説

この街頭政談演説については、イ（知事選挙・市長選挙・特別区の区長選挙）の場合と同様の要件・規制があります（法201条の8第1項2号）。

（ウ）　政治活動用自動車の使用

確認団体は、政策の普及宣伝及び演説の告知のため政治活動用自動車を確認団体の本部及び支部を通じて1台使用できます。ただし、所属候補者の数が3人を超える場合、超過数が5人ごとに1台を加えた台数まで使用できます（法201条の8第1項3号）。

（エ）　拡声機の使用

拡声機の使用については、イ（知事選挙・市長選挙・特別区の区長選挙）の場合と同様の規制があります（法201条の8第1項3号の2）。

（オ）　ポスターの掲示

確認団体は、政治活動用のポスターを選挙区ごとに100枚以内で掲示することができます。さらに、選挙区において候補者が1人を超える場合、超えた人数1人ごとに50枚を加えた枚数の掲示ができます（法201条の8第1項4号）。

例えば、ある選挙区で確認団体の候補者が0人又は1人のときは最大100枚、確認団体の候補者が2人のときは最大150枚ということになります。なお、政治活動用ポスターの大きさは、長さ85cm×幅60cm以内のものとされています。

（カ）　立札及び看板の類の掲示

立札及び看板の類の掲示については、イ（知事選挙・市長選挙・特別区の区長選挙）の場合とほぼ同様の規制があります（法201条の8第1項5号）。

政談演説会の告知のために使用する立札及び看板の類については、政談演説会場の所在地の都道府県選挙管理委員会（都道府県議会議員選挙）又は市の選挙管理委員会（指定都市の議会議員選挙）が定める表示をした上、表面に掲示責任者の氏名及び住所を記載しなければなりません（法201条の11第8項・第9項）。

（キ）　ビラの頒布

政治活動用ビラの頒布の制限についても、イ（知事選挙・市長選挙・特別区の区長選挙）の場合とほぼ同様です。

（ク）　機関新聞紙・機関雑誌

確認団体による選挙に関する報道及び評論を掲載した機関新聞紙・機関雑誌の頒布については、イ（知事選挙・市長選挙・特別区の区長選挙）の場合とほぼ同様の規制と例外があります。

エ　町村長、町村議会議員、政令市以外の市及び特別区の議会議員選挙

上記ア（すべての種類の選挙において規制される政治活動）で述べた規制される活動を除き、個人と同様、選挙運動にわたらない限り政治活動を行うことができます。ただし、機関新聞紙や機関雑誌における選挙に関する報道・評論の掲載は、法148条の規制に服します。

（4）選挙が重複する場合の取扱い（法201条の10）

各種選挙が重複して行われる場合、当該選挙区域においてはそれぞれの選挙の種類に応じた規制（法201条の5〜201条の9）を受けることになります。

<table>
<tr><td>8</td><td>誰にいくら支払える？
選挙運動員とその報酬等</td></tr>
</table>

> **Q** 指定都市ではない市の市議会議員選挙候補者であるＡさんの
> 選挙事務所における以下の取扱いは認められるでしょうか
> （なお、支払上限は公選法施行令どおりであると仮定します）。

❶ Ａは、選挙管理委員会に報酬支払を届け出たウグイスＢに対し、報酬として１万5,000円と概算交通費として1,000円（実費の額は960円）を渡した。

❷ 立候補の届出をした日の翌日に選挙管理委員会に報酬支払を届け出たウグイスＢに、立候補当日の車上運動に関する報酬を支払った。

❸ 待機中に手が空いていたウグイスＢに電話作戦を手伝ってもらった。

❹ 荷物の運搬をさせていた労務者Ｃ（報酬なし）に桃太郎での声かけを一緒にしてもらった。

❺ Ａは選挙期間中、延べ50人の異なる車上等運動員及び事務員を、報酬を支払う者として届け出て報酬を支払った。

❻ Ａは選挙期間中のある１日に、７人の事務員と３人の選挙運動用自動車の運転手に対して報酬を支払った。

❼ 選挙運動用自動車に乗って地域を回っているウグイスＢと運転手Ｄに待ち合わせ場所に宅配で弁当を届けた。

❽ 弁当を持たせて選挙運動用自動車を運転させた運転手Ｄに報酬日額どおりの報酬を支払った。

A

① 　ウグイスBさんに報酬を支払うことは金額の点で問題ありません。しかし、実費弁償としての交通費が概算であり実費額を超えている点で問題があります。実費超過部分は上限を超えた報酬となり違法となります。

② 　事前の届出を義務づける法197条の2第5項の規定に抵触し、違法な支払いとなります。届出以前についての対価として報酬を支払うことはできません。

③ 　電話作戦は、有権者に直接働きかけて投票を依頼する行為で選挙運動となります。そのためウグイスBさんが行った電話作戦に対して報酬を支払うことはできません。Bさんの車上等運動員としての労務の対価のみ分離して報酬を支払うことは実際上区別が困難であり、「専ら」という車上等運動員の定義にも反することになるため認められないと考えます。

④ 　Cさんが労務者として労務に就いていたとしても、声かけという選挙運動をすれば、もはや単なる労務者といえず、選挙運動員となります。そのため報酬を支払うことはできませんが、本設問の場合もともと無報酬のため問題はありません。

⑤ 　Aさんは指定都市ではない市の市議会議員選挙に立候補しているところ、同選挙では1日当たりの4業務（後述）への支払人数の限度は9人であり、報酬を支払う届出はその5倍の45人までです（法197条の2第2項、令129条3項・8項）。ですから、延べ50人に報酬を支払うことはできません。なお、1日当たりの限度（9人）を超えることも許されませんので、注意が必要です。

⑥ 　1日の支払人数限度である9人を超えるようにも思えます。しかし、人数制限は選挙運動員についてのみであり、労務者は含まれませんので、本件は認められます。

⑦ 　弁当の提供は「選挙事務所において食事するために提供する弁当」と「選挙運動に従事する者及び選挙運動のために使用する労務者が携行す

るために選挙事務所において提供された弁当」についてのみですので、
外出先に宅配弁当を届けることは認められないと考えます。

⑧　　運転手Dさんは労務者に当たり、弁当を提供した場合、その実費を報
酬から差し引かなければなりません。そのため、弁当を提供したにもか
かわらず弁当実費を差し引かずに報酬日額どおり支払うことは許されま
せん（令129条2項）。

解説

1　報酬・実費弁償の支払い

　選挙運動について、原則として無償とし、一定の場合にのみ、一定の範囲
で報酬・実費弁償を認め（法197条の2）、弁当の提供についても制限をかけ
ています（法139条）。これらは、一歩間違えれば買収とみなされるおそれが
あるため、特に注意が必要となります。

　公選法上、報酬・実費弁償については、その対象者や内容・範囲が厳格に
定められています（法197条の2、令129条）。

2　選挙運動に関わる人の種類

　選挙運動に関わる人は、選挙運動そのものに関わる選挙運動員、いわゆる
ウグイス嬢や選挙運動用自動車の運転手、さらには選挙事務所で事務を行う
人や荷物運びなどの単純作業に関わる人など様々です。

　これを公選法で使用されている文言をもとに分類すると、次の2種類に区
別できます。

> **選挙運動に従事する者（以下「選挙運動員」といいます）**
> ①　選挙運動そのものを行う人、電話作戦に参加する人、いわゆるウグイス嬢など
> の専ら選挙運動用自動車・船舶で連呼等の選挙運動をする人（以下「車上等運
> 動員」といいます）、政見放送や演説会で手話通訳をする人（以下「手話通訳者」
> といいます）、選挙運動のために使用する文書図画の頒布・掲示のために口述
> を要約するために使用する人（以下「要約筆記者」といいます）、選挙事務所
> 内で事務を行う事務員（以下「事務員」といいます）など。

②	**選挙運動のために使用する労務者（以下「労務者」といいます）** 告示日に公営掲示板にポスターを貼ってもらう人、はがきの宛名書きのみをする人、単に指示された荷物を運搬する人、選挙運動用自動車・船舶の運転手など。

3　報酬支払が可能なのは

公選法上報酬を支払うことができるのは、以下の種類に属する人に限られます。

①選挙運動員のうち、車上等運動員、手話通訳者、要約筆記者、事務員（以下「4業務」といいます）

車上等運動員は、専ら選挙運動用自動車や船の上で連呼行為等をするために雇われた者をいいますが、停止中に一時的に車・船の周囲で演説などをする程度は許されます。

手話通訳者、要約筆記者も条文上「専ら」とされていますので、その他の職務に就かせることはできません。

事務員は、選挙運動のために雇われ、使用される関係にある者をいいます。そのため、選挙運動の立案や中心を担う者や使用される関係にない者が事務を行う場合は含まれません。また、選挙運動に関する事務に従事する者をいうので、有権者に働きかけるような行為はできません。

②労務者

労務者の定義については最高裁の判例があります。最判昭和53年1月26日刑集32巻1号1頁は、「選挙民に対し直接に投票を勧誘する行為又は自らの判断に基づいて積極的に投票を得又は得させるために直接、間接に必要、有利なことをするような行為、すなわち公職選挙法にいう選挙運動を行うことなく、専らそれ以外の労務に従事する者をさす」と判示しました。そのため、選挙運動に関わることをすることはできません。

したがって、選挙活動の実働部隊（街頭でのビラ配り、電話かけ、桃太郎の随行など）となる協力者に対しては報酬を支払うことができず、無償のボランティアとなることは絶対に銘記すべきです。

　また、報酬を支払うことができる場合であっても、その人が選挙運動を行うと支払うことができなくなります。例えば、電話作戦の手が足りないからといって事務員やウグイスに電話かけをお願いしたり、荷物の運搬をする人に街頭での手振りをさせたりすると、これらは選挙運動になるため、これについて報酬を支払うと公選法違反となります。

　選挙活動部分とそれ以外の部分で分ければよいのではないかとの考え方もありますが、実際の区分は困難であり、法の潜脱を招くことからやはり認められないと解すべきです。したがって、報酬を支払う労務者には、手が空いていても本来の業務以外のことはさせないようにしましょう。

4　報酬支払の内容・範囲

（1）内容

　法197条の2第1項・2項、令129条1項・3項・4項は、報酬の額について、以下、それぞれの項で説明する金額の範囲内で選挙管理委員会が定める額としています。選挙管理委員会が定める額については、事前に問い合わせて確認しましょう。

　「報酬」とは労務の対価ですので、労務がない場合には当然支払うことはできません。

①4業務（令129条4項）

車上等運動員	1人1日当たり1万5,000円以内
手話通訳者、要約筆記者	1人1日当たり1万5,000円以内
事務員	1人1日当たり1万円以内

　これは上限であり、一般に8時間労働に対しての報酬と考えられていますが、仮にそれ以上の労務に就いたとしても、残業部分についての超過勤務手当などを出すことはできませんので注意が必要です。

　報酬を支払うためには、事前に選挙管理委員会に届け出る必要があります（法197条の2第5項）。この届出がない場合、又は届出前の部分についての

報酬支払はできず、その部分は無給となります。届け出ることのできる人数の限界は、後述の１日当たり支払うことのできる人数の５倍以内となります（令129条８項・３項）。

②労務者（令129条1項2号）

基本日額	１人１日当たり１万円以内
超過勤務手当	１日につき基本日額の５割以内

上記①と異なり、労務者に対しては超過勤務手当を支払うことができます。

（2）範囲

支払いができるのは、立候補の届出がされてから投票日の前日までであり、さらに上記（1）①の４業務については事前の届出が必須です。また、以下のとおり選挙の種類ごとに１日当たりの人数制限があります（法197条の2第２項・５項・令129条３項）。

　１日当たりの支払限度人数

・都道府県知事選挙：50人

・指定都市の市長選挙：34人

・都道府県議会議員選挙、指定都市の市議会議員選挙、指定都市以外の市長選挙：12人

・指定都市以外の市議会議員選挙、町村長選挙：９人

・町村議会議員選挙：７人

5　実費弁償

実費弁償については、①選挙運動員（報酬支払が認められない人も含む）、②労務者ともに認められます（法197条の2第１項）。

ただし、支給できる費目の種類に違いがあり、以下の基準に基づき、その選挙を管理する選挙管理委員会が定めた上限額の範囲で実費弁償が認められます（令129条１項）。必ずしも下記の基準がその選挙での上限とは限りませ

んので、選挙の際には事前に選挙管理委員会へ確認しましょう。

①選挙運動員への実費弁償（令129条1項1号）

鉄道賃・船賃	路程に応じて旅客運賃等により算出した実費額
バス代等の車賃	路程に応じた実費額
宿泊料（2食込み）	1泊当たり1万2,000円
弁当料	1食当たり1,000円かつ1日当たり3,000円
茶菓料	1日当たり500円

②労務者への実費弁償（令129条1項3号）

鉄道賃・船賃及び車賃	選挙運動員と同じ基準
宿泊料（食費含まず）	1泊当たり1万円

　いずれも実費額が基準となりますので、限度額内であっても実費額までしか出せません。実費が生じていないのに支払ったり、実費額を超えて支払った場合、買収とされるおそれがあります。

　選挙運動員への弁当料は1食当たりと1日当たりの両方の基準を満たす必要があります。例えば、朝食600円、昼食1,200円の実費とした場合、昼食代は200円の超過部分につき自己負担、夕食で出せるのは1,000円までの実費額ということになります。なお、基準を満たす限り、食事回数は3回を超えても構いません。

　選挙運動員に対する宿泊料は2食を含んでいますので、その部分について別途弁当料を支払うことはできません。他方で労務者の宿泊料には食費は含まれませんので、食事は労務者自身の自己負担となります。

6　弁当の提供（法139条）

　弁当の提供については、選挙運動員と労務者いずれについても認められます。

　ただし、期間、上限額、数量その他の制限があります。

（1）期間

弁当が提供できる期間は、その選挙の選挙運動期間中、すなわち立候補の届出後から投票日の前日までです。

（2）上限額

1 食当たり1,000円かつ 1 日当たり3,000円までの範囲内で、その選挙を管理する選挙管理委員会が定めた額となります（法197条の 2 第 1 項、令109条の 2 、129条 1 項 1 号ホ）。事前に選挙管理委員会に確認しましょう。

なお、後述のとおり弁当料の支払いとの重複はできません。

〈数量〉

候補者 1 人につき、

> 基本数（45食）× 選挙の公示又は告示日から投票日前日までの日数

ですが、選挙事務所が法131条 1 項に基づいて 2 か所以上設置できる場合は、1 か所当たり18食を基本数に加えて算出します（なお、地方公共団体の議会議員選挙及び市町村長選挙は 1 か所しか設置できません（同項 5 号））。

総数だけが決まっており、これを守る限り、どのように数を分配するかは自由です。朝食・昼食に集中して提供することもできますし、選挙戦終盤にまとめて提供することも可能です。

（3）その他の留意点

弁当の提供は、選挙運動員と労務者に対してのみであり、たまたま選挙事務所にやって来た有権者に提供したり、激励に来ただけの人に提供することは許されません。

条文上、「選挙事務所において食事するために提供する弁当」と「選挙事務所において」「選挙運動に従事する者及び選挙運動のために使用する労務者が携行するために提供された弁当」についてのみ提供できるとしていますので、選挙事務所の外の食堂等で弁当を用意して食べに行かせたり、外で待ち合わせて宅配弁当を届けさせるといったことは許されないと考えます。

　選挙運動員に弁当を提供した場合、その者に対する当日 1 日の弁当料の実費弁償の範囲は、限度額から提供された弁当の実費額を差し引いた金額に限られます（令129条 2 項）。

　また、労務者に弁当を提供した場合、その労務者に対する報酬は、弁当の実費額を差し引いた金額しか支払うことができません（同項）。

9　気が緩みがちでも要注意
選挙後対応

> **Q**　Aさんは無事に再選を果たし、再び市議会議員として活躍することになりました。選挙戦で支援してくれた方々へのあいさつやお礼をするのは当然だと考え、以下のようなことをしようとしています。これらは許されるでしょうか。

❶ 選挙事務所と通常の事務所の入口に「当選御礼」、「ご支援ありがとうございました」と手書きした張り紙を掲示する。

❷ 当選を祝う祝電や花がたくさん届いたので、そのお礼と当選報告の礼状をパソコンで印刷して発送する。

❸ 選挙事務所の来訪者名簿に名前を書いてくれた方々の自宅を訪問して党員になってくれるようにお願いするとともに、当選お礼を伝える。

❹ 辻立ちで、選挙で使用した選挙ポスターが張られた立看板を傍らに置いて、道行く人に当選お礼のあいさつをする。

❺ TwitterやFacebookに、当選証書を掲げた写真とともに「皆さんのおかげで再選しました！　ご支援ありがとうございました！」とメッセージを書き込み、後援会のメーリングリストでもお礼のメールを配信する。

❻ 街宣車に乗って、「地域の皆さん、再選をさせていただきましたAです。ありがとうございました。これから頑張ります」と繰り返しながら選挙区域内を走行する。

❼ 選挙事務所の撤収作業を行う数日間、選挙事務所に設置した看板やちょうちんをそのままにしておく。

① 　本設問のような張り紙をすることは、法178条の規制する選挙期日後のあいさつの禁止に抵触し違反となります。

② 　選挙期日後に選挙の当落に関してあいさつ目的で文書図画を頒布することは、原則として禁止されています（法178条）。しかし、当落に関する祝辞・見舞い等の答礼のための信書の差出しについては、例外として許されています（同条2号）。

③ 　本設問は選挙に関しての戸別訪問（法138条）ではありませんが、法は選挙後の当落に関するあいさつ目的の戸別訪問も禁止しています（法178条1号）。本設問では党員募集も目的としていますが、訪問目的に当選のあいさつも含まれている場合、その態様や内容によっては、政治活動としての戸別訪問ではなく当選あいさつ目的の戸別訪問と認定されるおそれがあります。

④ 　辻立ちで当選お礼のあいさつをすることは問題ありません。また、選挙ポスターそのものは当落に関するあいさつ目的の文書図画とは直ちにいえないと考えられます。しかし、選挙ポスターについてはそもそも選挙運動期間中以外に使用することはできず、立看板に張りつけて掲示しておくことはできません（法178条の2）。

⑤ 　インターネットを利用して当選の報告やお礼をすることは禁止されていませんので、このような方法による当選報告も認められます（法178条2号）。

⑥ 　本設問のように街宣車を利用して当選報告とお礼を連呼することは、「当選に関する答礼のため当選人の氏名又は政党その他の政治団体の名称を言い歩くこと」（法178条7号）に当たり認められません。また、その態様によっては気勢を張る行為（同条6号）とされる可能性もあります。

⑦ 　選挙期日が終了した後、選挙事務所は目的を達して廃止されることになりますが、廃止後直ちに選挙事務所を表示する看板やちょうちん、立

札・ポスター等を撤去しなければなりません（法143条の 2 ）。したがって、撤収作業の間、看板やちょうちんを出したままにすることはできません。

> **Q**　Ａさんの後援会役員であるＢさん。Ａさんが念願の再選を果たしたことを喜び、周りにも気持ちを伝えようと次のようなことをしました。これらは許されるでしょうか。

❶ 翌年の年初に、選挙事務所前で撮ったＡとのツーショット写真とともに、「当選感謝！」と手書きで書いた年賀状を友人・知人に送った。

❷ Ａ名義の当選報告のあいさつ状を、関係各所の挨拶回りで忙しいＡに代わって代筆して郵送した。

❸ Ａの辻立ちの際、後援会会員も同行して、皆で道行く人に「ありがとうございました」といいながらお辞儀をした。

❹ 後援会報に「Ａ市議会議員当選インタビュー」と題した特集記事を掲載し、後援会会員に配布した。

❺ 使わなかった選挙ビラや選挙はがきが手元にあったので、これを知り合いに記念として配った。

❻ 後援会のホームページで支援のお礼を掲載した。

❼ 選挙戦を頑張った後援会の仲間同士で祝賀会を兼ねた慰労会を開いた。また、その場にＡに来てもらってのあいさつを計画した。

A

① 　当選後のあいさつの禁止については、対象及び選挙期日後の時期に制限はありません。また、候補者本人以外の者による場合にも適用されます。したがって、Ｂさんの年賀状もこれに抵触する可能性がありますが、

手書きの年賀状は「自筆の信書」（法178条2号）に当たるため例外的に許されます。

② 　Bさんは自筆で当選報告のあいさつ状を書いて送っていますが、差出人の名義はAさん本人です。そのため、本人の自筆とはいえませんので、代筆の場合は「自筆の信書」に当たらず、当選についての祝辞に対する答礼のための場合を除き、法178条2号に違反すると考えられます。

③ 　Aさんの辻立ちに同行して街頭にて当選のお礼をすることは問題ありません。ただし、その態様が、かけ声とともに一斉に発したり、旗を振りながらであったり、多数の者が隊列を組んで行う等、「気勢を張る行為」に当たる場合は、法178条6号により禁じられます。

④ 　後援会報に当選したAさんの抱負や政策インタビューなどを掲載することは問題ありません。しかし、後援会報は一般的に多数の者に配布ないし掲示される印刷物であり、記事の内容がAさんの当選や選挙での協力に対するあいさつに当たる場合や、そのような目的で会報が作成・配布されたような場合は、法178条2号の禁ずる文書図画の頒布禁止に抵触する可能性があります。

⑤ 　選挙ビラや選挙はがきは、頒布できる時期（法129条、公職選挙郵便規則7条）と方法（法142条6項、公職選挙郵便規則8条）が定められているため、余ったとしても自由に配布することはできません。また、未使用の選挙はがきにつき、そのはがきが日本郵便株式会社から「選挙用」の表示がされた選挙運動用はがきとして交付を受けたものであったときは、これを他人に譲渡することはできません（法177条2項）。

⑥ 　インターネット上での選挙後の挨拶は規制から外されています（法178条2号）。したがって、第三者である後援会においても、ホームページのほか、Facebookやメールなどでも当選お礼のあいさつをすることができます。

⑦ 　選挙後のあいさつ行為として禁じられる当選祝賀会その他の集会は、当選又は落選に関して選挙人にあいさつする目的をもって行われるものが対象となります（法178条柱書・5号）。そのため、仲間内で労をねぎ

らう趣旨で開催するといった単純な「お疲れ様会」のような会合であれば、これに当たらないことになります。しかし、「お疲れ様会」の形式をとっていても、当選した候補者や後援会幹事等から有権者へあいさつをしてもらうために開催した会合等であれば、実質的に選挙人にあいさつする目的をもって行われた会合として法178条5号に抵触することになります。

解説

　選挙期日後、当選・落選にかかわらず支援者や有権者に対して感謝やお礼を伝えることは、自然の感情ともいえます。

　しかし、法はそうした感謝やお礼といったあいさつについて、選挙の公明と適正（法1条）の確保の観点から一定の方法・態様を禁止しています。

　また、選挙が終わると選挙事務所の片付けも行いますが、その際にうっかり違反とならないよう気をつけなければならないこともあります。

1　選挙期日後のあいさつ行為の制限（法178条）

（1）対象範囲

ア　時期

　規制の対象は「選挙の期日後」（法178条）とされています。これは、投票箱が閉まった後が起点とされ、その意味で投票日当日も含まれることになります。そして、規制の終期はありません。投票日の1年後であろうと、次の選挙の直前であろうと規制されることに注意が必要です。また、無投票当選の場合は、投票をしないこととなった事実が告示されたときが起点となります（法100条4項・5項、178条柱書かっこ書）。

イ　対象者（行為者）

　対象者は「何人も」であり、候補者であった者や選挙運動関係者に限られず、一般の有権者も含まれます。例えば、後援会員の有志が知り合いなどに行った場合も対象となります。さらには、当該選挙区域内の者にも限られま

せんので、他の地方公共団体に居住する者でも規制を受けることになります。

ウ　対象者（相手方）

選挙人、すなわち有権者を指します。

(2)　規制される行為

ア　共通する要件

規制される行為に共通する要件は、以下のとおりです。

①選挙人（有権者）に対して行うもの

直接行う場合のみならず、子どもに伝言を依頼するなど間接的な方法も含まれます。

②当選又は落選に関しあいさつする目的があること

他の目的が併存する場合も含まれます。また、一見、選挙とは無関係なあいさつや事務連絡などのように見えても、真意は当落に関するあいさつを目的に含む場合にも対象となります。これらはあいさつの時期や内容、相手との関係などから実質的に判断されることになりますが、選挙期日後間もない時期において候補者であった者や選挙運動関係者が周囲にあいさつをする場合は特に慎重であるべきです。

イ　具体的な行為の内容

法178条が規制するのは、あいさつ行為すべてではなく、以下に掲げる行為に限定しています。

① 　選挙人（有権者）に対する戸別訪問（1号）

② 　文書図画の頒布又は掲示（2号）

③ 　新聞紙・雑誌の利用（3号）

④ 　放送設備を利用した放送（4号）

⑤ 　当選祝賀会その他の集会の開催（5号）

⑥ 　気勢を張る行為（6号）

⑦ 　当選に関する答礼のため当選人や所属政治団体等の名前を言い歩くこと（7号）

①選挙人（有権者）に対する戸別訪問（1号）

ここにいう「戸別訪問」は、選挙に関する戸別訪問（法138条）と同様です。つまり、家の中に入らず玄関や庭先でのあいさつでも戸別訪問になりますし、複数の訪問を意図していれば1軒の訪問であってもこれに該当します。

②文書図画の頒布又は掲示（2号）

「文書図画」、「頒布」及び「掲示」の意義は、法142条、143条のそれと同じです。

重要なポイントは、当落のあいさつ目的の文書図画の頒布・掲示は原則として禁止されていること、本号の規制には後述のような例外が認められていることです。

③新聞紙・雑誌の利用（3号）

これは文言どおり方法を問わず「利用」することが禁じられており、典型例は広告を出すことです。

④放送設備を利用した放送（4号）

ここにいう「放送設備」は、選挙運動時に使用できない放送設備（法151条の5）と同じです。ラジオやテレビといった無線の放送設備、工場や建物内での放送設備等の有線放送も含まれます。

⑤当選祝賀会その他の集会の開催（5号）

これは集会の名称ではなく、その実質が当選又は落選に関するあいさつ目的の趣旨の集会であるかどうかが問題となります。また、候補者であった者に集会の開催中に当落のあいさつをしてもらうことを予定して開催するような場合も該当することになります。

⑥気勢を張る行為（6号）

法140条の選挙運動における場合と同様、注目を集めるために派手な言動や過激なパフォーマンスをするなど周囲の平穏を害するような行為は禁止されます。条文が「自動車を連ね又は隊を組んで往来する等」としているのはあくまで例示にすぎず、気勢を張る行為といえるかどうかは、その行為態様や規模・平穏を害する程度など種々の要素を加味して個々に判断されます。

⑦当選に関する答礼のため当選人や所属政治団体等の名前を言い歩くこと
　（7号）

　この行為は「当選に関する答礼のため」であって、落選のあいさつは含まれていないことに注意が必要です。

　また、「言い歩く」は当選者の名前や政党・政治団体等の名称を連呼して回ることを指しますが、必ずしも「歩く」に限られず、自動車を使って言い回ることも含まれると考えられます。

（3）例外

　上記あいさつ行為の規制のうち文書図画の頒布又は掲示（2号）については、以下の例外があります。

ア　自筆での信書

　「信書」とは、誰かしら特定の者に宛てた文書であり、必ずしもはがきや手紙である必要はありません。また、宛先が「各位」では特定の者に宛てたものとはいえませんので、「信書」とはいえないと考えられます。

　「自筆」は時候のあいさつに関する法147条の2の場合と同様、自らの肉筆によって全体を記載することが必要です。「自ら」ですので、他人に代筆させた場合は自筆に当たりません。

　なお、この自筆の信書は法147条の2のあいさつ状の場合とは異なり、必ずしも「答礼のため」である必要はありません。

イ　当選又は落選に関する祝辞や見舞い等の答礼のための信書

　答礼のために出す「信書」の場合も、当選・落選に関してあいさつ状を送ることができます。この場合は、法147条の2の場合とは異なり「自筆」である必要はなく、印刷したものでも可能です。

ウ　インターネット等を利用する方法により頒布される文書図画

　インターネットを利用する方法による選挙後の文書図画を利用したあいさつについても認められています。この「インターネット等を利用する方法」には、電子メールも含まれます（法142条の3第1項かっこ書参照）。したがって、ホームページやTwitter、Facebook、Instagramなどのほか、電子メー

ルで当選・落選のあいさつを行うことも可能です。

2　事後買収（法221条1項3号等）

　選挙後に選挙に関して報酬を供与したりその約束や申込みをした場合、事後的に買収罪が成立します。気が緩みがちな時にうっかり買収をしてしまわないよう意識をもって対応する必要があります。

　主なものとしては以下のものが挙げられます。

ア　事後買収罪（法221条１項３号）

イ　利益収受・要求・承諾罪（法221条１項４号）

ウ　買収目的交付罪（法221条１項５号）

エ　買収周旋勧誘罪（法221条１項６号）

3　選挙運動に使用した文書図画等の取扱い

（1）文書図画の撤去（法143条の2、178条の2）

ア　選挙運動用の文書図画の撤去〈その1〉（法143条の2）

　選挙事務所を廃止したときや、選挙運動用自動車等の使用をやめたとき、演説会が終了したときは、これを表示するために使用していたポスター、立札、ちょうちん及び看板の類を即時に撤去しなければなりません。

　特に選挙後は、選挙事務所を廃止して閉鎖することになりますが、撤去・明渡しまでの間、ポスターや看板がそのまま残されている光景をしばしば目にします。これは違反ですので気をつけましょう。

イ　選挙運動用の文書図画の撤去〈その2〉（法178条の2）

　ポスター掲示場（任意制ポスター掲示場（法144条の４）を除く）以外に掲示された選挙運動用ポスターや知事選挙における演説会場に掲示した立札及び看板の類は、選挙期日後、速やかに撤去しなければなりません。

　無投票の場合は、その旨の告示の日から速やかに撤去する必要があります。

　なお、ア、イとも罰則規定はありませんが、政治家としての良識の問題ともいえますので、法令遵守を心がけましょう。

（2）文書図画の頒布規制（法129条、142条、公職選挙郵便規則7条、8条）

　選挙運動に使用する選挙ビラ（町村議会議員選挙を除く）や選挙はがきは、選挙運動期間中に限り、法定の方法でのみ頒布することができます（法129条、142条1項・5項・6項、公職選挙郵便規則7条、8条）。選挙の期日後は選挙運動期間が終了しているため、選挙ビラや選挙はがきを頒布することはできません。

（3）選挙はがき等の譲渡禁止（法177条2項）

　日本郵便株式会社から交付を受けた選挙用である旨の表示をした選挙はがき、選挙ビラ・ポスター用の証紙や知事選挙における特殊乗車券は、これを他人に譲渡することは罰則をもって禁止されています（法244条1項8号）。

10 うっかりでは済まされない 買収罪等

> **Q** 市議会議員のＡさんの日々の生活や政治活動の中ではいろいろなお金のやりとりが発生します。例えば以下のようなやりとりは公選法に違反しないでしょうか。

❶ 選挙告示前、選挙運動の法規制について勉強するため、費用を支払って弁護士や選挙コンサルタントを招いた勉強会を行った。

❷ 選挙告示前、Ａが、県外で開催された選挙区域内在住の同級生Ｂとの食事会で、「今度の選挙は俺を当選させてくれよ」といって食事を奢った。

❸ 選挙運動期間中、Ａが、自身が社長を務める会社の従業員に対し、休日に選挙運動を手伝ってくれれば出勤扱いにして給与を支給するから選挙運動を手伝うようにと依頼した。

❹ Ａの選挙対策本部長を務めるＣに効果的な集票を相談したところ、Ｃが知り合いの地元町内会長Ｄに、「Ａさんが当選したら、町内の下水道を優先的に整備させてもらうから住民の方々によろしく頼む」と選挙の際の票のとりまとめを依頼した。しかし、Ｄは、「分かった、任せとけ」と言ったものの、不安に駆られて結局とりまとめはしなかった。

❺ 告示前、選挙区域外に住む知り合いのＥに、ライバル陣営の選挙運動の様子を逐一チェックするようお願いした。その後、Ｅから「調査の日当を支払ってくれ」と言われたものの、Ａは断った。

❻ 選挙で無事に再選を果たした3か月後、一運動員として選挙運動に積極的に携わり再選後にＡの秘書となったＦから、「選挙のときいろいろ頑張ったのだから、その評価として給料を上げてください」といわれ、Ａは臨時ボーナスとして5万円を渡した。しかし、Ｆは翌日不安になり全額返還した。

❼　Aは、自社の従業員への朝礼で、「有権者である皆さんは当然私を支持
　　していると思いますが、もし他の候補者を応援したり私以外に投票する
　　ようであれば当社の従業員として活躍する場はありません」と発言した。

A

①　講師に対して報酬を支払うことは、勉強会の講師としての業務に対す
る対価である限りは、寄附（法199条の2）に当たりませんし、買収罪
が成立することもありません。しかし、報酬が対価性を欠く場合には、
正当な対価を超えた部分について寄附の問題が生じます。また、講師が
選挙区域内の有権者であり、Aさんが当該講師から選挙での投票を得る
目的で相当性を欠く対価を支払っていた場合、講師が支払いの目的を認
識して報酬を受ければ、Aさんに事前買収（供与）罪（法221条1項1号）、
講師に利益収受罪（法221条1項4号）が成立します。講師が目的を認
識していなかった場合は、Aさんに事前買収（申込）罪（法221条1項
1号）が成立します。

②　Aさんが、自身の当選を得る目的でBさんにご馳走する食事会を開催
したときは供応接待に当たります。一方で当初は各自が支払う予定の食
事会だったところ、会計の段階で、Aさんが上記目的でBさんに奢った
のであれば債務の免除（による供与）になります。そのため、Aさんに
は、Bさんに対する事前買収（供応接待又は供与）罪ないし事前買収（申
込）罪が成立します（法221条1項1号）。

　　一方、Bさんにおいては、Aさんの当選を得る目的を認識していた場
合、利益収受罪（法221条1項4号）が成立します。

　　なお、供応接待や財産上の利益の供与をした場所が選挙区域外であっ
ても、Bさんが選挙人である以上、買収罪の対象となりますし、Bさん
が選挙で実際にAさんに投票したかどうかにかかわらず成立します。

　　さらに、Aさんは選挙告示前に同級生に対して市議会議員選挙での投
票を呼びかけており、事前運動の禁止（法129条）にも抵触します。

③　Aさんの当選を得させるため、選挙運動員になろうとする従業員に、本来発生しないはずの休暇中の給与を支給するというものであり、選挙運動員に対する金銭供与の約束、すなわち運動買収に当たります（法221条1項1号）。

また、Aの意図を知りつつこれに応じた従業員には利益収受罪（法221条1項4号）が成立します。

④　Dさんは地元の町内会長であり、当該町の下水道整備に関しては地方的・社会的な特殊の直接利害関係があるといえます。かかるDさんに対し、Aさんに当選を得させるために票のとりまとめを依頼することは、上記利害関係を利用してAさんへの投票を促す行為であり、票のとりまとめを依頼したCさんに、Dさんに対する利害誘導罪（法221条1項2号）が成立します。

この点、Dさんの町内で下水道の整備が問題となっていた場合には、Aさんの一般的な政見を表明したにすぎず、特殊の直接利害関係を利用して勧誘したとまではいえないと考える余地もあるかのように思えます。しかし、本設問では、CさんはDさんに対し、殊更に町内についてのみ有利に取り扱うことを述べて利益を強調して投票を得ようとしており、一般的な政見の主張と見ることはできないと考えます。

なお、Aさんが、Cさんが上記行為を行うことを知っていて容認していたような場合は、Aさんにも同罪が成立する可能性があります。

一方、Cさんの依頼に応じたDさんには、利害誘導応諾罪（法221条1項4号）が成立します。これはDさんがCさんの利害誘導に応じたことで成立し、結果的にDさんがとりまとめをしなくても、又はとりまとめに失敗したとしても結論に変わりはありません。

さらに、CさんはAさんの選挙対策本部長であり、Aさんの選挙運動の中心として全体を指揮する立場にあったのですから、Aさんの選挙運動の総括主宰者（法221条3項2号）といえます。そのため、Cさんが利害誘導罪により有罪判決を受けて確定した場合、Aさんは連座制の適用により当選無効と5年間の立候補制限となります（法251条の2第1

項1号）。

⑤　　Eさんは選挙区域外に居住する者であり選挙人ではありませんが、ライバル陣営の選挙運動の監視を行っていることから、選挙運動者に当たります。ライバル陣営の監視は直ちに候補者の投票を得るために「直接又は間接に必要かつ有利な……諸般の行為」ともいえなさそうですが、買収罪における選挙運動はかなり広く捉えられており、本設問のような行為を行う者も買収罪においては選挙運動者に含まれるとする判例もあります。

　　選挙運動者であるEさんは、Aさんに対してその日当すなわち金銭を求めており、Eさんの行為は利益要求罪（法221条1項4号）に当たります。

　　なお、AさんがEさんの要求に応じていれば、Eさんは利益収受罪（法221条1項4号）、Aさんには事後買収罪（法221条1項3号）が成立します。

⑥　　FさんはAさんの選挙運動に携わっており、選挙運動者です。AさんがFさんの求めに応じ、選挙後にその報酬として金銭を支払うことは、事後買収（供与）罪（法221条1項3号）となります。

　　他方で、報酬を要求したFさんには利益収受罪（法221条1項4号）が成立し、Fさんの報酬を要求した行為は供与罪に吸収され、別途要求罪は成立しません。

　　Fさんが報酬としての金銭を受け取った以上、上記の罪は成立し、その後、Fさんが返還してもなかったことにはなりません。

　　また、Fさんは報酬を受け取ったときは秘書であるため、法251条の2第1項5号により連座制の適用があるようにも思われます。しかし、Fさんが秘書になったのはAさんの当選後であり、選挙当時は一選挙運動者にすぎません。Fさんが当時実質的な秘書としてAさんの政治活動を補佐し、Aさんや統括管理者等と意思を通じて選挙運動をしていたり、秘書又はこれに類する肩書きを使用していたのでない限り、同条項の適用はないものと考えます。

⑦　　Aさんの発言は、会社の経営者と従業員という特殊の利害関係にある個々の有権者に対して人事上の不利益を示すことで威迫して困惑させ、選挙運動や投票についての自由な意思決定を阻害するものであり、選挙の自由妨害罪（法225条）が成立すると考えられます。

解説

1　買収罪

買収とは、特定の目的をもって選挙に関してあることをする（した）こと又はしない（しなかった）ことに対し、金銭・物品や一定の利益や便宜・接待などを提供することであり、提供する側に買収罪が、それを受ける側には収受罪等が成立します。

（1）誰が対象か（主体）

一定の身分を必要とする類型を除き、買収罪を行う主体に制限はありません。当該選挙の公職の候補者や選挙運動員のみならず、その選挙において選挙権を有していない者も主体となりえます。

（2）誰に対してか（相手方）

買収罪における相手方の性質は、大きく2つに分類されます。

ア　選挙人（投票買収）

いわゆる「有権者」ですが、正確には当該選挙の選挙人名簿に登録された者若しくは登録される資格を有する者となります（大判昭和12年3月25日大刑集16巻397頁参照）。選挙人に対して投票を得る又は投票を得させたり、投票をさせないために行うものを「投票買収」といいます。

イ　選挙運動者（運動買収）

選挙運動者に対して特定の候補者に有利となる選挙運動をさせ又はさせないために行うものを「運動買収」といいます。

（3）どのような行為が対象か（各罪の要件）

各罪の類型により異なります。ここで各罪の要件について次頁のとおり一覧表化して整理します。

ア　法221条（買収及び利害誘導罪）

この条文は、典型的な買収罪や買収のあっせんなどについて規定しています。

どのような行為が選挙運動に当たるか

● 選挙運動とは一般的に「特定の公職の選挙につき、特定の立候補者又は立候補予定者のため投票を得又は得させる目的をもって、直接又は間接に必要かつ有利な周旋、勧誘その他諸般の行為をすること」（最判昭和53年1月26日刑集32巻1号1頁）とされているところ、買収罪ではかなり広く解釈されています。

　例えば、古い判例では候補者の地盤に対する反対派の侵食の監視や自派が不利な状勢に陥らないよう防止すること、ライバル候補陣営の動きを監視するといった事実上の行為についても選挙運動と認定されています。

　また、はがきの発送・ポスター貼りや選挙運動用自動車の運転業務のような単なる労務の提供であっても、行為者の意思で当選を得させ又は得させない目的をもってなされるものも、ここでの選挙運動に含まれるとされ、さらには当該選挙運動が違法なものであっても該当し、未成年者の選挙運動や投票のとりまとめ、他陣営の選挙運動に対する妨害行為なども含まれます。

「選挙運動者」とされる者の範囲

● 相手方は現に選挙運動を行っている人のみならず、過去に行っていた人、これから行おうとしている人、さらには、買収の主体となる者から選挙運動をするよう依頼を受けた人も「選挙運動者」に該当します。

	主体	相手方	目的	行為
①事前買収罪（I①）	誰でも	選挙人選挙運動者	(a)当選を得又は得させる目的※1又は(b)当選を得させない目的※1	・金銭物品その他財産上の利益※2や公私の職務※3の供与、その申込み・約束をすること・供応接待※4、その申込み・約束をすること
②利害誘導罪（I②）				相手方又は相手方と関係のある会社や団体等※5に対する特殊の直接利害関係を利用※6して誘導する※7こと
③事後買収罪※8（I③）			以下のいずれかに対する報酬とする目的(a)投票をしたこと・しないこと(b)選挙運動をしたこと・やめたこと(c)(a)(b)の周旋・勧誘※9をしたこと	①の行為と同じ
④利益収受・要求・応諾罪（I④）	①〜③の相手方	①〜③の主体	―	・①③の供与や供応接待を受けること・①③の申込みを承諾・約束したこと・①③の供与や供応接待を要求したこと・②の誘導に応じたこと・②の誘導を促したこと
⑤買収目的交付・受交付罪（I⑤）	A（交付罪）誰でも	選挙運動者	①〜③をさせる目的	金銭若しくは物品の交付・交付の申込み・約束をすること
	B（受交付罪）Aの相手方	Aの主体	―	①〜③をさせる目的での交付であることを知って、金銭若しくは物品の交付を受ける・交付を要求する・約束をすること
⑥買収周旋勧誘罪（I⑥）	誰でも	①〜⑤の両当事者	―	①〜⑤について、周旋又は勧誘をしたこと

※1　この目的は外部に表示されている必要はありません。
※2　およそ人の需要、欲望を満たす一切の財産的利益を指します。そのため、現金や物品などの提供といった典型的なものに限らず、債務免除や弁済期の延期、費用の立替え、保証、労務提供、実費支給、借入れのあっせん、娯楽の提供など社会的儀礼の範囲を超えて対価性なく行われるものが広く含まれます。また、利益は法律上有効なものに限られず、実際には行う

権限がなくても含まれます。

※3　公的・私的を問わずあらゆる職務を指します。行為者に職務を与える具体的な権限がなくとも与えうる可能性があれば足ります。

※4　典型例としては酒食や娯楽・慰安の提供であり、社会的儀礼の程度を超えるものを指します。もっとも、その行為が社会的儀礼の範囲内であるかどうかは、その態様や時期、方法などの諸般の事情によって判断されるものですから明確な線引きは困難です。

※5　条文に示されているものは例示にすぎず、選挙人や選挙運動者と関係があり、その利害関係を利用して誘導しうるものであれば足ります。法人格の有無や団体であるかどうかは問いません。

※6　「特殊の直接利害関係」は、一般に個人的なものと地方的・社会的なものに分けられます。個人的なものの例としては、用水の便宜、債権の取立て猶予、関係者への寄附や子弟の就職あっせんなどがあり、地方的・社会的なものとしては、地域の上下水道や道路の整備、地域の自治体に対する寄附などが挙げられます。もっとも、道路整備等は政策的な内容も含むため、候補者の一般的な政見に関する主張とどのように区別するのかが問題となります。

　この点、特定層や一部の地域に関する政見であっても、一般的な観点での主張や施策全体の中の一部としてなされる主張（例えば、市町村の道路整備計画に当たって当該地域に及ぼす効果の説明など）、当該一部地域や特定層に対する施策が必要な場合にこれを行う旨の政見であれば、これをもって直ちに投票を得るために利害関係を利用したとはいえないものと考えられます。

　これに対し、当該一部の地域や特定層のみを合理的な理由もなく有利に取り扱うように述べたり、自身の政見による当該地域や特定層の利益を強調するような、殊更に特殊の直接利害関係を強調して投票を得ようとした場合は、もはや一般的な政見の表明とはいえず、利害誘導罪が成立すると考えます。

※7　誘導とは、利害関係の利用により、相手方の当選を得させ又は得させないことについて決意を促し又はすでに決意をしている場合はこれを確実にさせるための行為をいいます。明示的に行う必要はなく、この誘導によって実際に相手方が決意したかどうか、又は決意を確実にしたかどうかも本罪の成立には関係ありません。

※8　「事後」とは、供与等の相手方が投票した後や選挙運動をやめた後等も含むもので、必ずしも選挙期日後という意味ではありません。

※9　「周旋」とは、当事者の間に入り、合意が成立するよう仲介することをいい、「勧誘」は、買収行為をするように勧め又は買収行為を受けるよう勧めることをいいます。いずれも相手方が周旋や勧誘に応じたか、また結果として買収が成立したかどうかにかかわらず成立します。

《身分による刑の加重》

　上記の罪に関しては、一定の地位・身分を有する者が犯した場合、その刑が加重されています（法221条2項・3項）。

　身分がない者は3年以下の懲役若しくは禁錮又は50万円以下の罰金ですが、身分がある場合は4年以下の懲役若しくは禁錮又は100万円以下の罰金となります。

　身分としては、投票管理者や選挙事務に関係する公務員等いくつか規定されていますが、そのうち特に注意すべきは法221条3項です。

　具体的には、以下の立場にある者は罪が重くなります。

①公職の候補者（1号）

当該選挙について立候補の届出をして候補者の立場になった者を指し、未立候補者は含まれません（最判昭和35年 2 月23日刑集14観 2 号170頁）。

②選挙運動の総括主宰者（2号）

特定の公職の候補者となった者が候補者となったとき以後の当該地域における選挙運動を推進するについて、その地域の中心的存在としてこれを掌握指揮する立場にあった者（最決昭和61年 2 月24日刑集40巻 1 号95頁）をいいます。

③出納責任者（3号）

その選挙運動に関する収入及び支出の責任者（法180条 1 項参照）に加え、候補者又は出納責任者と意思を通じて候補者のため法定選挙運動費用の半分以上を支出した者も含まれます。

④選挙運動の地域主宰者（4号）

選挙区域を 3 つ以内に区分けしたうちの 1 つ又は 2 つの地域に関する選挙運動について、公職の候補者となった者又は総括主宰者となった者から、当該地域における選挙運動を主宰すべき者として定められた者をいいます。明示的な定めがない場合であっても、両者が意を通じて相互に地位や役割を了解の上でこれに則って行動していたといえる場合も含まれると考えられています（前掲最決昭和61年 2 月24日決定参照）。

イ　法222条（多数人買収及び多数人利害誘導罪）

この条文では、いわゆる選挙ブローカーや常習的な買収者など、悪質性のより高いものについて規定しています。

	主体	相手方	目的	行為
7 多数人買収罪（Ⅰ①）	誰でも	「多数の」[※1]選挙人・選挙運動者	財産上の利益を図る目的[※2]	・公職の候補者又はこれになろうとする者のために 1 2 3 5 6 の行為をすること又はさせたこと
8 多数人買収請負罪（Ⅰ②）				・公職の候補者又はこれになろうとする者のために 1 2 3 5 6 をすることを請け負ったこと又は請け負わせたこと ・上記の請け負うこと又は請け負わせることを申し込んだこと
9 常習買収罪（Ⅱ）	誰でも	―	―	1 2 3 5 6 を常習者[※3]が行ったとき

※1　何人からという客観的な基準はなく、選挙の種類や選挙人の規模などの事情に鑑みて相当数といえる場合に「多数」と判断されることになります。

※2　要件としては「財産上の利益を図る目的」が必要ですが、行為が買収罪に関してなされるものである以上、隠れた要件として特定の候補者又は候補者となろうとする者のためであることを意図して行われる必要があります。

※3　常習者というためには、反復して買収罪を行う性格・習癖があることが必要です。したがって、これまで他の選挙でも買収行為を行ってきた事実があるかどうかや、反復継続して行う蓋然性が高いかなどの要素を考慮して判断されます。しかし、1つの選挙で複数人に対し買収行為をしても、そこから直ちに常習性があることにはなりません。

《身分による刑の加重》

　上記の罪について、もともと身分がない者についても5年以下の懲役又は禁錮と重くなっていますが、①公職の候補者、②選挙運動の総括主宰者、③出納責任者、④選挙運動の地域主宰者が犯した場合は、刑がさらに加重され、6年以下の懲役又は禁錮とされています。

ウ　法223条（公職の候補者及び当選人に対する買収及び利害誘導罪）

　この条文は、候補者や立候補しようとする者、当選した者に対する買収等について規定しています。

	主体	相手方	目的	行為
⑩公職の候補者等及び当選人に対する買収及び利害誘導罪（Ⅰ①）	誰でも	・公職の候補者 ・公職の候補者になろうとする者 ・当選人	公職の候補者たること若しくは公職の候補者となろうとすることをやめさせる目的	①②の行為をすること
⑪公職の候補者等に対する事後買収罪（Ⅰ②）		・公職の候補者であった者 ・公職の候補者になろうとした者 ・当選人であった者	以下のいずれかに対する報酬とする目的 (a)公職の候補者たること (b)公職の候補者となろうとすることをやめたこと (c)当選を辞したこと (d)(a)～(c)の周旋・勧誘をしたこと	①の行為をすること
⑫公職の候補者等の利益収受・要求・承諾罪（Ⅰ③）	⑩⑪の相手方	⑩⑪の主体	以下のいずれかに対する報酬とする目的 (a)投票をしたこと・しないこと (b)選挙運動をしたこと・やめたこと (c)(a)(b)の周旋・勧誘をしたこと	・⑩⑪の供与や供応接待を受けること ・⑩⑪の供与や供応接待を要求したこと ・⑩⑪の申込みを承諾・約束したこと ・⑩の誘導に応じた又は誘導を促したこと
⑬公職の候補者等の買収周旋勧誘罪（Ⅰ④）	誰でも	⑩～⑫の両当事者	―	⑩～⑫について、周旋又は勧誘をしたこと

《身分による刑の加重》

　上記の罪についても、一定の地位・身分（法221条と同じです）を有する者が犯した場合は、身分がない者の刑（4年以下の懲役若しくは禁錮又は100万円以下の罰金）に比べて刑が加重されています（5年以下の懲役若しくは禁錮又は100万円以下の罰金。法223条2項・3項）。

エ　法223条の2（新聞紙、雑誌の不法利用罪）

同条は、言論買収を防止する趣旨で法148条の2第1項と2項の新聞紙、雑誌の不法利用について罰則を設けています。

要件は以下のとおりであり、①公職の候補者、②選挙運動の総括主宰者、③出納責任者、④選挙運動の地域主宰者には刑の加重規定もあります。

《148条の2第1項（供与等をする側）》

a　当選を得させる又は得させない目的をもって

b　新聞紙又は雑誌の編集その他経営を担当する者に対して

c　以下の行為をすること
　・金銭、物品その他の財産上の利益の供与・供与の申込み・約束をすること
　・供応接待・その申込み・約束

d　それにより選挙に関する報道及び評論を掲載させること

《148条の2第2項（供与を受ける側）》

a　新聞紙又は雑誌の編集その他経営を担当する者で

b　金銭、物品その他の財産上の利益の供与や供応接待を受けること、その要求をすること又は申込みを承諾すること

c　選挙に関する報道及び評論を掲載すること

(4) 共通する留意点

・買収罪においては、約束や申込み、要求など実際には利益を受けていない段階でも成立します。

・供与や供応接待にあっては、これを受ける相手方において、当選を得又は得させないことを目的としての供与・供応接待であることの認識が必要です。相手方において認識がない場合は、供与・供応接待を持ちかけた側に申込罪が成立するにとどまります。

・実際に買収によって当選を得又は得させないことや、投票をしたこと、しなかったこと、候補者となることをやめさせたことなど、所期の目的

が達せられたかどうかにかかわらず成立します。

・いったん財産上の利益等の供与を受けた後、思い直して返還したとして
も、情状の面で考慮されることはあっても、買収罪が成立しなかったと
いうことにはなりません。このことは、約束や承諾、要求の撤回も同様
であり、「なかったこと」にはできません。

2　連座制

（1）買収と連座制

当選人自身が買収等を犯して有罪となった場合、自身の犯罪行為の結果と
して当選無効となります（法251条）。

これに加え、法は買収等選挙犯罪の禁圧のため、当選人の選挙運動に重要
な役割を担ったり関係ある者が買収等を行い一定の刑を受けることが確定し
た場合に、当選人の当選が無効になる上、5年間の立候補制限（当該選挙区
域における同一の選挙について）という、いわゆる連座制を設けています。

（2）連座制の対象となる人的範囲

連座制の対象者は以下のとおり法定されています。

①総括主宰者、出納責任者、地域主宰者（法251条の2第1項1号～3号）

総括主宰者、出納責任者、地域主宰者が、買収罪（法221条～223条の2）
の罪で有罪となった場合、当該公職の候補者又は候補者となろうとする者（以
下「当該公職の候補者等」といいます）に連座制が適用されます。

②当該公職の候補者等の親族・秘書（法251条の2第1項4号・5号・同条2項）

当該公職の候補者等の父母、配偶者、子、兄弟姉妹又は秘書であり、かつ
総括主宰者や地域主宰者と意思を通じて選挙運動をした者が買収罪（法221
条～223条の2）の罪で禁錮又は懲役刑となった場合、当該公職の候補者等
は連座制により当選無効・公民権の停止となります。

なお、「秘書」は、「公職の候補者等に使用される者で当該公職の候補者等
の政治活動を補佐するもの」（法251条の2第1項5号）をいうとされますが、

これに当たらない場合でも、「秘書」の肩書きや類似するような肩書を使っている者で、当該公職の候補者等が使用を認めているような場合には秘書であると推定されることになっています（法251条の2第2項）。

③組織的選挙運動管理者等（法251条の3第1項）

上記総括主宰者、出納責任者、地域主宰者に当たらない場合であっても、当該公職の候補者の組織的選挙運動管理者等が買収罪（法221条～223条の2）の罪で禁錮又は懲役刑となった場合にも、当該公職の候補者等に連座制が適用されます。

組織的選挙運動管理者等とは、

a　当該公職の候補者等と意思を通じて組織により行われる選挙運動で

b　以下のいずれかを行う

（ⅰ）当該選挙運動の計画立案・調整

（ⅱ）当該選挙運動に従事する者の指揮監督

（ⅲ）その他当該選挙運動の管理

の要件を満たした者を指します。

「意思を通じて」とは、候補者と選挙運動を行う総括者との間で、「組織」により選挙運動を行うことを互いに明示ないし黙示に認識し承諾していることが必要であり、「組織」とは特定の公職の候補者等の当選を得させる目的のもと、その選挙運動について一定の指揮命令系統と相互の役割分担がなされたものを指します。このような要件を満たす選挙運動が組織的選挙運動であり、そこにおいて上記bの役割を担った者が主体となります。必ずしも指導的立場にある必要はなく、電話作戦の担当者や街頭演説のスケジュール管理者など一担当者にすぎない場合であっても該当する可能性があるので注意が必要です。

（3）適用除外

連座制は適用されると大変に厳しい制裁となるため、公職の候補者又は候補者となろうとする者としては、買収等の選挙犯罪に手を染めないようしっかりと管理を行っていく必要があります。

　しかし、ライバル陣営等による挑発やおとり行為などの場合や、組織的選挙運動管理者等に対し買収行為等を防止する相当の注意を怠らなかった場合には、連座制の適用が除外されます（法251条の2第4項、251条の3第2項）。

　とはいえ、相当の注意といっても単に買収等をしないように説明していたとか、買収防止の張り紙をしたとか、チラシを配った程度では足りません。裁判例では「候補者等が選挙浄化のための努力を尽くし、その責任を果したといいうる場合」であり、「管理者が買収等をしようとしても容易にこれをなすことができないだけの選挙組織上の仕組を作り、維持することがその内容になるもの」と具体的な防止策を立てた対応を求めており、大変厳しい要件を設定しています（仙台高判平成7年10月9日高裁刑集48巻3号231頁参照）。

3　選挙の自由妨害罪等（法225条）

　選挙活動や投票の自由を確保するため、行為者を問わず、公職者等の選挙に関して、以下のような行為をした場合は、選挙の自由妨害罪として罰せられます。

①候補者等や有権者、選挙運動者や当選者等に対する暴行や威力を加えたり、かどわかした場合

・威力については、暴行以外の不法な勢力を加えることとされており、影響力を示して人の意思を畏怖・圧迫するようなことをいいます。

・かどわかすとは、騙したり力づくで他の場所へ連れ去ることをいいます。

②交通や集会の便を妨げたり、演説の妨害や文書図画の毀棄（効用を妨げ又は滅失させること）するなどのほか、偽計詐術等不正の方法により選挙の自由を妨害する場合

・いずれも選挙運動や投票を妨げるような具体的行為により選挙の自由が妨害されたといえる場合に処罰しようとするもので、他の候補者の選挙ポスターを破ったり、街頭演説の際に大音響でライバル候補者の演説を

聞こえないようにするなどの行為や、個人演説会の開催日時・場所につき虚偽の情報を流布して混乱させるなどといった行為が挙げられます。

③候補者等や有権者、選挙運動者や当選者等やその関係のある学校、会社、組合等特殊な利害関係があることを利用して候補者等や有権者、選挙運動者や当選者等を威迫する場合

・判例は、法225条3号の立法趣旨につき「要は、いわゆる「特殊利害関係」に対して何らかの影響力を与えうる者が（当）該特殊利害関係を利用して威迫することにより、相手方に不安困惑の念を生ぜしめその結果選挙の自由が妨害されること」とし、利用者が威迫の内容を実現する権能を有しなくとも成立するとしています（最判昭和36年10月31日刑集15巻9号1629頁）。

・利害誘導罪（法222条1項2号）と異なり「直接」の利害関係は要求されていません。

　　例えば、公職者等が兼職・兼業しているような場合、兼職・兼業先の職員や従業員、関係者に対し、公職者等への投票をするよう求め、投票しない場合には職務上の不利益（昇給や給与査定、配置や人事において不利に取り扱うとか、その者の関係する会社等との取引を止めるなど）を与える旨を発言するなどして圧迫する行為も、威力により選挙に関する自由な意思決定を妨害する行為として罰せられます。

処罰対象者

　上記の買収罪及び選挙の自由妨害罪については、法人処罰規定がありません。実際に処罰されるのは、買収や選挙の自由妨害行為をした個人となります。会社や団体の方針として決定・実行した場合は、その決定に関わった者も罰せられることになると考えられます。

刑法の改正について

　令和4年6月13日、刑法が改正され、「懲役」「禁錮」が「拘禁刑」に統一されました（令和4年6月17日法律第67号）。同改正法は同年6月17日から3年を超えない範囲内において政令で定める日に施行されますが、これに伴い、公選法における罰則規定も「懲役」「禁錮」から「拘禁刑」に変更となります（令和4年6月17日法律第68号　刑法等の一部を改正する法律の施行に伴う関係法律の整理等に関する法律）。
懲役刑は刑務作業が義務づけられている刑罰、禁錮刑は義務ではないとの違いがありますが、いずれも自由を拘束する刑罰であり、刑事処遇の弾力化のため両者を一元化した「拘禁刑」が導入されることになりました。

　改正前でも改正後であっても、選挙違反その他により罪に問われることは不名誉であるとともに、支持し応援してくれる人を含む有権者への裏切りです。

　法律が変わっても、これまでと変わらず法令遵守で周囲から信頼され尊敬される政治家でありたいものです。

11　（番外）コロナ禍における選挙運動

> **Q**　Aさんは、新型コロナウイルスの感染が続く中での市議会議
> 員選挙で、有権者や選挙運動員の感染対策をしながら選挙運
> 動を進めたいと考えています。以下のような対策は公選法に
> 違反しないでしょうか。

❶ 選挙運動中、選挙運動員に対して感染予防目的で不織布マスクやフェイ
　スシールドを支給する。

❷ 個人演説会で、会場入り口にアルコールスプレーを設置し、来場者に利
　用してもらう。

❸ 個人演説会場の受付にて、マスクをせずに来場した人に使い捨てマスク
　を配布し、感染予防のために演説会開催中の着用をお願いする。

❹ Aは街頭で大声を張り上げるのではなく手を振るだけとし、大画面のモ
　ニターを設置してAが政策や主張を語る動画を放映する。

❺ 選挙運動用ビラを街頭等で手配りせず、支援者の会社などにまとめて送
　付し、従業員に渡したりポスティングしてもらう。

❻ 選挙運動用ビラを選挙区内の喫茶店や商店の店舗に置かせてもらい、お
　客に自由に持ち帰ってもらえるようにする。

❼ 密状態を避けるため、選挙はがき用名簿のとりまとめや整理、幕間演説
　の依頼業務や選挙運動用自動車の運行管理業務等を選対幹部間で割り振
　り、担当者の自宅にて手分けして行ってもらう。

A

① 　不織布マスクやフェイスシールドを選挙運動員に支給し又は無償で使

用させることは、形式的には選挙運動員に対する物品や財産的利益の供与であり、禁止される寄附（法199条の2）ともいえます。しかし、これらを感染予防目的で選挙運動期間中に限り支給や貸与をする場合は、例えば選挙運動員が共通してつけるはちまきやTシャツ、設営のためのガムテープやボールペンなどの備品のように、選挙運動に伴う物品を選挙運動員に使用させることと同様に考えられ、直ちに法199条の2で禁止される寄附には当たらないものと考えます。

しかし、選挙運動中以外でも利用させたり、持ち帰りを認めるといったことになれば、私的な利用を認める点で性質が異なりますし、必要以上にマスクを支給するような場合にも、その態様から物品の寄附があったと評価されるおそれもあります。

そのため、選挙運動員に対して、選挙運動の際にマスクやフェイスシールドを支給・貸与した場合は、選挙運動以外では使用しないようにさせるとか、終了時に回収するなど、取扱いには注意をすべきです。

② 　アルコールスプレーの使用によって何らかの財産上の利益の移転が生じるものとは考えにくく、来場者にその場で利用してもらうことは寄附には当たらないと考えられます。一方で、アルコールスプレーそのものを配布するなどすれば、物品の寄附であり法199条の2に抵触し許されず、また目的や態様によっては買収罪（法221条1項1号）成立の可能性もあります。

③ 　使い捨てマスクの提供は、物品を有権者に交付したものとして、形式的には寄附に当たり寄附の禁止（法199条の2）に当たるものと考えられます。

もっとも、私見として、配布が個人演説会場での感染拡大防止のためであり、個人演説会終了後、その場で直ちに回収して廃棄するような場合は財産上の利益の供与が存在しないと解する余地もあると考えます。

なお、マスクの提供が単にAさんの投票獲得により当選を得る目的でなされた場合は、寄附に該当するとともに買収罪（法221条1項1号）が成立する可能性もあります。

④　動画を放映（映写）することができるのは、「屋内の演説会場内」かつ「演説会の開催中」に限定されており（法143条1項4号の2）、街頭演説においては認められていません。したがって、本設問の行為は文書図画の掲示制限違反（法143条2項）となります。

⑤　支援者に郵送することや受け取った支援者が従業員に配ること、近所のポストにポスティングすることはいずれも文書図画の頒布に当たります。選挙運動用ビラの頒布方法は新聞折込みの方法のほか、選挙事務所内・個人演説会場内・街頭演説の場所での頒布に限定されており（法142条6項、令109条の6第3号）、本設問の方法は文書図画の頒布制限（法142条6項）違反となります。

⑥　「頒布」とは、直接手渡しする方法に限られません。一定の場所に設置して自由に持ち帰ることができるようにすることも「頒布」であり、選挙事務所や演説会場内ではない喫茶店や商店の店舗にて自由に持ち帰ることができるよう備え置くことは、文書図画の頒布方法として認められておらず、文書図画の頒布制限（法142条6項）違反となります。

⑦　法は特定の候補者のための選挙運動に関する事務を取り扱う場所を選挙事務所としており、設置できる者や設置数（原則1か所）を制限しています（法130条、131条1項5号）。本設問の選挙はがき用名簿のとりまとめや整理、幕間演説の依頼業務や選挙運動用自動車の運行管理業務等はいずれも選挙運動に関する事務に当たり、これを継続的に行う場所は選挙事務所となります。そのため、業務を割り振って担当者の自宅にて分散して行った場合、それぞれの自宅が選挙事務所に当たるとされ、上記制限に抵触する可能性があります。

　なお、上記事務を家族に手伝ってもらった場合に、その家族が18歳未満の者であれば、手伝っている内容が機械的な証紙貼りなどの単純な労務にとどまらず選挙運動であると評価されると、満18歳未満の者の選挙運動の禁止（法137条の2第1項）にも抵触します。

解 説

　選挙運動においては、いかに多くの人と出会い、政策と主張を伝え、支持を広げていくかが重要となるため、有権者と直接接触する握手や声を張り上げる街頭演説、たくさんの有権者が集う個人演説会等、どうしても「三密」になりがちです。

　そこで、感染症予防のため「三密」を回避しつつ選挙運動を行うにはどのような対応が考えられるのか、番外編として考えてみましょう。

1　感染防止対策用品の利用

　個人演説会や街頭演説など、選挙運動員や聴衆が集まる場所での感染対策として、マスクや消毒液等の利用が考えられます。この点、法は公職者等や後援団体から選挙区域内の者に対する寄附を禁止（法199条の2、199条の5）していることとの関係が問題となります。

(1) マスク・フェイスシールド等の支給や提供

　感染対策として一般的に用いられているマスクやフェイスシールドなどを選挙運動員や有権者らにつけてもらうことは、感染「しない」、「させない」の両面で有効と考えられていますが、配布することに問題はないでしょうか。

　これについては、平常時における感染症対策（118頁）でも検討したところですが、微妙な問題であるためここでも再度検討します。

ア　選挙運動関係者への貸与や支給

　選挙運動期間中、感染防止の観点から選挙運動関係者にマスクやフェイスシールドを貸与し、又は使い捨てマスクや布マスクを支給して使用させること自体は、選挙運動に当たりそろいの色のTシャツやはちまきといった用具やメモ、ボールペン等の備品と同様に考えられ、寄附には当たらないものと考えます。

　もっとも、これは選挙運動期間中に感染予防目的で使用するための貸与や支給であり、必要以上に支給したり選挙運動終了後に返却を求めず各人に持

ち帰らせるなどといった場合は、用具備品等と同視し得ず、禁止される寄附となるものと思われ、さらに選挙運動に対する謝礼の目的であれば運動買収として買収罪（法221条1項）も成立します。

イ　有権者への提供

街頭演説や個人演説会に訪れた有権者や選挙事務所を訪問した方へ使い捨てマスク等を提供するような場合はどうでしょうか。

この点、非常に難しいところです。使い捨てマスクのような衛生用品は、来所者名簿に記名するボールペンなどのように、一時的に利用させた後に返還を受けて繰り返し他人が利用することは想定されていません。とすれば、マスクを有権者に提供した時点で返却されることはほぼなく、事実上マスクの所有権は受け取った有権者に移転すると考えるのが素直です。そうすると、基本的には有権者に対する使い捨てマスクの提供は物品の供与であり、形式上寄附に該当するといわざるを得ないと考えます。

もっとも、社会において感染防止の観点からマスクの利用が求められていることを踏まえると、マスク着用を求める対応をすることにも相応の必要性があります。この点、演説等や来訪目的が終了した際に、その場で直ちに返却を受ける（処分する）ということであれば、会場ないし事務所の衛生環境保全のための備品利用と同視して、選挙運動関係者の場合と同様に寄附には当たらないと考える余地もあると考えます。しかしながら、実際には、返却を受けたかどうかなどを確認することは困難であり、現行法の下では、取り締まりにおける運用はともかく、有権者への寄附となる可能性を踏まえ差し控えざるを得ないのではないかと思われます。供与するものが使い捨てではなく再利用可能な物品である場合は、よりその傾向は強いといえます。

なお、マスク等の供与が投票を得るために行われた場合には、事前買収罪（法221条1項）が成立すると考えられます。

(2) アルコールスプレーや除菌シート等の設置

ウイルスの飛散と付着への対策として、アルコールスプレーや除菌シートの利用も多くの施設などで見られるところです。これらを個人演説会場や選

挙事務所に設置して来場者や利用者に使用させることについては、寄附には当たらないものと考えます。これらは会場ないし選挙事務所の衛生環境保全のために使用されるもので、マスク等の提供の場合と異なり、噴霧又は拭き取りにより直ちにその場で使用目的が達せられ再利用できないものである上、使用者に対し何ら財産上の利益を供与するものともいえないからです。

　もっとも、アルコールスプレーや除菌シートそのものの持ち帰りをさせるような場合は、物品の供与そのものであり禁止される寄附（法199条の2、199条の5）として認められませんし、これに候補者への投票ないし選挙運動に対する謝礼等の目的があれば買収罪（法221条以下）となる可能性があります。

2　文書図画の掲示・頒布

（1）演説動画の放映

　街頭での演説は道行く有権者に主張や政策を直に伝えるための効果的な手段であるとともに、候補者としての顔やキャラクターを売り込む重要な機会です。しかし、マイクを使ったとしても話をすれば飛沫が生じ、飛沫感染の可能性がある感染症では対応が必要となってきます。そこで、そもそもその場で話をするのではなく、あらかじめ収録した動画を放映するということが考えられます。

　この点、屋内で行われる個人演説会の開催中に会場内で動画を放映すること、すなわち「映写の類」は可能です（法143条1項4号の2）。他方で街頭演説や幕間演説では「映写の類」は認められておらず動画を放映することはできません。そのため、フェイスガードやシールドを利用した飛沫対策をして、従来どおり生の声で主張や政策を訴えることになります。

（2）ビラの配布方法（備え置きや分散配布）

　ビラの配布に当たっては、どうしても有権者の方々との直接接触が必要となり、密を警戒する方もいるかもしれません。そのため、ビラを直接手渡すのではなく、配布場所を設置して自由に持ち帰ることができるようにしたり、

一定の者にとりまとめて渡し、そこから個別に渡してもらうなどの方法をとることはできるでしょうか。

この点、文書図画の頒布とは、不特定又は多数人に配ることのほか、特定少数の人への配布でも不特定又は多数人に配布されることが予定又は予想される状況での配布をいいます。そのため、誰でも持ち帰ることができるようまとめて置いておくことや、一定の者にとりまとめて渡すこと、さらにはとりまとめた者が個別に配布することも頒布に当たります。

選挙運動のための文書図画の頒布は、その種類・方法が定められており、

①　新聞折込みの方法（法142条6項）

②　候補者の選挙事務所内での頒布（法142条6項、令109条の6第3号）

③　個人演説会の会場内での頒布（同）

④　街頭演説の場所での頒布（同）

に限定されています。

したがって、上記②〜④以外の場所で選挙運動用ビラを持ち帰ることができるように備え置くことはできず、一定の者が取りまとめて上記②〜④以外の場所で配ったりポスティングをすることはできません。

3　テレワークや自宅での作業と選挙事務所

新型コロナウイルス対策として、人と人との接触を減らすためテレワークや在宅勤務の取組みが一気に広がりました。

選挙運動においてもこうした考えを取り入れ、感染拡大防止のためテレワークや在宅で選挙運動の事務等を行うことができるでしょうか。選挙事務所の規制との関係で問題となります。

（1）選挙運動事務を分散して行うことの可否

選挙事務所の定義に基づけば、選挙運動に関わる多くの作業・業務が「選挙運動に関する事務」に含まれうることとなり、設置数や設置者の制限の観点からも、現時点では選挙運動に関する事務を分担し、テレワークや在宅などで行うことは難しいと考えざるをえません。

　結果的に、選挙運動に関する事務を行う場所すなわち選挙事務所では「密」が生じやすいこととなります。選挙運動計画などに関する秘密が漏れないよう配慮しながらこまめに換気を行ったり、人と人との接触機会を減らすような対応、パーテーションの設置などの対策を講じていくことになると考えられます。

4　インターネットの活用

　現行法の下で三密を避け、人の直接の接触機会を減らす方法としては、やはりインターネットを活用した選挙運動が最も簡便かつ効果的です。

　インターネットを利用した選挙運動については191頁以下にて詳細に検討していますので、ご参照の上、活用を検討ください。

資料編

資料編

※地方選挙に関わる部分について抄録をしています。
本文中も〔略〕としている箇所があります。

○公職選挙法（抄）

（昭和25年4月15日号外法律第100号）

（この法律の目的）

第1条　この法律は、日本国憲法の精神に則り、衆
議院議員、参議院議員並びに地方公共団体の議会
の議員及び長を公選する選挙制度を確立し、その
選挙が選挙人の自由に表明せる意思によって公明
且つ適正に行われることを確保し、もつて民主政
治の健全な発達を期することを目的とする。

（選挙運動の期間）

第129条　選挙運動は、〔略〕第86条の4第1項、第2
項、第5項、第6項若しくは第8項の規定による公
職の候補者の届出のあつた日から当該選挙の期日
の前日まででなければ、することができない。

（選挙事務所の設置及び届出）

第130条　選挙事務所は、次に掲げるものでなけれ
ば、設置することができない。

　四　前3号に掲げる選挙以外の選挙にあつては、
公職の候補者又はその推薦届出者

2　前項各号に掲げるものは、選挙事務所を設置し
たときは、直ちにその旨を、市町村の選挙以外の
選挙については当該選挙に関する事務を管理する
選挙管理委員会〔略〕及び当該選挙事務所が設置
された市町村の選挙管理委員会に、市町村の選挙
については当該市町村の選挙管理委員会に届け出
なければならない。選挙事務所に異動があつたと
きも、また同様とする。

（選挙事務所の数）

第131条　前条第1項各号に掲げるものが設置する選
挙事務所は、次の区分による数を超えることがで
きない。ただし、政令で定めるところにより、交
通困難等の状況のある区域においては、〔略〕第4
号の選挙事務所にあつては5箇所〔略〕まで、そ
れぞれ設置することができる。

　四　〔略〕都道府県知事の選挙における選挙事務
所は、その公職の候補者1人につき、1箇所〔略〕

　五　地方公共団体の議会の議員又は市町村長の選
挙における選挙事務所は、その公職の候補者1
人につき、1箇所

2　前項各号の選挙事務所については、当該選挙事
務所を設置したものは、当該選挙事務所ごとに、
1日につき1回を超えて、これを移動（廃止に伴う
設置を含む。）することができない。

3　第1項第1号から第4号までの選挙事務所について
は、当該選挙事務所を設置したものは、当該選挙

に関する事務を管理する選挙管理委員会〔略〕が
交付する標札を、選挙事務所を表示するために、
その入口に掲示しなければならない。

（選挙当日の選挙事務所の制限）

第132条　選挙事務所は、第129条の規定にかかわら
ず、選挙の当日においても、当該投票所を設けた
場所の入口から300メートル以外の区域に限り、
設置することができる。

（休憩所等の禁止）

第133条　休憩所その他これに類似する設備は、選
挙運動のため設けることができない。

（選挙事務所の閉鎖命令）

第134条　第130条第1項、第131条第3項又は第132条
の規定に違反して選挙事務所の設置があると認め
るときは、市町村の選挙以外の選挙については当
該選挙に関する事務を管理する選挙管理委員会
〔略〕事務所が設置された市町村の選挙管理委員
会、市町村の選挙については当該市町村の選挙管
理委員会は、直ちにその選挙事務所の閉鎖を命じ
なければならない。

2　第131条第1項の規定による定数を超えて選挙事
務所の設置があると認めるときは、その超過した
数の選挙事務所についても、また前項と同様とす
る。

（年齢満18年未満の者の選挙運動の禁止）

第137条の2　年齢満18年未満の者は、選挙運動をす
ることができない。

2　何人も、年齢満18年未満の者を使用して選挙運
動をすることができない。ただし、選挙運動のた
めの労務に使用する場合は、この限りでない。

（選挙権及び被選挙権を有しない者の選挙運動の
禁止）

第137条の3　第252条又は政治資金規正法第28条の
規定により選挙権及び被選挙権を有しない者は、
選挙運動をすることができない。

（戸別訪問）

第138条　何人も、選挙に関し、投票を得若しくは
得しめ又は得しめない目的をもつて戸別訪問をす
ることができない。

2　いかなる方法をもつてするを問わず、選挙運動
のため、戸別に、演説会の開催若しくは演説を行
うことについて告知をする行為又は特定の候補者
の氏名若しくは政党その他の政治団体の名称を言
いあるく行為は、前項に規定する禁止行為に該当
するものとみなす。

（署名運動の禁止）

第138条の2　何人も、選挙に関し、投票を得若しく
は得しめ又は得しめない目的をもつて選挙人に対
し署名運動をすることができない。

（人気投票の公表の禁止）

第138条の3　何人も、選挙に関し、公職に就くべき
者〔略〕を予想する人気投票の経過又は結果を公

表してはならない。

（飲食物の提供の禁止）

第139条　何人も、選挙運動に関し、いかなる名義をもつてするかを問わず、飲食物（湯茶及びこれに伴う通常用いられる程度の菓子を除く。）を提供することができない。ただし、衆議院（比例代表選出）議員の選挙以外の選挙において、選挙運動〔略〕に従事する者及び選挙運動のために使用する労務者に対し、公職の候補者〔略〕1人について、当該選挙の選挙運動の期間中、政令で定める弁当料の額の範囲内で、かつ、両者を通じて15人分（45食分）（第131条第1項の規定により公職の候補者又はその推薦届出者が設置することができる選挙事務所の数が1を超える場合においては、その1を増すごとにこれに6人分（18食分）を加えたもの）に、当該選挙につき選挙の期日の公示又は告示のあつた日からその選挙の期日の前日までの期間の日数を乗じて得た数分を超えない範囲内で、選挙事務所において食事するために提供する弁当（選挙運動に従事する者及び選挙運動のために使用する労務者が携行するために提供された弁当を含む。）については、この限りでない。

（気勢を張る行為の禁止）

第140条　何人も、選挙運動のため、自動車を連ね又は隊伍を組んで往来する等によつて気勢を張る行為をすることができない。

（連呼行為の禁止）

第140条の2　何人も、選挙運動のため、連呼行為をすることができない。ただし、演説会場及び街頭演説（演説を含む。）の場所においてする場合並びに午前8時から午後8時までの間に限り、次条の規定により選挙運動のために使用される自動車又は船舶の上においてする場合は、この限りでない。

2　前項ただし書の規定により選挙運動のための連呼行為をする者は、学校（学校教育法第1条に規定する学校及び就学前の子どもに関する教育、保育等の総合的な提供の推進に関する法律第2条第7項に規定する幼保連携型認定こども園をいう。以下同じ。）及び病院、診療所その他の療養施設の周辺においては、静穏を保持するように努めなければならない。

（自動車、船舶及び拡声機の使用）

第141条　次の各号に掲げる選挙においては、主として選挙運動のために使用される自動車（道路交通法（昭和35年法律第105号）第2条第1項第9号に規定する自動車をいう。以下同じ。）又は船舶及び拡声機（携帯用のものを含む。）は、公職の候補者〔略〕1人について当該各号に定めるもののほかは、使用することができない。ただし、拡声機については、個人演説会（演説を含む。）の開催中、その会場において別に1そろいを

使用することを妨げるものではない。

一　〔略〕地方公共団体の議会の議員及び長の選挙　自動車（その構造上宣伝を主たる目的とするものを除く。以下この号及び次号において同じ。）1台又は船舶1隻及び拡声機1そろい〔略〕

5　第1項本文〔略〕の規定により選挙運動のために使用される自動車、船舶又は拡声機には、当該選挙に関する事務を管理する選挙管理委員会〔略〕の定めるところの表示（自動車と船舶については、両者に通用する表示）をしなければならない。

6　第1項の自動車は、町村の議会の議員又は長の選挙以外の選挙にあつては政令で定める乗用の自動車に、町村の議会の議員又は長の選挙にあつては政令で定める乗用の自動車又は小型貨物自動車（道路運送車両法（昭和26年法律第185号）第3条の規定に基づき定められた小型自動車に該当する貨物自動車をいう。）に限るものとする。

8　地方公共団体の議会の議員又は長の選挙については、地方公共団体は、前項の規定（参議院比例代表選出議員の選挙に係る部分を除く。）に準じて、条例で定めるところにより、公職の候補者の第1項の自動車の使用について、無料とすることができる。

（自動車等の乗車制限）

第141条の2　前条第1項の規定により選挙運動のために使用される自動車又は船舶に乗車又は乗船する者は、公職の候補者〔略〕、運転手（自動車1台につき1人に限る。同項において同じ。）及び船員を除き、自動車1台又は船舶1隻について、4人を超えてはならない。

2　前条第1項の規定により選挙運動のために使用される自動車又は船舶に乗車又は乗船する者（公職の候補者、運転手及び船員を除く。）は、当該選挙に関する事務を管理する選挙管理委員会〔略〕の定めるところにより、一定の腕章を着けなければならない。

（車上の選挙運動の禁止）

第141条の3　何人も、第141条の規定により選挙運動のために使用される自動車の上においては、選挙運動をすることができない。ただし、停止した自動車の上において選挙運動のための演説をすること及び第140条の2第1項ただし書の規定により自動車の上において選挙運動のための連呼行為をすることは、この限りでない。

（文書図画の頒布）

第142条　衆議院（比例代表選出）議員の選挙以外の選挙においては、選挙運動のために使用する文書図画は、次の各号に規定する通常葉書及びビラのほかは、頒布することができない。この場合において、ビラについては、散布することができない。

三　都道府県知事の選挙にあつては、候補者1人

について、当該都道府県の区域内の衆議院（小選挙区選出）議員の選挙区の数が1である場合には、通常葉書　3万5,000枚、当該選挙に関する事務を管理する選挙管理委員会に届け出た2種類以内のビラ　10万枚、当該都道府県の区域内の衆議院（小選挙区選出）議員の選挙区の数が1を超える場合には、その1を増すごとに、通常葉書　2,500枚を3万5,000枚に加えた数、当該選挙に関する事務を管理する選挙管理委員会に届け出た2種類以内のビラ　1万5,000枚を10万枚に加えた数（その数が30万枚を超える場合には、30万枚）

四　都道府県の議会の議員の選挙にあつては、候補者1人について、通常葉書　8,000枚、当該選挙に関する事務を管理する選挙管理委員会に届け出た2種類以内のビラ　1万6,000枚

五　指定都市の選挙にあつては、長の選挙の場合には、候補者1人について、通常葉書　3万5,000枚、当該選挙に関する事務を管理する選挙管理委員会に届け出た2種類以内のビラ　7万枚、議会の議員の選挙の場合には、候補者1人について、通常葉書　4,000枚、当該選挙に関する事務を管理する選挙管理委員会に届け出た2種類以内のビラ　8,000枚

六　指定都市以外の市の選挙にあつては、長の選挙の場合には、候補者1人について、通常葉書　8,000枚、当該選挙に関する事務を管理する選挙管理委員会に届け出た2種類以内のビラ　1万6,000枚、議会の議員の選挙の場合には、候補者1人について、通常葉書　2,000枚、当該選挙に関する事務を管理する選挙管理委員会に届け出た2種類以内のビラ　4,000枚

七　町村の選挙にあつては、長の選挙の場合には、候補者1人について、通常葉書　2,500枚、当該選挙に関する事務を管理する選挙管理委員会に届け出た2種類以内のビラ　5,000枚、議会の議員の選挙の場合には、候補者1人について、通常葉書　800枚、当該選挙に関する事務を管理する選挙管理委員会に届け出た2種類以内のビラ　1,600枚

5　第1項の通常葉書は無料とし、〔略〕政令で定めるところにより、日本郵便株式会社において選挙用である旨の表示をしたものでなければならない。

6　第1項〔略〕のビラは、新聞折込みその他政令で定める方法によらなければ、頒布することができない。

7　第1項〔略〕のビラは、当該選挙に関する事務を管理する選挙管理委員会〔略〕の定めるところにより、当該選挙に関する事務を管理する選挙管理委員会の交付する証紙を貼らなければ頒布することができない。〔略〕

8　第1項のビラは長さ29.7センチメートル、幅21センチメートルを、〔略〕超えてはならない。

9　第1項〔略〕のビラには、その表面に頒布責任者及

び印刷者の氏名（法人にあつては名称）及び住所を記載しなければならない。〔略〕

12　選挙運動のために使用する回覧板その他の文書図画又は看板（プラカードを含む。）の類を多数の者に回覧させることは、第1項〔略〕の頒布とみなす。ただし、第143条第1項第2号に規定するものを同号に規定する自動車又は船舶に取り付けたままで回覧させること、及び公職の候補者〔略〕が第143条第1項第3号に規定するものを着用したまま回覧することは、この限りでない。

（ウェブサイト等を利用する方法による文書図画の頒布）

第142条の3　第142条第1項〔略〕の規定にかかわらず、選挙運動のために使用する文書図画は、ウェブサイト等を利用する方法（インターネット等を利用する方法（電気通信（電気通信事業法（昭和59年法律第86号）第2条第1号に規定する電気通信をいう。以下同じ。）の送信（公衆によつて直接受信されることを目的とする電気通信の送信を除く。）により、文書図画をその受信をする者が使用する通信端末機器（入出力装置を含む。以下同じ。）の映像面に表示させる方法をいう。以下同じ。）のうち電子メール（特定電子メールの送信の適正化等に関する法律（平成14年法律第26号）第2条第1号に規定する電子メールをいう。以下同じ。）を利用する方法を除いたものをいう。以下同じ。）により、頒布することができる。

2　選挙運動のために使用する文書図画であつてウェブサイト等を利用する方法により選挙の期日の前日までに頒布されたものは、第129条の規定にかかわらず、選挙の当日においても、その受信をする者が使用する通信端末機器の映像面に表示させることができる状態に置いたままにすることができる。

3　ウェブサイト等を利用する方法により選挙運動のために使用する文書図画を頒布する者は、その者の電子メールアドレス（特定電子メールの送信の適正化等に関する法律第2条第3号に規定する電子メールアドレスをいう。以下同じ。）その他のインターネット等を利用する方法によりその者に連絡する際に必要となる情報（以下「電子メールアドレス等」という。）が、当該文書図画に係る電気通信の受信をする者が使用する通信端末機器の映像面に正しく表示されるようにしなければならない。

（電子メールを利用する方法による文書図画の頒布）

第142条の4　第142条第1項〔略〕の規定にかかわらず、次の各号に掲げる選挙においては、それぞれ当該各号に定めるものは、電子メールを利用する方法により、選挙運動のために使用する文書図画を頒布することができる。

五　都道府県又は指定都市の議会の議員の選挙　公職の候補者及び第201条の8第2項（同条第3項にお

いて準用する場合を含む。）において準用する第201条の6第3項の確認書の交付を受けた政党その他の政治団体

六　都道府県知事又は市長の選挙　公職の候補者及び第201条の9第3項の確認書の交付を受けた政党その他の政治団体

七　前各号に掲げる選挙以外の選挙　公職の候補者

2　前項の規定により選挙運動のために使用する文書図画を頒布するために用いられる電子メール（以下「選挙運動用電子メール」という。）の送信をする者（その送信をしようとする者を含むものとする。以下「選挙運動用電子メール送信者」という。）は、次の各号に掲げる者に対し、かつ、当該各号に定める電子メールアドレスに送信をする選挙運動用電子メールでなければ、送信をすることができない。

一　あらかじめ、選挙運動用電子メールの送信をするように求める旨又は送信をすることに同意する旨を選挙運動用電子メール送信者に対し通知した者（その電子メールアドレスを当該選挙運動用電子メール送信者に対し自ら通知した者に限る。）　当該選挙運動用電子メール送信者に対し自ら通知した電子メールアドレス

二　前号に掲げる者のほか、選挙運動用電子メール送信者の政治活動のために用いられる電子メール（以下「政治活動用電子メール」という。）を継続的に受信している者（その電子メールアドレスを当該選挙運動用電子メール送信者に対し自ら通知した者に限り、かつ、その通知をした後、その自ら通知した全ての電子メールアドレスを明らかにしてこれらに当該政治活動用電子メールの送信をしないように求める旨を当該選挙運動用電子メール送信者に対し通知した者を除く。）であつて、あらかじめ、当該選挙運動用電子メール送信者から選挙運動用電子メールの送信をする旨の通知を受けたもののうち、当該通知に対しその受信している政治活動用電子メールに係る自ら通知した全ての電子メールアドレスを明らかにしてこれらに当該選挙運動用電子メールの送信をしないように求める旨の通知をしなかつたもの　当該選挙運動用電子メールの送信をする旨の通知に対し、当該選挙運動用電子メールの送信をしないように求める旨の通知をした電子メールアドレス以外の当該政治活動用電子メールに係る自ら通知した電子メールアドレス

5　選挙運動用電子メール送信者は、次の各号に掲げる場合に応じ、それぞれ当該各号に定める事実を証する記録を保存しなければならない。

一　第2項第1号に掲げる者に対し選挙運動用電子メールの送信をする場合　同号に掲げる者がそ

の電子メールアドレスを当該選挙運動用電子メール送信者に対し自ら通知したこと及びその者から選挙運動用電子メールの送信をするように求めがあつたこと又は送信をすることに同意があつたこと。

二　第2項第2号に掲げる者に対し選挙運動用電子メールの送信をする場合　同号に掲げる者がその電子メールアドレスを当該選挙運動用電子メール送信者に対し自ら通知したこと、当該選挙運動用電子メール送信者が当該電子メールアドレスに継続的に政治活動用電子メールの送信をしていること及び当該選挙運動用電子メール送信者が同号に掲げる者に対し選挙運動用電子メールの送信をする旨の通知をしたこと。

6　選挙運動用電子メール送信者は、第2項各号に掲げる者から、選挙運動用電子メールの送信をしないように求める電子メールアドレスを明らかにして電子メールの送信その他の方法により当該電子メールアドレスに選挙運動用電子メールの送信をしないように求める旨の通知を受けたときは、当該電子メールアドレスに選挙運動用電子メールの送信をしてはならない。

7　選挙運動用電子メール送信者は、選挙運動用電子メールの送信に当たつては、当該選挙運動用電子メールを利用する方法により頒布される文書図画に次に掲げる事項を正しく表示しなければならない。

一　選挙運動用電子メールである旨

二　当該選挙運動用電子メール送信者の氏名又は名称

三　当該選挙運動用電子メール送信者に対し、前項の通知を行うことができる旨

四　電子メールの送信その他のインターネット等を利用する方法により前項の通知を行う際に必要となる電子メールアドレスその他の通知先
（インターネット等を利用する方法により当選を得させないための活動に使用する文書図画を頒布する者の表示義務）

第142条の5　選挙の期日の公示又は告示の日からその選挙の当日までの間に、ウェブサイト等を利用する方法により当選を得させないための活動に使用する文書図画を頒布する者は、その者の電子メールアドレス等が、当該文書図画に係る電気通信の受信をする者が使用する通信端末機器の映像面に正しく表示されるようにしなければならない。

2　選挙の期日の公示又は告示の日からその選挙の当日までの間に、電子メールを利用する方法により当選を得させないための活動に使用する文書図画を頒布する者は、当該文書図画にその者の電子メールアドレス及び氏名又は名称を正しく表示しなければならない。

（インターネット等を利用する方法による候補者の氏名等を表示した有料広告の禁止等）

第142条の6　何人も、その者の行う選挙運動のための公職の候補者の氏名若しくは政党その他の政治団体の名称又はこれらのものが類推されるような事項を表示した広告を、有料で、インターネット等を利用する方法により頒布される文書図画に掲載させることができない。

2　何人も、選挙運動の期間中は、前項の禁止を免れる行為として、公職の候補者の氏名若しくは政党その他の政治団体の名称又はこれらのものが類推されるような事項を表示した広告を、有料で、インターネット等を利用する方法により頒布される文書図画に掲載させることができない。

3　何人も、選挙運動の期間中は、公職の候補者の氏名若しくは政党その他の政治団体の名称又はこれらのものが類推されるような事項が表示されていない広告であつて、当該広告に係る電気通信の受信をする者が使用する通信端末機器の映像面にウェブサイト等を利用する方法により頒布される選挙運動のために使用する文書図画を表示させることができる機能を有するものを、有料で、インターネット等を利用する方法により頒布される文書図画に掲載させることができない。

4　前2項の規定にかかわらず、次の各号に掲げる選挙においては、それぞれ当該各号に定める政党その他の政治団体は、選挙運動の期間中において、広告（第1項及び第152条第1項の広告を除くものとする。）であつて、当該広告に係る電気通信の受信をする者が使用する通信端末機器の映像面にウェブサイト等を利用する方法により頒布される当該政党その他の政治団体が行う選挙運動のために使用する文書図画を表示させることができる機能を有するものを、有料で、インターネット等を利用する方法により頒布される文書図画に掲載させることができる。

三　都道府県又は指定都市の議会の議員の選挙　第201条の8第2項（同条第3項において準用する場合を含む。）において準用する第201条の6第3項の確認書の交付を受けた政党その他の政治団体

四　都道府県知事又は市長の選挙　第201条の9第3項の確認書の交付を受けた政党その他の政治団体

（選挙に関するインターネット等の適正な利用）

第142条の7　選挙に関しインターネット等を利用する者は、公職の候補者に対して悪質な誹謗中傷をする等表現の自由を濫用して選挙の公正を害することがないよう、インターネット等の適正な利用に努めなければならない。

（文書図画の掲示）

第143条　選挙運動のために使用する文書図画は、

次の各号のいずれかに該当するもの〔略〕のほかは、掲示することができない。

一　選挙事務所を表示するために、その場所において使用するポスター、立札、ちようちん及び看板の類

二　第141条の規定により選挙運動のために使用される自動車又は船舶に取り付けて使用するポスター、立札、ちようちん及び看板の類

三　公職の候補者〔略〕が使用するたすき、胸章及び腕章の類

四　演説会場においてその演説会の開催中使用するポスター、立札、ちようちん及び看板の類

四の二　屋内の演説会場内においてその演説会の開催中掲示する映写等の類

四の三　個人演説会告知用ポスター（〔略〕都道府県知事の選挙の場合に限る。）

五　前各号に掲げるものを除くほか、選挙運動のために使用するポスター〔略〕

2　選挙運動のために、アドバルーン、ネオン・サイン又は電光による表示、スライドその他の方法による映写等の類（前項第4号の2の映写等の類を除く。）を掲示する行為は、同項の禁止行為に該当するものとみなす。

3　〔略〕都道府県知事の選挙については、第1項第4号の3の個人演説会告知用ポスター及び同項第5号の規定により選挙運動のために使用するポスター〔略〕は、第144条の2第1項の規定により設置されたポスターの掲示場ごとに公職の候補者1人につきそれぞれ1枚を限り掲示するほかは、掲示することができない。

4　第144条の2第8項の規定によりポスターの掲示場を設けることとした都道府県の議会の議員並びに市町村の議会の議員及び長の選挙については、第1項第5号の規定により選挙運動のために使用するポスターは、同条第8項の規定により設置されたポスターの掲示場ごとに公職の候補者1人につきそれぞれ1枚を限り掲示するほかは、掲示することができない。

5　第1項第1号の規定により選挙事務所を表示するための文書図画は、第129条の規定にかかわらず、選挙の当日においても、掲示することができる。

6　第1項第4号の3の個人演説会告知用ポスター及び同項第5号の規定により選挙運動のために使用するポスターは、第129条の規定にかかわらず、選挙の当日においても、掲示しておくことができる。

7　第1項第1号の規定により掲示することができるポスター、立札及び看板の類の数は、選挙事務所ごとに、通じて3をこえることができない。

8　第1項第4号の規定により掲示することができるポスター、立札及び看板の類の数は、演説会場外に掲示するものについては、会場ごとに、通じて

2を超えることができない。

9　第1項に規定するポスター（同項第4号の3及び第5号のポスターを除く。）、立札及び看板の類（屋内の演説会場内において使用する同項第4号のポスター、立札及び看板の類を除く。）は、縦273センチメートル、横73センチメートル（同項第1号のポスター、立札及び看板の類にあつては、縦350センチメートル、横100センチメートル）を超えてはならない。

10　第1項の規定により掲示することができるちようちんの類は、それぞれ1箇とし、その大きさは、高さ85センチメートル、直径45センチメートルを超えてはならない。

11　第1項第4号の3の個人演説会告知用ポスターは、長さ42センチメートル、幅10センチメートルを超えてはならない。

12　前項のポスターは、第1項第5号のポスターと合わせて作成し、掲示することができる。

13　第1項第4号の3の個人演説会告知用ポスターには、その表面に掲示責任者の氏名及び住所を記載しなければならない。

16　公職の候補者又は公職の候補者となろうとする者（公職にある者を含む。以下この項において「公職の候補者等」という。）の政治活動のために使用される当該公職の候補者等の氏名又は当該公職の候補者等の氏名が類推されるような事項を表示する文書図画及び第199条の5第1項に規定する後援団体（以下この項において「後援団体」という。）の政治活動のために使用される当該後援団体の名称を表示する文書図画で、次に掲げるもの以外のものを掲示する行為は、第1項の禁止行為に該当するものとみなす。

一　立札及び看板の類で、公職の候補者等1人につき又は同一の公職の候補者等に係る後援団体のすべてを通じて政令で定める総数の範囲内で、かつ、当該公職の候補者等又は当該後援団体が政治活動のために使用する事務所ごとにその場所において通じて2を限り、掲示されるもの

二　ポスターで、当該ポスターを掲示するためのベニヤ板、プラスチック板その他これらに類するものを用いて掲示されるもの以外のもの（公職の候補者等若しくは後援団体の政治活動のために使用する事務所若しくは連絡所を表示し、又は後援団体の構成員であることを表示するために掲示されるもの及び第19項各号の区分による当該選挙ごとの一定期間内に当該選挙区（選挙区がないときは、選挙の行われる区域）内に掲示されるものを除く。）

三　政治活動のためにする演説会、講演会、研修会その他これらに類する集会（以下この号において「演説会等」という。）の会場において当該演説会等の開催中使用されるもの

四　第14章の3の規定により使用することができるもの

17　前項第1号の立札及び看板の類は、縦150センチメートル、横40センチメートルを超えないものであり、かつ、当該選挙に関する事務を管理する選挙管理委員会〔略〕の定めるところの表示をしたものでなければならない。

18　第16項第2号のポスターには、その表面に掲示責任者及び印刷者の氏名（法人にあつては名称）及び住所を記載しなければならない。

19　第16項において「一定期間」とは、次の各号に定める期間とする。

三　地方公共団体の議会の議員又は長の任期満了による選挙にあつては、その任期満了の日の6月前の日から当該選挙の期日までの間

六　地方公共団体の議会の議員又は長の選挙のうち任期満了による選挙以外の選挙にあつては、当該選挙を行うべき事由が生じたとき（第34条第4項の規定の適用がある場合には、同項の規定により読み替えて適用される同条第1項に規定する最も遅い事由が生じたとき）その旨を当該選挙に関する事務を管理する選挙管理委員会が告示した日の翌日から当該選挙の期日までの間

（文書図画の撤去義務）

第143条の2　前条第1項第1号、第2号又は第4号のポスター、立札、ちようちん及び看板の類を掲示した者は、選挙事務所を廃止したとき、第141条第1項から第3項までの自動車若しくは船舶を主として選挙運動のために使用することをやめたとき、又は演説会が終了したときは、直ちにこれらを撤去しなければならない。

（ポスターの数）

第144条　第143条第1項第5号のポスターは、次の区分による数を超えて掲示することができない。ただし、第1号のポスターについては、その届け出た候補者に係る選挙区ごとに1,000枚以内で掲示するほかは、掲示することができない。

三　都道府県の議会の議員、市の議会の議員又は市長の選挙にあつては、公職の候補者1人について1,200枚。ただし、指定都市の市長の選挙にあつては、候補者1人について4,500枚

四　町村の議会の議員又は長の選挙にあつては、公職の候補者1人について500枚

2　前項のポスターは、当該選挙に関する事務を管理する選挙管理委員会〔略〕の定めるところにより、当該選挙に関する事務を管理する選挙管理委員会の行う検印を受け、又はその交付する証紙をはらなければ掲示することができない。この場合において、同項第1号のポスターについて当該選挙に関する事務を管理する選挙管理委員会の行う検印又はその交付する証紙は、当該選挙の選挙区

ごとに区分しなければならない。

3　前2項の規定は、次条第8項の規定によりポスターの掲示場を設けることとした都道府県の議会の議員並びに市町村の議会の議員及び長の選挙については、適用しない。

4　第143条第1項第5号のポスターは、〔略〕長さ42センチメートル、幅30センチメートルを超えてはならない。

5　第143条第1項第5号のポスターには、その表面に掲示責任者及び印刷者の氏名（法人にあつては、名称）及び住所を記載しなければならない。〔略〕

（ポスター掲示場）

第144条の2　〔略〕都道府県知事の選挙においては、市町村の選挙管理委員会は、第143条第1項第5号のポスター（衆議院小選挙区選出議員の選挙において候補者届出政党が使用するものを除く。）の掲示場を設けなければならない。

2　前項の掲示場の総数は、1投票区につき5箇所以上10箇所以内において、政令で定めるところにより算定する。ただし、市町村の選挙管理委員会は、特別の事情がある場合には、あらかじめ都道府県の選挙管理委員会と協議の上、その総数を減ずることができる。

3　第1項の掲示場は、市町村の選挙管理委員会が、投票区ごとに、政令で定める基準に従い、公衆の見やすい場所に設置する。

4　市町村の選挙管理委員会は、第1項の掲示場を設置したときは、直ちに、その掲示場の設置場所を告示しなければならない。

5　公職の候補者は、第1項の掲示場に、当該選挙に関する事務を管理する選挙管理委員会〔略〕が定め、あらかじめ告示する日から第143条第1項第4号の3及び第5号のポスターそれぞれ1枚を掲示することができる。この場合において、市町村の選挙管理委員会は、ポスターの掲示に関し、政令で定めるところにより、当該公職の候補者に対し、事情の許す限り便宜を供与するものとする。

6　前項の場合において、公職の候補者1人が掲示することができる掲示場の区画は、縦及び横それぞれ42センチメートル以上とする。

7　前各項に規定するもののほか、第1項の掲示場におけるポスターの掲示の順序その他ポスターの掲示に関し必要な事項は、当該選挙に関する事務を管理する選挙管理委員会〔略〕が定める。

8　都道府県の議会の議員の選挙については都道府県は、市町村の議会の議員及び長の選挙については市町村は、それぞれ、条例で定めるところにより、第143条第1項第5号のポスターの掲示場を設けることができる。

9　都道府県又は市町村が前項の規定によりポスターの掲示場を設置する場合においては、当該掲示場の総数は、1投票区につき5箇所以上10箇所以

内において、政令で定めるところにより算定しなければならない。ただし、特別の事情がある場合には、当該都道府県又は市町村は、それぞれ、条例で定めるところにより、その総数を減ずることができる。

10　第3項から第7項までの規定は、第8項の規定によりポスターの掲示場を設置する場合について、準用する。

（任意制ポスター掲示場）

第144条の4　第144条の2第8項の規定によるほか、都道府県の議会の議員の選挙については都道府県は、市町村の議会の議員及び長の選挙については市町村は、それぞれ、同条第3項から第7項まで及び前条の規定に準じて、条例で定めるところにより、第143条第1項第5号のポスターの掲示場を設けることができる。この場合において、ポスターの掲示場の数は、1投票区につき1箇所以上とする。

（ポスターの掲示箇所等）

第145条　何人も、〔略〕都道府県の議会の議員又は市町村の議会の議員若しくは長の選挙（第144条の2第8項の規定によりポスターの掲示場を設けることとした選挙を除く。）については、国若しくは地方公共団体が所有し若しくは管理するもの又は不在者投票管理者の管理する投票を記載する場所には、第143条第1項第5号のポスターを掲示することができない。ただし、橋りよう、電柱、公営住宅その他総務省令で定めるもの並びに第144条の2及び第144条の4の掲示場に掲示する場合については、この限りでない。

2　何人も、前項の選挙については、第143条第1項第5号のポスターを他人の工作物に掲示しようとするときは、その居住者、居住者がない場合にはその管理者、管理者がない場合にはその所有者（次項において「居住者等」と総称する。）の承諾を得なければならない。

3　前項の承諾を得ないで他人の工作物に掲示された第143条第1項第5号のポスターは、居住者等において撤去することができる。第1項の選挙以外の選挙において、居住者等の承諾を得ないで当該居住者等の工作物に掲示されたポスターについても、また同様とする。

（文書図画の頒布又は掲示につき禁止を免れる行為の制限）

第146条　何人も、選挙運動の期間中は、著述、演芸等の広告その他いかなる名義をもつてするを問わず、第142条又は第143条の禁止を免れる行為として、公職の候補者の氏名若しくはシンボル・マーク、政党その他の政治団体の名称又は公職の候補者を推薦し、支持し若しくは反対する者の名を表示する文書図画を頒布し又は掲示することができない。

2　前項の規定の適用については、選挙運動の期間中、公職の候補者の氏名、政党その他の政治団体の名称又は公職の候補者の推薦届出者その他選挙運動に従事する者若しくは公職の候補者と同一戸籍内に在る者の氏名を表示した年賀状、寒中見舞状、暑中見舞状その他これに類似する挨拶状を当該公職の候補者の選挙区（選挙区がないときはその区域）内に頒布し又は掲示する行為は、第142条又は第143条の禁止を免れる行為とみなす。

（文書図画の撤去）

第147条　都道府県又は市町村の選挙管理委員会は、次の各号のいずれかに該当する文書図画があると認めるときは、撤去させることができる。この場合において、都道府県又は市町村の選挙管理委員会は、あらかじめ、その旨を当該警察署長に通報するものとする。

一　第143条、第144条又は第164条の2第2項若しくは第4項の規定に違反して掲示したもの

二　第143条第16項に規定する公職の候補者等若しくは後援団体が当該公職の候補者等若しくは後援団体となる前に掲示された文書図画で同項の規定に該当するもの又は同項の公職の候補者等若しくは後援団体に係る同条第19項各号の区分による当該選挙ごとに当該各号に定める期間前若しくは期間中に掲示したポスターで当該期間中において同条第16項の規定に該当するもの

三　第143条の2の規定に違反して撤去しないもの

四　第145条第1項又は第2項（第164条の2第5項において準用する場合を含む。）の規定に違反して掲示したもの

五　選挙運動の期間前又は期間中に掲示した文書図画で前条の規定に該当するもの

（あいさつ状の禁止）

第147条の2　公職の候補者又は公職の候補者となろうとする者（公職にある者を含む。）は、当該選挙区（選挙区がないときは選挙の行われる区域）内にある者に対し、答礼のための自筆によるものを除き、年賀状、寒中見舞状、暑中見舞状その他これらに類するあいさつ状（電報その他これに類するものを含む。）を出してはならない。

（新聞紙、雑誌の報道及び評論等の自由）

第148条　この法律に定めるところの選挙運動の制限に関する規定（第138条の3の規定を除く。）は、新聞紙（これに類する通信類を含む。以下同じ。）又は雑誌が、選挙に関し、報道及び評論を掲載するの自由を妨げるものではない。但し、虚偽の事項を記載し又は事実を歪曲して記載する等表現の自由を濫用して選挙の公正を害してはならない。

2　新聞紙又は雑誌の販売を業とする者は、前項に規定する新聞紙又は雑誌を、通常の方法（選挙運動の期間中及び選挙の当日において、定期購読者以外の者に対して頒布する新聞紙又は雑誌については、有償でする場合に限る。）で頒布し又は都道府県の選挙管理委員会の指定する場所に掲示することができる。

3　前2項の規定の適用について新聞紙又は雑誌とは、選挙運動の期間中及び選挙の当日に限り、次に掲げるものをいう。ただし、点字新聞紙については、第1号ロの規定（同号ハ及び第2号中第1号ロに係る部分を含む。）は、適用しない。

一　次の条件を具備する新聞紙又は雑誌

イ　新聞紙にあつては毎月3回以上、雑誌にあつては毎月1回以上、号を逐つて定期に有償頒布するものであること。

ロ　第3種郵便物の承認のあるものであること。

ハ　当該選挙の選挙期日の公示又は告示の日前1年（時事に関する事項を掲載する日刊新聞紙にあつては、6月）以来、イ及びロに該当し、引き続き発行するものであること。

二　前号に該当する新聞紙又は雑誌を発行する者が発行する新聞紙又は雑誌で同号イ及びロの条件を具備するもの

（新聞紙、雑誌の不法利用等の制限）

第148条の2　何人も、当選を得若しくは得しめ又は得しめない目的をもつて新聞紙又は雑誌の編集その他経営を担当する者に対し金銭、物品その他の財産上の利益の供与、その供与の申込若しくは約束をし又は饗応接待、その申込若しくは約束をして、これに選挙に関する報道及び評論を掲載させることができない。

2　新聞紙又は雑誌の編集その他経営を担当する者は、前項の供与、饗応接待を受け若しくは要求し又は前項の申込を承諾して、これに選挙に関する報道及び評論を掲載することができない。

3　何人も、当選を得若しくは得しめ又は得しめない目的をもつて新聞紙又は雑誌に対する編集その他経営上の特殊の地位を利用して、これに選挙に関する報道及び評論を掲載し又は掲載させることができない。

（選挙運動放送の制限）

第151条の5　何人も、この法律に規定する場合を除く外、放送設備（広告放送設備、共同聴取用放送設備その他の有線電気通信設備を含む。）を使用して、選挙運動のために放送をし又は放送をさせることができない。

（挨拶を目的とする有料広告の禁止）

第152条　公職の候補者又は公職の候補者となろうとする者（公職にある者を含む。次項において「公職の候補者等」という。）及び第199条の5第1項に規定する後援団体（次項において「後援団体」という。）は、当該選挙区（選挙区がないときは選挙の行われる区域。次項において同じ。）内にある者に対する主として挨拶（年賀、寒中見舞、暑中見舞その他これらに類するもののために

する挨拶及び慶弔、激励、感謝その他これらに類するもののためにする挨拶に限る。次項において同じ。）を目的とする広告を、有料で、新聞紙、雑誌、ビラ、パンフレット、インターネット等を利用する方法により頒布される文書図画その他これらに類するものに掲載させ、又は放送事業者（放送法第2条第26号に規定する放送事業者をいい、日本放送協会及び放送大学学園を除く。次項において同じ。）の放送設備により放送をさせることができない。

2 何人も、公職の候補者等又は後援団体に対して、当該選挙区内にある者に対する主として挨拶を目的とする広告を、新聞紙、雑誌、ビラ、パンフレット、インターネット等を利用する方法により頒布される文書図画その他これらに類するものに有料で掲載させ、又は放送事業者の放送設備により有料で放送をさせることを求めてはならない。

（公営施設使用の個人演説会等）

第161条 公職の候補者〔略〕は、次に掲げる施設〔略〕を使用して、個人演説会〔略〕を開催することができる。

一 学校及び公民館（社会教育法（昭和24年法律第207号）第21条に規定する公民館をいう。）

二 地方公共団体の管理に属する公会堂

三 前2号のほか、市町村の選挙管理委員会の指定する施設

2 前項の施設については、政令の定めるところにより、その管理者において、必要な設備をしなければならない。

3 市町村の選挙管理委員会は、第1項第3号の施設の指定をしたときは、直ちに、都道府県の選挙管理委員会に、報告しなければならない。

4 前項の報告があつたときは、都道府県の選挙管理委員会は、その旨を告示しなければならない。

（公営施設以外の施設使用の個人演説会等）

第161条の2 公職の候補者〔略〕は、前条第1項に規定する施設以外の施設（建物その他の施設の構内を含むもの〔略〕）を使用して、個人演説会〔略〕を開催することができる。

（個人演説会等の開催の申出）

第163条 第161条の規定により個人演説会を開催しようとする公職の候補者〔略〕は、開催すべき日前2日までに、使用すべき施設、開催すべき日時及び公職の候補者の氏名〔略〕を、文書で市町村の選挙管理委員会に申し出なければならない。

（個人演説会等の会場の掲示の特例）

第164条の2 〔略〕都道府県知事の候補者〔略〕は、その個人演説会〔略〕の開催中、次項に規定する立札又は看板の類を、開催前の公衆の見やすい場所に掲示しなければならない。

2 前項の規定により個人演説会〔略〕の会場前に掲示しなければならない立札及び看板の類は、縦273センチメートル、横73センチメートルを超えてはならないものとし、これらには、当該選挙に関する事務を管理する選挙管理委員会〔略〕の定めるところの表示をしなければならない。〔略〕

3 前項に規定する立札及び看板の類の数は、候補者にあつては当該選挙ごとに通じて5〔略〕を、超えることができない。〔略〕

4 第2項に規定する立札及び看板の類を除くほか、第1項の個人演説会〔略〕につき選挙運動のために使用する文書図画は、第143条第1項第4号の規定にかかわらず、個人演説会〔略〕の会場外においては掲示することができない。

5 第2項に規定する立札及び看板の類は、個人演説会〔略〕の会場外のいずれの場所〔略〕においても選挙運動のために使用することができる。ただし、当該立札及び看板の類の掲示箇所については、第145条第1項及び第2項の規定を準用する。

（他の演説会の禁止）

第164条の3 選挙運動のためにする演説会は、この法律の規定により行う個人演説会〔略〕を除くほか、いかなる名義をもつてするを問わず、開催することができない。

2 公職の候補者以外の者が2人以上の公職の候補者の合同演説会を開催すること〔略〕は、前項に規定する禁止行為に該当するものとみなす。

（個人演説会等及び街頭演説における録音盤の使用）

第164条の4 個人演説会〔略〕並びに街頭演説においては、選挙運動のため、録音盤を使用して演説をすることを妨げない。

（街頭演説）

第164条の5 選挙運動のためにする街頭演説（屋内から街頭へ向かつてする演説を含む。以下同じ。）は、次に掲げる場合でなければ、行うことができない。

一 演説者がその場所にとどまり、次項に規定する標旗を掲げて行う場合〔略〕

2 選挙運動のために前項第1号の規定による街頭演説をしようとする場合には、公職の候補者〔略〕は、あらかじめ当該選挙に関する事務を管理する選挙管理委員会〔略〕の定める様式の標旗の交付を受けなければならない。

3 前項の標旗は、次の各号に掲げる選挙の区分に応じ、当該各号に定める数を交付する。

一 衆議院（比例代表選出）議員又は参議院（比例代表選出）議員の選挙以外の選挙 公職の候補者1人について、1〔略〕

4 第1項第1号の標旗は、当該公務員の請求があるときは、これを提示しなければならない。

（夜間の街頭演説の禁止等）

第164条の6 何人も、午後8時から翌日午前8時までの間は、選挙運動のため、街頭演説をすることが

できない。

2　第140条の2第2項の規定は、選挙運動のための街頭演説をする者について準用する。

3　選挙運動のための街頭演説をする者は、長時間にわたり、同一の場所にとどまつてすることのないように努めなければならない。

（街頭演説の場合の選挙運動員等の制限）

第164条の7　第164条の5第1項第1号の規定による街頭演説〔略〕においては、選挙運動に従事する者（運転手（第141条第1項の規定により選挙運動のために使用される自動車1台につき1人に限る。）及び船員を除き、運転手の助手その他労務を提供する者を含む。）は、公職の候補者1人について〔略〕、15人を超えてはならない。

2　前項の規定による選挙運動に従事する者は、当該選挙に関する事務を管理する選挙管理委員会〔略〕の定めるところにより、一定の腕章又は第141条の2第2項の規定による腕章を着けなければならない。

（近接する選挙の場合の演説会等の制限）

第165条の2　何人も、2以上の選挙が行われる場合において、1の選挙の選挙運動の期間が他の選挙の選挙の期日にかかる場合においては、その当日当該投票所を閉じる時刻までの間は、その投票所を設けた場所の入口から300メートル以内の区域において、選挙運動のためにする演説会（演説を含む。）を開催することができない。選挙運動のために街頭演説をすること及び第140条の2第1項ただし書の規定により自動車又は船舶の上において選挙運動のための連呼行為をすることも、また同様とする。

（特定の建物及び施設における演説等の禁止）

第166条　何人も、次に掲げる建物又は施設においては、いかなる名義をもつてするを問わず、選挙運動のためにする演説及び連呼行為を行うことができない。ただし、第1号に掲げる建物において第161条の規定による個人演説会〔略〕を開催する場合は、この限りでない。

一　国又は地方公共団体の所有し又は管理する建物（公営住宅を除く。）

二　汽車、電車、乗合自動車、船舶（第141条第1項から第3項までの船舶を除く。）及び停車場その他鉄道地内

三　病院、診療所その他の療養施設

（通常葉書等の返還及び譲渡禁止）

第177条　第142条第1項及び第5項の規定により選挙運動のために使用する通常葉書の交付を受けた者、同条第7項若しくは第144条第2項の規定により証紙の交付を受けた者若しくは衆議院名簿届出政党等又は前条の規定により特殊乗車券若しくは特殊航空券の交付を受けた者は、次に掲げるときは、直ちにその全部を返還しなければならない。ただ

し、選挙運動に使用したためその全部を返還することができないときは、選挙運動に使用したことを証する明細書を添えて、残部を返還しなければならない。

一　公職の候補者〔略〕にあつては、第86条第9項若しくは第86条の4第9項の規定により公職の候補者の届出を却下されたとき又は第86条第12項若しくは第86条の4第10項の規定により公職の候補者たることを辞したとき（第91条第2項又は第103条第4項の規定により公職の候補者たることを辞したものとみなされる場合を含む。）。

2　第142条第1項、第2項及び第5項の規定により選挙運動のために使用する通常葉書の交付を受けた者〔略〕、同条第7項若しくは第144条第2項の規定により証紙の交付を受けた者〔略〕又は前条に規定する特殊乗車券若しくは特殊航空券の交付を受けた者は、これらのものを他人に譲渡してはならない。

（選挙期日後の挨拶行為の制限）

第178条　何人も、選挙の期日（第100条第1項から第4項までの規定により投票を行わないこととなつたときは、同条第5項の規定による告示の日）後において、当選又は落選に関し、選挙人に挨拶する目的をもつて次に掲げる行為をすることができない。

一　選挙人に対して戸別訪問をすること。

二　自筆の信書及び当選又は落選に関する祝辞、見舞等の答礼のためにする信書並びにインターネット等を利用する方法により頒布される文書図画を除くほか文書図画を頒布し又は掲示すること。

三　新聞紙又は雑誌を利用すること。

四　第151条の5に掲げる放送設備を利用して放送すること。

五　当選祝賀会その他の集会を開催すること。

六　自動車を連ね又は隊を組んで往来する等によつて気勢を張る行為をすること。

七　当選に関する答礼のため当選人の氏名又は政党その他の政治団体の名称を言い歩くこと。

（選挙期日後の文書図画の撤去）

第178条の2　第143条第1項第5号のポスター（第144条の2第1項及び第8項の掲示場に掲示されたものを除く。）及び第164条の2第2項の立札及び看板の類を掲示した者は、選挙の期日（第100条第1項から第4項までの規定により投票を行わないこととなつたときは、同条第5項の規定による告示の日）後速やかにこれを撤去しなければならない。

（収入、寄附及び支出の定義）

第179条　〔略〕

2　この法律において「寄附」とは、金銭、物品その他の財産上の利益の供与又は交付、その供与又は交付の約束で党費、会費その他債務の履行とし

てなされるもの以外のものをいう。

4 前3項の金銭、物品その他の財産上の利益には、花輪、供花、香典又は祝儀として供与され、又は交付されるものその他これらに類するものを含むものとする。

（実費弁償及び報酬の額）

第197条の2 衆議院（比例代表選出）議員の選挙以外の選挙においては、選挙運動〔略〕に従事する者に対し支給することができる実費弁償並びに選挙運動のために使用する労務者に対し支給することができる報酬及び実費弁償の額については、政令で定める基準に従い、当該選挙に関する事務を管理する選挙管理委員会〔略〕が定める。

2 衆議院（比例代表選出）議員の選挙以外の選挙においては、選挙運動に従事する者（選挙運動のために使用する事務員、専ら第141条第1項の規定により選挙運動のために使用される自動車又は船舶の上における選挙運動のために使用する者、専ら手話通訳のために使用する者及び専ら第142条の3第1項の規定によるウェブサイト等を利用する方法による選挙運動のために使用する文書図画の頒布は第143条第1項の規定による選挙運動のために使用する文書図画の掲示のために口述を要約して文書図画に表示すること（次項及び第4項において「要約筆記」という。）のために使用する者に限る。）については、前項の規定による実費弁償のほか、当該選挙につき〔略〕第86条の4第1項、第2項、第5項、第6項若しくは第8項の規定による届出のあつた日からその選挙の期日の前日までの間に限り、公職の候補者1人について1日50人を超えない範囲内で各選挙ごとに政令で定める員数の範囲内において、1人1につき政令で定める基準に従い当該選挙に関する事務を管理する選挙管理委員会〔略〕が定める額の報酬を支給することができる。

5 第2項の規定により報酬の支給を受けることができる者は、公職の候補者が、その者を使用する前（その者を使用する前にこの項の規定による届出をすることができない場合として政令で定める場合にあつては、その者に対して第2項の規定により報酬を支給する前）に、政令で定めるところにより、当該選挙に関する事務を管理する選挙管理委員会〔略〕に届け出た者に限る。

（特定の寄附の禁止）

第199条 〔略〕地方公共団体の議会の議員及び長の選挙に関しては当該地方公共団体と、請負その他特別の利益を伴う契約の当事者である者は、当該選挙に関し、寄附をしてはならない。

2 会社その他の法人が融資（試験研究、調査及び災害復旧に係るものを除く。）を受けている場合において、当該融資を行なつている者が、当該融資につき、〔略〕地方公共団体の議会の議員及び

長の選挙に関しては当該地方公共団体から、利子補給金の交付の決定（利子補給金に係る契約の承諾の決定を含む。以下この条において同じ。）を受けたときは、当該利子補給金の交付の決定の通知を受けた日から当該利子補給金の交付の日から起算して1年を経過した日（当該利子補給金の交付の決定の全部の取消しがあつたときは、当該取消しの通知を受けた日）までの間、当該会社その他の法人は、当該選挙に関し、寄附をしてはならない。

（公職の候補者等の寄附の禁止）

第199条の2 公職の候補者又は公職の候補者となろうとする者（公職にある者を含む。以下この条において「公職の候補者等」という。）は、当該選挙区（選挙区がないときは選挙の行われる区域。以下この条において同じ。）内にある者に対し、いかなる名義をもつてするを問わず、寄附をしてはならない。ただし、政党その他の政治団体若しくはその支部又は当該公職の候補者等の親族に対してする場合及び当該公職の候補者等が専ら政治上の主義又は施策を普及するために行う講習会その他の政治教育のための集会（参加者に対して饗応接待（通常用いられる程度の食事の提供を除く。）が行われるようなもの、当該選挙区外において行われるもの及び第199条の5第4項各号の区分による当該選挙ごとに当該各号に定める期間内に行われるものを除く。以下この条において同じ。）に関し必要やむを得ない実費の補償（食事についての実費の補償を除く。以下この条において同じ。）としてする場合は、この限りでない。

2 公職の候補者等を寄附の名義人とする当該選挙区内にある者に対する寄附については、当該公職の候補者等以外の者は、いかなる名義をもつてするを問わず、これをしてはならない。ただし、当該公職の候補者等の親族に対してする場合及び当該公職の候補者等が専ら政治上の主義又は施策を普及するために行う講習会その他の政治教育のための集会に関し必要やむを得ない実費の補償としてする場合は、この限りでない。

3 何人も、公職の候補者等に対して、当該選挙区内にある者に対する寄附を勧誘し、又は要求してはならない。ただし、政党その他の政治団体若しくはその支部又は当該公職の候補者等の親族に対する寄附を勧誘し、又は要求する場合及び当該公職の候補者等が専ら政治上の主義又は施策を普及するために行う講習会その他の政治教育のための集会に関し必要やむを得ない実費の補償としてする寄附を勧誘し、又は要求する場合は、この限りでない。

4 何人も、公職の候補者等を寄附の名義人とする当該選挙区内にある者に対する寄附については、当該公職の候補者等以外の者に対して、これを勧

誘し、又は要求してはならない。ただし、当該公職の候補者等の親族に対する寄附を勧誘し、又は要求する場合及び当該公職の候補者等が専ら政治上の主義又は施策を普及するために行う講習会その他の政治教育のための集会に関し必要やむを得ない実費の補償としてする寄附を勧誘し、又は要求する場合は、この限りでない。

（公職の候補者等の関係会社等の寄附の禁止）

第199条の3　公職の候補者又は公職の候補者となろうとする者（公職にある者を含む。）がその役職員又は構成員である会社その他の法人又は団体は、当該選挙区（選挙区がないときは選挙の行われる区域）内にある者に対し、いかなる名義をもつてするを問わず、これらの者の氏名を表示し又はこれらの者の氏名が類推されるような方法で寄附をしてはならない。ただし、政党その他の政治団体又はその支部に対し寄附をする場合は、この限りでない。

（公職の候補者等の氏名等を冠した団体の寄附の禁止）

第199条の4　公職の候補者又は公職の候補者となろうとする者（公職にある者を含む。）の氏名が表示され又はその氏名が類推されるような名称が表示されている会社その他の法人又は団体は、当該選挙に関し、当該選挙区（選挙区がないときは選挙の行われる区域）内にある者に対し、いかなる名義をもつてするを問わず、寄附をしてはならない。ただし、政党その他の政治団体若しくはその支部又は当該公職の候補者若しくは公職の候補者となろうとする者（公職にある者を含む。）に対し寄附をする場合は、この限りでない。

（後援団体に関する寄附等の禁止）

第199条の5　政党その他の団体又はその支部で、特定の公職の候補者若しくは公職の候補者となろうとする者（公職にある者を含む。）の政治上の主義若しくは施策を支持し、又は特定の公職の候補者若しくは公職の候補者となろうとする者（公職にある者を含む。）を推薦し、若しくは支持することがその政治活動のうち主たるものであるもの（以下「後援団体」という。）は、当該選挙区（選挙区がないときは、選挙の行われる区域）内にある者に対し、いかなる名義をもつてするを問わず、寄附をしてはならない。ただし、政党その他の政治団体若しくはその支部又は当該公職の候補者若しくは公職の候補者となろうとする者（公職にある者を含む。）に対し寄附をする場合及び当該後援団体がその団体の設立目的により行う行事又は事業に関し寄附（花輪、供花、香典、祝儀その他これらに類するものとしてされるもの及び第4項各号の区分による当該選挙ごとの一定期間内にされるものを除く。）をする場合は、この限りでない。

2　何人も、後援団体の総会その他の集会（後援団体を結成するための集会を含む。）又は後援団体が行なう見学、旅行その他の行事において、第4項各号の区分による当該選挙ごとに一定期間、当該選挙区（選挙区がないときは、選挙の行なわれる区域）内にある者に対し、饗応接待（通常用いられる程度の食事の提供を除く。）をし、又は金銭若しくは記念品その他の物品を供与してはならない。

3　公職の候補者又は公職の候補者となろうとする者（公職にある者を含む。）は、第199条の2第1項の規定にかかわらず、次項各号の区分による当該選挙区ごとに一定期間、当該公職の候補者又は公職の候補者となろうとする者（公職にある者を含む。）に係る後援団体（政治資金規正法第19条第2項の規定による届出がされた政治団体を除く。）に対し、寄附をしてはならない。

4　この条において「一定期間」とは、次の各号に定める期間とする。

三　地方公共団体の議会の議員又は長の任期満了による選挙にあつては、その任期満了の日前90日に当たる日（第34条の2第2項（同条第4項において準用する場合を含む。）の規定による告示がなされた場合にあつては、任期満了の日前90日に当たる日又は当該告示がなされた日の翌日のいずれか早い日）から当該選挙の期日までの間

六　地方公共団体の議会の議員又は長の選挙のうち任期満了による選挙以外の選挙にあつては、当該選挙を行うべき事由が生じたとき（第34条第4項の規定の適用がある場合には、同項の規定により読み替えて適用される同条第1項に規定する最も遅い事由が生じたとき）その旨を当該選挙に関する事務を管理する選挙管理委員会が告示した日の翌日から当該選挙の期日までの間

（通常選挙における政治活動の規制）

第201条の6　〔略〕

2　前項第4号のポスター及び同項第6号のビラは、第142条及び第143条の規定にかかわらず、当該参議院名簿届出政党等又は所属候補者の選挙運動のために使用することができる。ただし、当該選挙区（選挙区がないときは、選挙の行われる区域）の特定の候補者の氏名又はその氏名が類推されるような事項を記載したものを使用することはできない。

第201条の8　政党その他の政治活動を行う団体は、その政治活動のうち、政談演説会及び街頭政談演説の開催、ポスターの掲示、立札及び看板の類の掲示並びにビラの頒布並びに宣伝告知のための自動車及び拡声機の使用については、都道府県の議会の議員又は指定都市の議会の議員の一般選挙の

行われる区域においてその選挙の期日の告示の日
から選挙の当日までの間に限り、これをすること
ができない。ただし、選挙の行われる区域を通じ
て3人以上の所属候補者を有する政党その他の政
治団体が、次の各号に掲げる政治活動につき、そ
の選挙の期日の告示の日から選挙の期日の前日ま
での間、当該各号の規定によりする場合は、この
限りでない。

一　政談演説会の開催については、所属候補者の
　数の4倍に相当する回数

二　街頭政談演説の開催については、次号の規定
　により使用する自動車で停止しているものの車
　上及びその周囲

三　政策の普及宣伝及び演説の告知のための自動
　車の使用については、政党その他の政治団体の
　本部及び支部を通じて1台、所属候補者の数が3
　人を超える場合においては、その超える数が5
　人を増すごとに1台を1台に加えた台数以内

三の二　政策の普及宣伝及び演説の告知のための
　拡声機の使用については、政談演説会の会場、
　街頭政談演説（政談演説を含む。）の場所及び
　前号の規定により使用する自動車の車上

四　ポスターの掲示については、1選挙区ごとに、
　長さ85センチメートル、幅60センチメートル以
　内のもの100枚以内、当該選挙区の所属候補者
　の数が1人を超える場合にあつては、その超え
　る数が1人を増すごとに50枚を100枚に加えた枚
　数以内

五　立札及び看板の類の掲示については
　イ　その開催する政談演説会の告知のために使
　　用するもの（1の政談演説会ごとに、立札及
　　び看板の類を通じて5以内）及びその会場内
　　で使用するもの
　ロ　第3号の規定により使用する自動車に取り
　　付けて使用するもの

六　ビラの頒布（散布を除く。）については、当
　該選挙に関する事務を管理する選挙管理委員会
　に届け出たもの2種類以内

2　第201条の6第2項の規定は前項第4号のポスター
　及び同項第6号のビラについて、同条第3項の規定
　は第1項ただし書の規定の適用を受けようとする
　政党その他の政治団体について、同条第5項の規
　定は第1項の規定を適用する場合について準用す
　る。この場合において、同条第2項中「当該参議
　院名簿届出政党等又は所属候補者」とあるのは
　「所属候補者」と、同条第3項中「総務大臣」とあ
　るのは「当該選挙に関する事務を管理する選挙管
　理委員会」と読み替えるものとする。

3　前2項の規定は、都道府県の議会の議員又は指定
　都市の議会の議員の再選挙、補欠選挙又は増員選
　挙について準用する。この場合において、第1項
　中「選挙の行われる区域を通じて3人以上の所属

候補者」とあるのは、「所属候補者」と読み替え
るものとする。

（都道府県知事又は市長の選挙における政治活動
　の規制）

第201条の9　政党その他の政治活動を行う団体は、
その政治活動のうち、政談演説会及び街頭政談演
説の開催、ポスターの掲示、立札及び看板の類の
掲示並びにビラの頒布並びに宣伝告知のための自
動車及び拡声機の使用については、都道府県知事
又は市長の選挙の行われる区域においてその選挙
の期日の告示の日から選挙の当日までの間に限り、
これをすることができない。ただし、政党その他
の政治団体で所属候補者又は支援候補者（第86条
の4第3項の規定により政党その他の政治団体に所
属する者として記載されなかつた公職の候補者で、
当該政党その他の政治団体が推薦し、又は支持す
るものをいう。以下この条及び第201条の11にお
いて同じ。）を有するものが、次の各号に掲げる
政治活動につき、その選挙の期日の告示の日から
選挙の期日の前日までの間、当該各号の規定によ
りする場合は、この限りでない。

一　政談演説会の開催については、都道府県知事
　の選挙にあつては衆議院（小選挙区選出）議員
　の選挙区ごとに1回、市長の選挙にあつては当
　該選挙の行われる区域につき2回

二　街頭政談演説の開催については、第3号の規
　定により使用する自動車で停止しているものの
　車上及びその周囲

三　政策の普及宣伝及び演説の告知のための自動
　車の使用については、政党その他の政治団体の
　本部及び支部を通じて1台

三の二　政策の普及宣伝及び演説の告知のための
　拡声機の使用については、政談演説会の会場、
　街頭政談演説（政談演説を含む。）の場所及び
　前号の規定により使用する自動車の車上

四　ポスターの掲示については、都道府県知事の
　選挙にあつては衆議院（小選挙区選出）議員の
　1選挙区ごとに、長さ85センチメートル、幅60
　センチメートル以内のもの500枚以内、市長の
　選挙にあつては当該選挙の行われる区域につき、
　長さ85センチメートル、幅60センチメートル以
　内のもの1,000枚以内

五　立札及び看板の類の掲示については
　イ　その開催する政談演説会の告知のために使
　　用するもの（1の政談演説会ごとに、立札及
　　び看板の類を通じて5以内）及びその会場内
　　で使用するもの
　ロ　第3号の規定により使用する自動車に取り
　　付けて使用するもの

六　ビラの頒布（散布を除く。）については、当
　該選挙に関する事務を管理する選挙管理委員会
　に届け出たもの2種類以内

2　第201条の6第2項の規定は、前項第4号のポスター及び同項第6号のビラについて準用する。この場合において、同条第2項中「当該参議院名簿届出政党等又は所属候補者」とあるのは、「所属候補者又は支援候補者」と読み替えるものとする。

3　第1項ただし書の規定の適用を受けようとする政党その他の政治団体は、政令で定めるところにより、所属候補者又は支援候補者の氏名を記載し、支援候補者については当該政党その他の政治団体の支援候補者とされることについての本人の同意書を添え、当該選挙に関する事務を管理する選挙管理委員会に申請して、その確認書の交付を受けなければならない。

4　第1項の規定の適用については、前項の確認書の交付を受けた1の政党その他の政治団体の所属候補者又は支援候補者とされた者は、当該選挙において、当該1の政党その他の政治団体以外の政党その他の政治団体の所属候補者又は支援候補者とされることができず、また、当該選挙において、当該1の政党その他の政治団体の支援候補者又は所属候補者とされることができない。

（2以上の選挙が行われる場合の政治活動）

第201条の10　前5条の規定は、これらの条に掲げる選挙の2以上のものが行われる場合において、1の選挙の行われる区域が他の選挙の行われる区域の全部又は1部を含み、且つ、1の選挙の期日の公示又は告示の日からその選挙の当日までの間が他の選挙の期日の公示又は告示の日からその選挙の当日までの間にかかるときは、これらの条のそれぞれの規定により政治活動を行うことのできる政党その他の政治団体が、その2以上の選挙が重複して行われる区域においてその期間それぞれの規定に従つて政治活動を行うことを妨げるものではない。

（政治活動の態様）

第201条の11　この章の規定による政談演説会及び街頭政談演説においては、政策の普及宣伝のほか、所属候補者（〔略〕都道府県知事又は市長の選挙にあつては所属候補者又は支援候補者）の選挙運動のための演説をもすることができる。この場合において、第164条の3及び第166条（第1号に係る部分に限る。）の規定は政談演説会に、第164条の5の規定は街頭政談演説に適用しない。

2　本章の規定による政談演説会を開催する場合には、政党その他の政治団体は、あらかじめ当該政談演説会場の所在する都道府県の選挙管理委員会（指定都市の議会の議員及び市の長の選挙については、市の選挙管理委員会）に届け出なければならない。

3　本章の規定による自動車には、総務大臣（都道府県の議会の議員、都道府県知事、指定都市の議

会の議員及び市の長の選挙については、当該選挙に関する事務を管理する選挙管理委員会）の定めるところの表示をしなければならない。

4　この章の規定によるポスターは、当該選挙に関する事務を管理する選挙管理委員会〔略〕の定めるところにより、当該選挙に関する事務を管理する選挙管理委員会〔略〕の行う検印を受け、又はその交付する証紙を貼らなければ掲示することができない。この場合において、当該選挙に関する事務を管理する選挙管理委員会〔略〕の行う検印又はその交付する証紙は、市の長の選挙に係るものを除き、衆議院（小選挙区選出）議員の選挙区（都道府県の議会の議員又は指定都市の議会の議員の選挙にあつては、当該選挙の選挙区）ごとに区分しなければならない。

5　本章の規定によるポスターには、その表面に当該政党その他の政治団体の名称並びに掲示責任者及び印刷者の氏名（法人にあつては名称）及び住所、本章の規定によるビラには、その表面に当該政党その他の政治団体の名称、選挙の種類及び本章の規定によるビラである旨を表示する記号を記載しなければならない。

6　第145条の規定は、この章の規定によるポスター並びに立札及び看板の類について、準用する。この場合において、同条第1項ただし書中「総務省令で定めるもの並びに第144条の2及び第144条の4の掲示場に掲示する場合」とあるのは、「総務省令で定めるもの」と読み替えるものとする。

7　第143条第6項の規定はこの章の規定によるポスターについて、第178条の2の規定はこの章の規定によるポスターで所属候補者〔略〕の選挙運動のために使用するものについて準用する。

8　本章の規定により政談演説会の開催につきその告知のために使用する立札及び看板の類には、当該政談演説会場の所在する都道府県の選挙管理委員会（指定都市の議会の議員及び市の長の選挙については、市の選挙管理委員会）の定めるところの表示をしなければならない。

9　前項の立札及び看板の類には、その表面に掲示責任者の氏名及び住所を記載しなければならない。

10　本章の規定により立札又は看板の類を掲示した者は、本章の規定により使用される自動車を政策の普及宣伝及び演説の告知のために使用することをやめたとき、又は政談演説会が終了したときは、直ちにこれらを撤去しなければならない。

11　都道府県又は市町村の選挙管理委員会は、政治活動のために使用する文書図画で本章の規定に違反して掲示したもの又は前項の規定に違反して撤去しないものがあると認めるときは、撤去させることができる。この場合において、都道府県又は市町村の選挙管理委員会は、あらかじめ、その旨

を当該警察署長に通報するものとする。

（政談演説会等の制限）

第201条の12 政党その他の政治団体は、午後8時から翌日午前8時までの間は、本章の規定による街頭政談演説を開催することができない。

2　政党その他の政治団体は、2以上の選挙が行われる場合において、1の選挙の期日の公示又は告示の日からその選挙の期日の前日までの間が他の選挙の期日にかかる場合においては、その当日当該投票所を閉じる時刻までの間は、その投票所を設けた場所の入口から300メートル以内の区域において、本章の規定による政談演説会又は街頭政談演説を開催することができない。次条第1項ただし書の規定により自動車の上において政治活動のための連呼行為をすることも、また同様とする。

3　第140条の2第2項及び第164条の6第3項の規定は、本章の規定による街頭政談演説を開催する政党その他の政治団体について準用する。

（連呼行為等の禁止）

第201条の13 政党その他の政治活動を行う団体は、各選挙につき、その選挙の期日の公示又は告示の日から次の選挙の当日までの間に限り、政治活動のため、次の各号に掲げる行為をすることができない。ただし、第1号の連呼行為については、この章の規定による政談演説会の会場及び街頭政談演説の場所においてする場合並びに午前8時から午後8時までの間に限り、この章の規定により政策の普及宣伝及び演説の告知のために使用される自動車の上においてする場合並びに第3号の文書図画の頒布については、この章の規定による政談演説会の会場においてする場合は、この限りでない。

一　連呼行為をすること。

二　いかなる名義をもつてするを問わず、掲示し又は頒布する文書図画（新聞紙及び雑誌並びにインターネット等を利用する方法により頒布されるものを除く。）に、当該選挙区（選挙区がないときは、選挙の行われる区域）の特定の候補者の氏名又はその氏名が類推されるような事項を記載すること。

三　国又は地方公共団体が所有し又は管理する建物（専ら職員の居住の用に供されているもの及び公営住宅を除く。）において文書図画（新聞紙及び雑誌を除く。）の頒布（郵便等又は新聞折込みの方法による頒布を除く。）をすること。

2　第140条の2第2項の規定は、前項ただし書の規定により政治活動のための連呼行為をする政党その他の政治団体について準用する。

（選挙運動の期間前に掲示されたポスターの撤去）

第201条の14 各選挙につき、当該選挙の期日の公示又は告示の前に政党その他の政治活動を行う団体がその政治活動のために使用するポスターを掲示した者は、当該ポスターにその氏名又はその氏名が類推されるような事項を記載された者が当該選挙において候補者となつたときは、当該候補者となつた日のうちに、当該選挙区（選挙区がないときは、選挙の行われる区域）において、当該ポスターを撤去しなければならない。

2　都道府県又は市町村の選挙管理委員会は、前項の規定に違反して撤去しないポスターがあると認めるときは、撤去させることができる。この場合において、都道府県又は市町村の選挙管理委員会は、あらかじめ、その旨を当該警察署長に通報するものとする。

（政党その他の政治団体の機関紙誌）

第201条の15 政党その他の政治団体の発行する新聞紙及び雑誌については、〔略〕都道府県の議会の議員、都道府県知事、指定都市の議会の議員又は市長の選挙の期日の公示又は告示の日からその選挙の当日までの間に限り、第148条第3項の規定を適用せず、〔略〕衆議院議員の選挙以外の選挙にあつては当該選挙につきこの章の規定により政治活動をすることができる政党その他の政治団体の本部において直接発行し、かつ、通常の方法（機関新聞紙については、政談演説会〔略〕の会場において頒布する場合を含む。）により頒布する機関新聞紙又は機関雑誌で、総務大臣（都道府県の議会の議員、都道府県知事、指定都市の議会の議員又は市長の選挙については、当該選挙に関する事務を管理する選挙管理委員会）に届け出たもの各1に限り、かつ、当該機関新聞紙又は機関雑誌の号外、臨時号、増刊号その他の臨時に発行するものを除き、同条第1項及び第2項の規定を準用する。この場合において、同条第2項中「通常の方法（選挙運動の期間中及び選挙の当日において、定期購読者以外の者に対して頒布する新聞紙又は雑誌については、有償する場合に限る。）」とあるのは、当該機関新聞紙又は機関雑誌で引き続いて発行されている期間が6月に満たないものについては「通常の方法（政談演説会〔略〕の会場においてする場合に限る。）」と、当該機関新聞紙又は機関雑誌で引き続いて発行されている期間が6月以上のものについては「通常の方法（当該選挙の期日の公示又は告示の日前6月間において平常行われていた方法をいい、その間に行われた臨時又は特別の方法を含まない。）」と読み替えるものとする。

2　前項の届出には、当該機関新聞紙又は雑誌の名称並びに編集人及び発行人の氏名その他政令で定める事項を記載しなければならない。

3　第1項の規定の適用については、当該機関新聞紙又は機関雑誌の号外、臨時号、増刊号その他の臨時に発行するもので当該選挙に関する報道及び評

論を掲載していないものについても、当該選挙区（選挙区がないときは、選挙の行われる区域）の特定の候補者の氏名又はその氏名が類推されるような事項が記載されているときは、当該選挙区（選挙区がないときは、選挙の行われる区域）内においては、同項に規定する当該機関新聞紙又は機関雑誌の号外、臨時号、増刊号その他の臨時に発行するものとみなす。

（買収及び利害誘導罪）

第221条　次の各号に掲げる行為をした者は、3年以下の懲役若しくは禁錮又は50万円以下の罰金に処する。

　一　当選を得若しくは得しめ又は得しめない目的をもつて選挙人又は選挙運動者に対し金銭、物品その他の財産上の利益若しくは公私の職務の供与、その供与の申込み若しくは約束をし又は供応接待、その申込み若しくは約束をしたとき。

　二　当選を得若しくは得しめ又は得しめない目的をもつて選挙人又は選挙運動者に対しその者又はその者と関係のある社寺、学校、会社、組合、市町村等に対する用水、小作、債権、寄附その他特殊の直接利害関係を利用して誘導をしたとき。

　三　投票をし若しくはしないこと、選挙運動をし若しくはやめたこと又はその周旋勧誘をしたことの報酬とする目的をもつて選挙人又は選挙運動者に対し第1号に掲げる行為をしたとき。

　四　第1号若しくは前号の供与、供応接待を受け若しくは要求し、第1号若しくは前号の申込みを承諾し又は第2号の誘導に応じ若しくはこれを促したとき。

　五　第1号から第3号までに掲げる行為をさせる目的をもつて選挙運動者に対し金銭若しくは物品の交付、交付の申込み若しくは約束をし又は選挙運動者がその交付を受け、その交付を要求し若しくはその申込みを承諾したとき。

　六　前各号に掲げる行為に関し周旋又は勧誘をしたとき。

2　中央選挙管理会の委員若しくは中央選挙管理会の庶務に従事する総務省の職員、参議院合同選挙区選挙管理委員会の委員若しくは職員、選挙管理委員会の委員若しくは職員、投票管理者、開票管理者、選挙長若しくは選挙分会長又は選挙事務に関係のある国若しくは地方公共団体の公務員が当該選挙に関し前項の罪を犯したときは、4年以下の懲役若しくは禁錮又は100万円以下の罰金に処する。公安委員会の委員又は警察官がその関係区域内の選挙に関し同項の罪を犯したときも、また同様とする。

3　次の各号に掲げる者が第1項の罪を犯したときは、4年以下の懲役若しくは禁錮又は100万円以下の罰

金に処する。

　一　公職の候補者

　二　選挙運動を総括主宰した者

　三　出納責任者（公職の候補者又は出納責任者と意思を通じて当該公職の候補者のための選挙運動に関する支出の金額のうち第196条の規定により告示された額の2分の1以上に相当する額を支出した者を含む。）

　四　3以内に分けられた選挙区（選挙区がないときは、選挙の行われる区域）の地域のうち1又は2の地域における選挙運動を主宰すべき者として第1号又は第2号に掲げる者から定められ、当該地域における選挙運動を主宰した者

（多数人買収及び多数人利害誘導罪）

第222条　左の各号に掲げる行為をした者は、5年以下の懲役又は禁錮に処する。

　一　財産上の利益を図る目的をもつて公職の候補者又は公職の候補者となろうとする者のため多数の選挙人又は選挙運動者に対し前条第1項第1号から第3号まで、第5号又は第6号に掲げる行為をし又はさせたとき。

　二　財産上の利益を図る目的をもつて公職の候補者又は公職の候補者となろうとする者のため多数の選挙人又は選挙運動者に対し前条第1項第1号から第3号まで、第5号又は第6号に掲げる行為をすることを請け負い若しくは請け負わせ又はその申込をしたとき。

2　前条第1項第1号から第3号まで、第5号又は第6号の罪を犯した者が常習者であるときも、また前項と同様とする。

3　前条第3項各号に掲げる者が第1項の罪を犯したときは、6年以下の懲役又は禁錮に処する。

（公職の候補者及び当選人に対する買収及び利害誘導罪）

第223条　次の各号に掲げる行為をした者は、4年以下の懲役若しくは禁錮又は100万円以下の罰金に処する。

　一　公職の候補者たること若しくは公職の候補者となろうとすることをやめさせる目的をもつて公職の候補者若しくは公職の候補者となろうとする者に対し又は当選を辞させる目的をもつて当選人に対し第221条第1項第1号又は第2号に掲げる行為をしたとき。

　二　公職の候補者たること若しくは公職の候補者となろうとすることをやめたこと、当選を辞したこと又はその周旋勧誘をしたことの報酬とする目的をもつて公職の候補者であつた者、公職の候補者となろうとした者又は当選人であつた者に対し第221条第1項第1号に掲げる行為をしたとき。

　三　前2号の供与、供応接待を受け若しくは要求し、前2号の申込みを承諾し又は第1号の誘導に

応じ若しくはこれを促したとき。
　四　前各号に掲げる行為に関し周旋又は勧誘をなしたとき。
2　中央選挙管理会の委員若しくは中央選挙管理会の庶務に従事する総務省の職員、参議院合同選挙区選挙管理委員会の委員若しくは職員、選挙管理委員会の委員若しくは職員、投票管理者、開票管理者、選挙長若しくは選挙分会長又は選挙事務に関係のある国若しくは地方公共団体の公務員が当該選挙に関し前項の罪を犯したときは、5年以下の懲役若しくは禁錮又は100万円以下の罰金に処する。公安委員会の委員又は警察官がその関係区域内の選挙に関し同項の罪を犯したときも、また同様とする。
3　第221条第3項各号に掲げる者が第1項の罪を犯したときは、5年以下の懲役若しくは禁錮又は100万円以下の罰金に処する。
　（選挙の自由妨害罪）
第225条　選挙に関し、次の各号に掲げる行為をした者は、4年以下の懲役若しくは禁錮又は100万円以下の罰金に処する。
　一　選挙人、公職の候補者、公職の候補者となろうとする者、選挙運動者又は当選人に対し暴行若しくは威力を加え又はこれをかどわかしたとき。
　二　交通若しくは集会の便を妨げ、演説を妨害し、又は文書図画を毀棄し、その他偽計詐術等不正の方法をもつて選挙の自由を妨害したとき。
　三　選挙人、公職の候補者、公職の候補者となろうとする者、選挙運動者若しくは当選人又はその関係のある社寺、学校、会社、組合、市町村等に対する用水、小作、債権、寄附その他特殊の利害関係を利用して選挙人、公職の候補者、公職の候補者となろうとする者、選挙運動者又は当選人を威迫したとき。
　（虚偽事項の公表罪）
第235条　当選を得又は得させる目的をもつて公職の候補者若しくは公職の候補者となろうとする者の身分、職業若しくは経歴、その者の政党その他の団体への所属、その者に係る候補者届出政党の候補者の届出、その者に係る参議院名簿届出政党等の届出又はその者に対する人若しくは政党その他の団体の推薦若しくは支持に関し虚偽の事項を公にした者は、2年以下の禁錮又は30万円以下の罰金に処する。
2　当選を得させない目的をもつて公職の候補者又は公職の候補者となろうとする者に関し虚偽の事項を公にし、又は事実をゆがめて公にした者は、4年以下の懲役若しくは禁錮又は100万円以下の罰金に処する。
　（事前運動、教育者の地位利用、戸別訪問等の制限違反）

第239条　次の各号の1に該当する者は、1年以下の禁錮又は30万円以下の罰金に処する。
　一　第129条、第137条、第137条の2又は第137条の3の規定に違反して選挙運動をした者
　二　第134条の規定による命令に従わない者
　三　第138条の規定に違反して戸別訪問をした者
　四　第138条の2の規定に違反して署名運動をした者
2　候補者届出政党、衆議院名簿届出政党等又は参議院名簿届出政党等が第134条の規定による命令に違反して選挙事務所を閉鎖しなかつたときは、当該候補者届出政党、衆議院名簿届出政党等又は参議院名簿届出政党等の役職員又は構成員として当該違反行為をした者は、1年以下の禁錮又は30万円以下の罰金に処する。
　（選挙運動に関する各種制限違反、その1）
第243条　次の各号のいずれかに該当する者は、2年以下の禁錮又は50万円以下の罰金に処する。
　一　第139条の規定に違反して飲食物を提供した者
　一の二　第140条の2第1項の規定に違反して連呼行為をした者
　二　第141条第1項又は第4項の規定に違反して自動車、船舶又は拡声機を使用した者
　二の二　第141条の2第2項の規定に違反して乗車し又は乗船した者
　二の三　第141条の3の規定に違反して選挙運動をした者
　三　第142条の規定に違反して文書図画を頒布した者
　三の二　第142条の4第2項（同条第3項又は第4項において読み替えて適用される場合を含む。）又は第6項の規定に違反して選挙運動用電子メールの送信をした者
　三の三　第142条の6の規定に違反して広告を文書図画に掲載させた者
　四　第143条又は第144条の規定に違反して文書図画を掲示した者
　五　第146条の規定に違反して文書図画を頒布し又は掲示した者
　五の二　第147条の規定による撤去の処分（同条第1号、第2号又は第5号に該当する文書図画に係るものに限る。）に従わなかつた者
　六　第148条第2項又は第149条第5項の規定に違反して新聞紙又は雑誌を頒布し又は掲示した者
　七　第149条第1項又は第4項の規定に違反して新聞広告をした者
　八　削除
　八の二　第164条の2第1項の規定に違反して立札若しくは看板の類を掲示しなかつた者又は同条第2項若しくは第4項の規定に違反して文書図画を掲示した者

八の三　第164条の3の規定に違反して演説会を開催した者

八の四　第164条の5第1項の規定に違反して街頭演説をした者

八の五　削除

八の六　第164条の7第2項の規定に違反して選挙運動に従事した者

九　第165条の2の規定に違反して演説会を開催し又は演説若しくは連呼行為をした者

十　第166条の規定に違反して演説又は連呼行為をした者

（選挙運動に関する各種制限違反、その2）

第244条　次の各号のいずれかに該当する者は、1年以下の禁錮又は30万円以下の罰金に処する。

一　第140条の規定に違反した者

二　第141条第5項の規定に違反して表示をしなかつた者

二の二　第142条の4第7項の規定に違反して同項に規定する事項を表示しなかつた者

二の三　第142条の5第2項の規定に違反して同項に規定する事項を表示しなかつた者

三　第145条第1項又は第2項（第164条の2第5項において準用する場合を含む。）の規定に違反して文書図画を掲示した者

四　第147条の規定による撤去の処分（同条第3号又は第4号に該当する文書図画に係るものに限る。）に従わなかつた者

五　削除

五の二　第164条の5第4項の規定に違反して標旗の提示を拒んだ者

六　第164条の6第1項の規定に違反した者

七　正当な理由がなくて、第177条第1項の規定による返還をしなかつた者

八　第177条第2項の規定に違反して譲渡した者

（公職の候補者等の寄附の制限違反）

第249条の2　第199条の2第1項の規定に違反して当該選挙に関し寄附をした者は、1年以下の禁錮又は30万円以下の罰金に処する。

2　通常一般の社交の程度を超えて第199条の2第1項の規定に違反して寄附をした者は、当該選挙に関して同項の規定に違反したものとみなす。

3　第199条の2第1項の規定に違反して寄附（当該選挙に関しないもので、かつ、通常一般の社交の程度を超えないものに限る。）をした者で、次の各号に掲げる寄附以外の寄附をしたものは、50万円以下の罰金に処する。

一　当該公職の候補者又は公職の候補者となろうとする者（公職にある者を含む。以下この条において「公職の候補者等」という。）が結婚披露宴に自ら出席しその場においてする当該結婚に関する祝儀の供与

二　当該公職の候補者等が葬式（告別式を含む。

以下この号において同じ。）に自ら出席しその場においてする香典（これに類する弔意を表すために供与する金銭を含む。以下この号において同じ。）の供与又は当該公職の候補者等が葬式の日（葬式が2回以上行われる場合にあつては、最初に行われる葬式の日）までの間に自ら弔問しその場においてする香典の供与

4　第199条の2第2項の規定に違反して寄附をした者（会社その他の法人又は団体にあつては、その役職員又は構成員として当該違反行為をした者）は、50万円以下の罰金に処する。

5　第199条の2第3項の規定に違反して、公職の候補者等を威迫して、寄附を勧誘し又は要求した者は、1年以下の懲役若しくは禁錮又は30万円以下の罰金に処する。

6　公職の候補者等の当選又は被選挙権を失わせる目的をもつて、第199条の2第3項の規定に違反して第3項各号に掲げる寄附（当該選挙に関しないもので、かつ、通常一般の社交の程度を超えないものに限る。）以外の寄附を勧誘し又は要求した者は、3年以下の懲役若しくは禁錮又は50万円以下の罰金に処する。

7　第199条の2第4項の規定に違反して、当該公職の候補者等以外の者（当該公職の候補者等以外の者が会社その他の法人又は団体であるときは、その役職員又は構成員）を威迫して、寄附を勧誘し又は要求した者は、1年以下の懲役若しくは禁錮又は30万円以下の罰金に処する。

（選挙人の選挙犯罪による当選無効）

第251条　当選人がその選挙に関しこの章に掲げる罪（第235条の6、第236条の2、第245条、第246条第2号から第9号まで、第248条、第249条の2第3項から第5項まで及び第7項、第249条の3、第249条の4、第249条の5第1項及び第3項、第252条の2、第252条の3並びに第253条の罪を除く。）を犯し刑に処せられたときは、その当選人の当選は、無効とする。

（総括主宰者、出納責任者等の選挙犯罪による公職の候補者等であつた者の当選無効及び立候補の禁止）

第251条の2　次の各号に掲げる者が第221条、第222条、第223条又は第223条の2の罪を犯し刑に処せられたとき（第4号及び第5号に掲げる者については、これらの罪を犯し禁錮以上の刑に処せられたとき）は、当該公職の候補者又は公職の候補者となろうとする者（以下この条において「公職の候補者等」という。）であつた者の当選は無効とし、かつ、これらの者は、第251条の5に規定する時から5年間、当該選挙に係る選挙区（選挙区がないときは、選挙の行われる区域）において行われる当該公職に係る選挙において公職の候補者となり、又は公職の候補者であることができない。〔略〕

一　選挙運動〔略〕のために行う選挙運動に限る。次号を除き、以下この条及び次条において同じ。）を総括主宰した者

二　出納責任者（公職の候補者〔略〕又は出納責任者と意思を通じて当該公職の候補者のための選挙運動に関する支出の金額のうち第196条の規定により告示された額の2分の1以上に相当する額を支出した者を含む。）

三　3以内に分けられた選挙区（選挙区がないときは、選挙の行われる区域）の地域のうち1又は2の地域における選挙運動を主宰すべき者として公職の候補者又は第1号に掲げる者から定められ、当該地域における選挙運動を主宰した者

四　公職の候補者等の父母、配偶者、子又は兄弟姉妹で当該公職の候補者等又は第1号若しくは前号に掲げる者と意思を通じて選挙運動をしたもの

五　公職の候補者等の秘書（公職の候補者に使用される者で当該公職の候補者等の政治活動を補佐するものをいう。）で当該公職の候補者等又は第1号若しくは第3号に掲げる者と意思を通じて選挙運動をしたもの

2　公職の候補者等の秘書という名称を使用する者又はこれに類似する名称を使用する者について、当該公職の候補者等がこれらの名称の使用を承諾し又は容認している場合には、当該名称を使用する者は、前項の規定の適用については、公職の候補者等の秘書と推定する。

3　出納責任者が第247条の罪を犯し刑に処せられたときは、当該出納責任者に係る公職の候補者であつた者の当選は、無効とし、かつ、その者は、第251条の5に規定する時から5年間、当該選挙に係る選挙区（選挙区がないときは、選挙の行われる区域）において行われる当該公職に係る選挙において、公職の候補者となり、又は公職の候補者であることができない。この場合においては、第1項後段の規定を準用する。

4　前項の規定（立候補の禁止及び衆議院比例代表選出議員の選挙における当選の無効に関する部分に限る。）は、第1項又は前項に規定する罪に該当する行為が、次の各号のいずれかに該当する場合には、当該行為に関する限りにおいて、適用しない。

一　第1項又は前項に規定する罪に該当する行為が当該行為をした者以外の者の誘導又は挑発によつてされ、かつ、その誘導又は挑発が第1項若しくは前項又は次条第1項の規定に該当することにより当該公職の候補者等の当選を失わせ又は立候補の資格を失わせる目的をもつて、当該公職の候補者等以外の公職の候補者等その他その公職の候補者等の選挙運動に従事する者と

意思を通じてされたものであるとき。

二　第1項又は前項に規定する罪に該当する行為が第1項若しくは前項又は次条第1項の規定に該当することにより当該公職の候補者等の当選を失わせ又は立候補の資格を失わせる目的をもつて、当該公職の候補者等以外の公職の候補者等その他その公職の候補者等の選挙運動に従事すると意思を通じてされたものであるとき。

（組織的選挙運動管理者等の選挙犯罪による公職の候補者等であつた者の当選無効及び立候補の禁止）

第251条の3　組織的選挙運動管理者等（公職の候補者又は公職の候補者となろうとする者（以下この条において「公職の候補者等」という。）と意思を通じて組織により行われる選挙運動において、当該選挙運動の計画の立案若しくは調整又は当該選挙運動に従事する者の指揮若しくは監督その他当該選挙運動の管理を行う者（前条第1項第1号から第3号までに掲げる者を除く。）をいう。）が、第221条、第222条、第223条又は第223条の2の罪を犯し禁錮以上の刑に処せられたときは、当該公職の候補者等であつた者の当選は無効とし、かつ、これらの者は、第251条の5に規定する時から5年間、当該選挙に係る選挙区（選挙区がないときは、選挙の行われる区域）において行われる当該公職に係る選挙において公職の候補者となり、又は公職の候補者であることができない。この場合において、当該公職の候補者等であつた者で衆議院（小選挙区選出）議員の選挙における候補者であつたものが、当該選挙と同時に行われた衆議院（比例代表選出）議員の選挙における当選人となつたときは、当該当選人の当選は、無効とする。

2　前項の規定は、同項に規定する罪に該当する行為が、次の各号のいずれかに該当する場合には、当該行為に関する限りにおいて、適用しない。

一　前項に規定する罪に該当する行為が当該行為をした者以外の者の誘導又は挑発によつてされ、かつ、その誘導又は挑発が前条第1項又は前項の規定に該当することにより当該公職の候補者等の当選を失わせ又は立候補の資格を失わせる目的をもつて、当該公職の候補者等以外の公職の候補者等その他の公職の候補者等の選挙運動に従事する者と意思を通じてされたものであるとき。

二　前項に規定する罪に該当する行為が前条第1項又は前項の規定に該当することにより当該公職の候補者等の当選を失わせ又は立候補の資格を失わせる目的をもつて、当該公職の候補者等以外の公職の候補者等その他の公職の候補者等の選挙運動に従事する者と意思を通じてされたものであるとき。

三　当該公職の候補者等が、前項に規定する組織

的選挙運動管理者等が同項に規定する罪に該当する行為を行うことを防止するため相当の注意を怠らなかつたとき。

（特別区の特例）

第266条　この法律中市に関する規定は、特別区に適用する。〔略〕

2　都の議会の議員の各選挙区において選挙すべき議員の数については、特別区の存する区域以外の区域を区域とする各選挙区において選挙すべき議員の数を、特別区の存する区域を1の選挙区とみなして定め、特別区の区域を区域とする各選挙区において選挙すべき議員の数を、特別区の存する区域を1の選挙区とみなした場合において当該区域において選挙すべきこととなる議員の数を特別区の区域を区域とする各選挙区に配分することにより定めることができる。

（適用関係）

第271条の6　この法律の適用については、文書図画に記載され又は表示されているバーコードその他これに類する符号に記録されている事項であつてこれを読み取るための装置を用いて読み取ることにより映像面に表示されるもの（以下「符号読取表示事項」という。）は、当該文書図画に記載され又は表示されているものとする。

2　前項の規定にかかわらず、この法律の適用については、符号読取表示事項がこの法律の規定により文書図画に記載し又は表示しなければならない事項であるときは、当該符号読取表示事項は、当該文書図画に記載され又は表示されていないものとする。

3　この法律の適用については、文書図画を記録した電磁的記録媒体を頒布することは、当該文書図画の頒布とみなす。

○公職選挙法施行令（抄）

（昭和25年4月20日号外政令第89号）

（選挙運動に従事する者等に対し提供できる弁当料の額）

第109条の2　法第139条ただし書に規定する政令で定める弁当料の額は、法第197条の2第1項の規定により、当該選挙に関する事務を管理する選挙管理委員会〔略〕が第129条第1項第1号の基準に従い定めた弁当料の額とする。

（選挙運動のために使用できる自動車）

第109条の3　法第141条第6項に規定する政令で定める乗用の自動車は、次の各号に掲げる選挙の区分に応じ、当該各号に定めるものとする。

一　町村の議会の議員又は長の選挙以外の選挙　次に掲げるもの

イ　乗車定員10人以下の乗用自動車でロ又はハに該当するもの以外のもの（2輪自動車（側車付のものを含む。次項において同じ。）以外の自動車については、上面、側面又は後面の全部又は1部が構造上開放されているもの及び上面の全部又は1部が構造上開閉できるものを除く。）

ロ　乗車定員4人以上10人以下の小型自動車（上面、側面又は後面の全部又は1部が構造上開放されているもの及び上面の全部又は1部が構造上開閉できるものを除く。）

ハ　4輪駆動式の自動車で車両重量2トン以下のもの（上面、側面又は後面の全部又は1部が構造上開放されているものを除く。）

二　町村の議会の議員又は長の選挙　前号に定めるもの（小型貨物自動車を除く。）

2　前項第1号の規定の適用については、同号に規定する自動車（2輪自動車を除く。）で上面、側面又は後面の全部又は1部が構造上開閉できるものを、その上面、側面又は後面の全部又は1部（側面又は後面にある窓を除く。）を走行中開いて使用している場合は、当該自動車は、上面、側面又は後面の全部又は1部が構造上開放されているものとみなす。

（通常葉書の表示）

第109条の5　法第142条第5項の規定により日本郵便株式会社において通常葉書に表示をする場合においては、総務省令で定めるところにより有料無料を区別して選挙用である旨の表示をしなければならない。

（ビラの頒布方法）

第109条の6　法第142条第6項に規定する政令で定める方法は、次の各号に掲げるビラの区分に応じ、当該各号に定める方法とする。

一　法第142条第1項第1号のビラ　次に掲げる方法

イ　当該ビラに係る候補者の選挙事務所内、個人演説会の会場内又は街頭演説の場所における頒布

三　法第142条第1項第2号から第7号までのビラ　当該ビラに係る候補者の選挙事務所内、個人演説会の会場内又は街頭演説の場所における頒布

（演説会場の文書図画の掲示責任者の氏名等の記載）

第110条　法第143条第1項第4号のポスター、立札、ちようちん及び看板の類には、その表面に掲示責任者の氏名及び住所を記載しなければならない。〔略〕

（後援団体等の政治活動に関する立札及び看板の類の総数等）

第110条の5　法第143条第16項第1号に規定する政令で定める立札及び看板の類の総数は、公職の候補

者若しくは公職の候補者となろうとする者(公職にある者を含む。以下この条において「公職の候補者等」という。)1人につき又は同一の公職の候補者等に係る法第199条の5第1項に規定する後援団体(以下この条において「後援団体」という。)の全てを通じて、それぞれ、次の各号に掲げる区分に応じ、当該各号に定める数とする。

四　公職の候補者等が〔略〕都道府県知事の選挙に係るものであり、又は後援団体が当該公職の候補者等に係るものである場合　次に掲げる区分に応じ、それぞれに定める数

イ　当該都道府県の区域内の衆議院小選挙区選出議員の選挙区の数が2である場合　公職の候補者等にあつては12、後援団体にあつては18

ロ　当該都道府県の区域内の衆議院小選挙区選出議員の選挙区の数が2を超える場合　公職の候補者等にあつてはその2を超える数が2を増すごとに2を12に加えた数、後援団体にあつてはその2を超える数が2を増すごとに3を18に加えた数

六　公職の候補者等が都道府県の議会の議員、市の議会の議員若しくは指定都市以外の市の長の選挙に係るものであり、又は後援団体が当該公職の候補者等に係るものである場合　6

七　公職の候補者等が指定都市の長の選挙に係るものであり、又は後援団体が当該公職の候補者等に係るものである場合　10

八　公職の候補者等が町村の議会の議員若しくは長の選挙に係るものであり、又は後援団体が当該公職の候補者等に係るものである場合　4

3　公職の候補者等が2以上の選挙に係るものとなつた場合には、当該公職の候補者等はこれらの選挙のうちその指定するいずれか1の選挙のみに係るものと、当該公職の候補者等に係る後援団体は当該選挙に係る公職の候補者等のみに係るものとみなして、第1項の規定を適用する。ただし、公職にある者(当該公職に係る選挙の候補者となろうとする者である者を除く。)が、当該公職以外の1の公職に係る選挙の候補者となろうとする者となつた場合には、その者は当該選挙のみに係るものと、その者に係る後援団体は当該選挙に係る公職の候補者等のみに係るものとみなし、当該公職以外の2以上の公職に係る選挙の候補者となろうとする者となつた場合には、その者はこれらの選挙のうちその指定するいずれか1の選挙のみに係るものと、その者に係る後援団体は当該選挙に係る公職の候補者等のみに係るものとみなして、同項の規定を適用する。

4　法第143条第17項の規定による表示は、当該選挙に関する事務を管理する選挙管理委員会〔略〕の交付する証票を用いてしなければならない。

5　公職の候補者等又は後援団体が前項の証票の交付を受けようとする場合は、総務省令で定めるところにより、文書で、当該選挙に関する事務を管理する選挙管理委員会〔略〕にその証票の交付を申請しなければならない。この場合において、後援団体が行う申請は、当該後援団体に係る公職の候補者等の同意を得たものでなければならない。

6　公職の候補者等は、前項の同意をするに当たつては、第1項に規定する立札及び看板の類の総数が、当該公職の候補者等に係る後援団体が同項各号のいずれに該当するかに応じ、当該各号に定める数を超えることとならないように配意しなければならない。

7　1の後援団体が2人以上の公職の候補者等に係るものとなつた場合には、当該後援団体は、これらの公職の候補者等のうち当該後援団体が指定するいずれか1人の公職の候補者等のみに係る後援団体とみなして、前各項の規定を適用する。

8　法第143条第17項の当該選挙に関する事務を管理する選挙管理委員会〔略〕は、公職の候補者等又は後援団体が第1項各号のいずれに該当するかに応じ、当該各号に規定する選挙で当該公職の候補者等又は当該後援団体に係るものに関する事務を管理する選挙管理委員会〔略〕とする。

(個人演説会等の開催の申出)

第112条　法第161条第1項に規定する公職の候補者、〔略〕(以下第122条までにおいて「公職の候補者等」という。)が、同項の規定により個人演説会〔略〕(以下「個人演説会等」という。)を開催しようとする場合においては、都道府県の選挙管理委員会が定める様式の文書により、法第163条の規定による個人演説会等の開催の申出をしなければならない。

2　公職の候補者等が法第161条第1項に規定する個人演説会等を開催することができる施設(以下「個人演説会等の施設」という。)を使用して個人演説会等を開催しようとする場合においては、同一の施設については、同時に2以上の個人演説会等の開催の申出をし、又は既に申し出た使用の日を経過しない間において新たな申出をすることができない。

3　個人演説会等の施設を使用する時間は、1回について5時間を超えることができない。

(個人演説会等の施設の使用の制限)

第116条　個人演説会等の施設は、学校にあつてはその授業、研究又は諸行事、その他の施設にあつては業務又は諸行事に支障がある場合においては、個人演説会等を開催するために使用することができない。

(個人演説会等の会場の立札及び看板の類の掲示責任者の氏名等の記載)

第125条の2　法第164条の2第2項の立札及び看板の

類には、その表面に掲示責任者の氏名及び住所を記載しなければならない。〔略〕

（実費弁償及び報酬の額の基準等）

第129条 法第197条の2第1項に規定する実費弁償及び報酬の額についての政令で定める基準は、次の各号に掲げる区分に応じ、当該各号に定めるところによる。

一 選挙運動に従事する者1人に対し支給することができる実費弁償の額の基準 次に掲げる区分に応じ、それぞれ次に定める額

　イ 鉄道賃 鉄道旅行について、路程に応じ旅客運賃等により算出した実費額

　ロ 船賃 水路旅行について、路程に応じ旅客運賃等により算出した実費額

　ハ 車賃 陸路旅行（鉄道旅行を除く。）について、路程に応じた実費額

　ニ 宿泊料（食事料2食分を含む。） 1夜につき1万2,000円

　ホ 弁当料 1食につき1,000円、1日につき3,000円

　ヘ 茶菓料 1日につき500円

二 選挙運動のために使用する労務者1人に対し支給することができる報酬の額の基準 次に掲げる区分に応じ、それぞれ次に定める額

　イ 基本日額 1万円以内

　ロ 超過勤務手当 1日につき基本日額の5割以内

三 選挙運動のために使用する労務者1人に対し支給することができる実費弁償の額の基準 次に掲げる区分に応じ、それぞれ次に定める額

　イ 鉄道賃、船賃及び車賃 それぞれ第1号イ、ロ及びハに掲げる額

　ロ 宿泊料（食事料を除く。） 1夜につき1万円

2 選挙運動に従事する者又は選挙運動のために使用する労務者に対し法第139条ただし書の規定により弁当を提供した場合においてその者に支給することができる弁当料の額又は報酬の基本日額は、法第197条の2第1項の規定により、当該選挙に関する事務を管理する選挙管理委員会〔略〕が前項第1号又は第2号の基準に従い定めた1日についての弁当料の額又は報酬の基本日額から当該提供した弁当の実費に相当する額を差し引いたものとする。

3 法第197条の2第2項に規定する政令で定める員数は、次に定めるところによる。

一 〔略〕都道府県知事の選挙にあっては、50人

二 都道府県の議会の議員の選挙にあっては、12人

三 指定都市の議会の議員の選挙にあっては、12人

四 指定都市の長の選挙にあっては、34人

五 指定都市以外の市の議会の議員の選挙にあっ

ては、9人

六 指定都市以外の市の長の選挙にあっては、12人

七 町村の議会の議員の選挙にあっては、7人

八 町村長の選挙にあっては、9人

4 法第197条の2第2項に規定する報酬の額についての政令で定める基準は、選挙運動のために使用する事務員にあっては1人1日につき1万円以内とし、専ら法第141条第1項の規定により選挙運動のために使用される自動車又は船舶の上における選挙運動のために使用する者、専ら手話通訳のために使用する者及び専ら要約筆記（法第197条の2第2項に規定する要約筆記をいう。次項において同じ。）のために使用する者にあっては1人1日につき1万5,000円以内とする。

7 法第197条の2第5項に規定する同条第2項の規定により報酬の支給を受けることができる者を使用する前に同条第5項の規定による届出をすることができない場合として政令で定める場合は、法第150条第1項第2号イ又はロに掲げる者が同条第2項の政見の放送のための録画をする場合において、その者が法第197条の2第2項の規定により専ら手話通訳のために使用する者に対して報酬を支給するときとする。

8 法第197条の2第5項の規定による届出をする場合には、同条第2項に規定する期間を通じて、それぞれ第3項各号に定める員数の5倍を超えない員数に限り、異なる者を届け出ることができるものとする。

9 法第197条の2第5項の規定による届出は、同条第2項の規定により報酬の支給を受けることができる者を使用する前（第7項に規定する場合には、その者に対して同条第2項の規定により報酬を支給する前）に、文書で、当該選挙に関する事務を管理する選挙管理委員会〔略〕に対してしなければならない。

10 前項の文書を郵便で差し出す場合には、引受時刻証明の取扱いでこれを日本郵便株式会社に託した時をもって、法第197条の2第5項の規定による届出があったものとみなす。

（申請の方法）

第129条の4 法第201条の6第3項〔略〕第201条の8第2項及び第3項において準用する場合を含む。）の規定による申請は、所属候補者の氏名のほか、当該選挙区及び立候補届出年月日〔略〕を記載した文書でしなければならない。

2 法第201条の9第3項の規定による申請は、文書でしなければならない。

（特別区に対する市に関する規定の適用）

第138条 この政令中市に関する規定は、特別区に適用する。

○公職選挙法施行規則（抄）

（昭和25年4月20日号外総理府令第13号）

（ポスターの掲示箇所）

第18条　法第145条第1項ただし書の規定によりポスターを掲示することのできるものは、地方公共団体の管理する食堂及び浴場とする。

○公職選挙郵便規則（抄）

（昭和25年4月28日郵政省令第4号）

第7条　候補者のための選挙用の表示又は政党のための選挙用の表示のある通常葉書は、当該選挙の選挙運動の期間を経過した後は、郵便物として差し出すことができない。

第8条　候補者のための選挙用の表示又は政党のための選挙用の表示のある通常葉書は、郵便物の配達事務を取り扱う会社の営業所又は会社の指定した会社の営業所に差し出さなければならない。この場合において、当該通常葉書が候補者のための選挙用の表示をしたものであるときは、選挙長の発行する選挙運動用通常葉書差出票（付録様式3）を添えて差し出さなければならない。

○政治資金規正法（抄）

（昭和23年7月29日号外法律第194号）

（定義等）

第3条　この法律において「政治団体」とは、次に掲げる団体をいう。

一　政治上の主義若しくは施策を推進し、支持し、又はこれに反対することを本来の目的とする団体

二　特定の公職の候補者を推薦し、支持し、又はこれに反対することを本来の目的とする団体

三　前2号に掲げるもののほか、次に掲げる活動をその主たる活動として組織的かつ継続的に行う団体

イ　政治上の主義若しくは施策を推進し、支持し、又はこれに反対すること。

ロ　特定の公職の候補者を推薦し、支持し、又はこれに反対すること。

2　この法律において「政党」とは、政治団体のうち次の各号のいずれかに該当するものをいう。

一　当該政治団体に所属する衆議院議員又は参議院議員を5人以上有するもの

二　直近において行われた衆議院議員の総選挙における小選挙区選出議員の選挙若しくは比例代表選出議員の選挙又は直近において行われた参議院議員の通常選挙若しくは当該参議院議員の通常選挙の直近において行われた参議院議員の通常選挙における比例代表選出議員の選挙若しくは選挙区選出議員の選挙における当該政治団体の得票総数が当該選挙における有効投票の総数の100分の2以上であるもの

3　前項各号の規定は、他の政党（第6条第1項（同条第5項において準用する場合を含む。）の規定により政党である旨の届出をしたものに限る。）に所属している衆議院議員又は参議院議員が所属している政治団体については、適用しない。

4　この法律において「公職の候補者」とは、公職選挙法（昭和25年法律第100号）第86条の規定により候補者として届出があつた者、同法第86条の2若しくは第86条の3の規定による届出により候補者となつた者又は同法第86条の4の規定により候補者として届出があつた者（当該候補者となろうとする者及び同法第3条に規定する公職にある者を含む。）をいう。

5　第2項第1号に規定する衆議院議員又は参議院議員の数の算定、同項第2号に規定する政治団体の得票総数の算定その他同項の規定の適用について必要な事項は、政令で定める。

第4条　この法律において「収入」とは、金銭、物品その他の財産上の利益の収受で、第8条の3各号に掲げる方法による運用のために供与し、又は交付した金銭等（金銭その他政令で定める財産上の利益をいう。以下同じ。）の当該運用に係る当該金銭等に相当する金銭等の収受以外のものをいう。

2　この法律において「党費又は会費」とは、いかなる名称をもつてするを問わず、政治団体の党則、規約その他これらに相当するものに基づく金銭上の債務の履行として当該政治団体の構成員が負担するものをいう。

3　この法律において「寄附」とは、金銭、物品その他の財産上の利益の供与又は交付で、党費又は会費その他債務の履行としてされるもの以外のものをいう。

4　この法律において「政治活動に関する寄附」とは、政治団体に対してされる寄附又は公職の候補者の政治活動（選挙運動を含む。）に関してされる寄附をいう。

5　この法律において「支出」とは、金銭、物品その他の財産上の利益の供与又は交付で、第8条の3各号に掲げる方法による運用のためにする金銭等の供与又は交付以外のものをいう。

第5条　この法律の規定を適用するについては、次に掲げる団体は、政治団体とみなす。

一　政治上の主義又は施策を研究する目的を有す

る団体で、衆議院議員若しくは参議院議員が主宰するもの又はその主要な構成員が衆議院議員若しくは参議院議員であるもの

二　政治資金団体（政党のために資金上の援助をする目的を有する団体で、第6条の2第2項前段の規定による届出がされているものをいう。以下同じ。）

2　この法律の規定を適用するについては、法人その他の団体が負担する党費又は会費は、寄附とみなす。

（届出前の寄附又は支出の禁止）

第8条　政治団体は、第6条第1項の規定による届出がされた後でなければ、政治活動（選挙運動を含む。）のために、いかなる名義をもつてするを問わず、寄附を受け、又は支出をすることができない。

（政治資金パーティーの開催）

第8条の2　政治資金パーティー（対価を徴収して行われる催物で、当該催物の対価に係る収入の金額から当該催物に要する経費の金額を差し引いた残額を当該催物を開催した者又はその者以外の者の政治活動（選挙運動を含む。これらの者が政治団体である場合には、その活動）に関し支出することとされているものをいう。以下同じ。）は、政治団体によつて開催されるようにしなければならない。

（資金管理団体の届出等）

第19条　公職の候補者は、その者がその代表者である政治団体（第3条第1項第3号の規定に該当するもの、第5条第1項の規定により政治団体とみなされるもの及びその者以外の者を推薦し又は支持することを本来の目的とするものを除く。）のうちから、1の政治団体をその者のために政治資金の拠出を受けるべき政治団体として指定することができる。

2　公職の候補者は、前項の指定をしたときは、その指定の日から7日以内に、文書で、その旨、その者に係る公職の種類並びにその指定をした政治団体（以下「資金管理団体」という。）の名称、主たる事務所の所在地及び代表者の氏名を、当該政治団体の第6条第1項各号の区分に応じ、当該各号に掲げる都道府県の選挙管理委員会又は総務大臣に届け出なければならない。

3　前項の規定による届出（以下「資金管理団体の届出」という。）をした者は、次の各号のいずれかに該当するときは、当該各号に定める日から7日以内に、同項の規定の例により、その旨（第3号に該当するときは、その異動に係る事項）を届け出なければならない。

一　第1項の指定を取り消したとき　その取消しの日

二　資金管理団体の届出をした者が公職の候補者

でなくなり、若しくは当該資金管理団体の代表者でなくなり、又は当該資金管理団体が解散し、若しくは第1項に規定する政治団体でなくなつたとき　その事実が生じた日

三　前項の規定により届け出た事項に異動があつたとき　その異動の日

4　前2項の規定による届出をする者は、当該届出に係る書面にそれぞれ真実の記載がされていることを誓う旨の文書を、当該書面に添えなければならない。

5　第2項及び第3項の規定による届出の様式は、総務省令で定める。

（会社等の寄附の制限）

第21条　会社、労働組合（労働組合法（昭和24年法律第174号）第2条に規定する労働組合をいう。第3項並びに第21条の3第1項及び第2項において同じ。）、職員団体（国家公務員法（昭和22年法律第120号）第108条の2又は地方公務員法（昭和25年法律第261号）第52条に規定する職員団体をいう。第3項並びに第21条の3第1項及び第2項において同じ。）その他の団体は、政党及び政治資金団体以外の者に対しては、政治活動に関する寄附をしてはならない。

2　前項の規定は、政治団体がする寄附については、適用しない。

3　何人も、会社、労働組合、職員団体その他の団体（政治団体を除く。）に対して、政治活動に関する寄附（政党及び政治資金団体に対するものを除く。）をすることを勧誘し、又は要求してはならない。

4　第1項及び前項の規定の適用については、政党の支部で、1以上の市町村（特別区を含む。）の区域（地方自治法（昭和22年法律第67号）第252条の19第1項の指定都市にあつては、その区又は総合区の区域）又は公職選挙法第12条に規定する選挙区の区域を単位として設けられる支部以外のものは、政党及び政治資金団体以外のそれぞれ1の政治団体とみなす。

（公職の候補者の政治活動に関する寄附の禁止）

第21条の2　何人も、公職の候補者の政治活動（選挙運動を除く。）に関して寄附（金銭等によるものに限るものとし、政治団体に対するものを除く。）をしてはならない。

2　前項の規定は、政党がする寄附については、適用しない。

（寄附の総額の制限）

第21条の3　政党及び政治資金団体に対してされる政治活動に関する寄附は、各年中において、次の各号の区分に応じ、当該各号に掲げる額を超えることができない。

一　個人のする　2,000万円
　寄附

二　会社のする寄附　次の表の上欄に掲げる会社の資本金の額又は出資の金額の区分に応じ、それぞれ同表の下欄に掲げる額

50億円以上	3,000万円
10億円以上50億円未満	1,500万円
10億円未満	750万円

三　労働組合又は職員団体のする寄附　次の表の上欄に掲げる労働組合の組合員又は職員団体の構成員（次項において「組合員等」という。）の数の区分に応じ、それぞれ同表の下欄に掲げる額

10万人以上	3,000万円
5万人以上10万人未満	1,500万円
5万人未満	750万円

四　前2号の団体以外の団体（政治団体を除く。）のする寄附　次の表の上欄に掲げる団体の前年における年間の経費の額の区分に応じ、それぞれ同表の下欄に掲げる額

6,000万円以上	3,000万円
2,000万円以上6,000万円未満	1,500万円
2,000万円未満	750万円

2　資本金の額若しくは出資の金額が100億円以上の会社、組合員等の数が15万人以上の労働組合若しくは職員団体又は前年における年間の経費の額が8,000万円以上の前項第4号の団体については、同項第2号から第4号までに掲げる額は、3,000万円に、それぞれ資本金の額若しくは出資の金額が50億円を超える金額50億円ごと、組合員等の数が10万人を超える数5万人ごと、又は前年における年間の経費の額が6,000万円を超える金額2,000万円ごとに500万円（その合計額が3,000万円に達した後においては、300万円）を加算した金額（その加算する金額の合計額が7,000万円を超える場合には、7,000万円を加算した金額）として、同項の規定を適用する。

3　個人のする政治活動に関する寄附で政党及び政治資金団体以外の者に対してされるものは、各年中において、1,000万円を超えることができない。

4　第1項及び前項の規定は、特定寄附及び遺贈によつてする寄附については、適用しない。

5　第1項第2号に規定する資本金の額又は出資の金額、同項第3号に規定する組合員等の数及び同項第4号に規定する年間の経費の額の計算その他同項の規定の適用について必要な事項は、政令で定める。

（同一の者に対する寄附の制限）

第22条　政党及び政治資金団体以外の政治団体のする政治活動に関する寄附は、各年中において、政党及び政治資金団体以外の同一の政治団体に対しては、5,000万円を超えることができない。

2　個人のする政治活動に関する寄附は、各年中において、政党及び政治資金団体以外の同一の者に対しては、150万円を超えることができない。

3　前項の規定は、資金管理団体の届出をした公職の候補者が当該資金管理団体に対してする寄附及び遺贈によつてする寄附については、適用しない。

（量的制限等に違反する寄附の受領の禁止）

第22条の2　何人も、第21条第1項、第21条の2第1項、第21条の3第1項及び第2項若しくは第3項又は前条第1項若しくは第2項の規定のいずれかに違反してされる寄附を受けてはならない。

（寄附の質的制限）

第22条の3　国から補助金、負担金、利子補給金その他の給付金（試験研究、調査又は災害復旧に係るものその他性質上利益を伴わないもの及び政党助成法（平成6年法律第5号）第3条第1項の規定による政党交付金（同法第27条第1項の規定による特定交付金を含む。）を除く。第4項において同じ。）の交付の決定（利子補給金に係る契約の承諾の決定を含む。第4項において同じ。）を受けた会社その他の法人は、当該給付金の交付の決定の通知を受けた日から同日後1年を経過する日（当該給付金の交付の決定の全部の取消しがあったときは、当該取消しの通知を受けた日）までの間、政治活動に関する寄附をしてはならない。

2　国から資本金、基本金その他これらに準ずるものの全部又は1部の出資又は拠出を受けている会社その他の法人は、政治活動に関する寄附をしてはならない。

3　前2項の規定は、これらの規定に該当する会社その他の法人が、地方公共団体の議会の議員若しくは長に係る公職の候補者、これらの者に係る資金管理団体又はこれらの者に係る第3条第1項第2号若しくは第3号ロの規定に該当する政治団体に対してする政治活動に関する寄附については、適用しない。

4　第1項及び第2項の規定は、次の各号に掲げる会社その他の法人が、当該各号の地方公共団体の議会の議員若しくは長に係る公職の候補者、これらの者に係る資金管理団体又はこれらの者を推薦し、支持し、若しくはこれに反対する政治団体に対してする政治活動に関する寄附について準用する。

一　地方公共団体から補助金、負担金、利子補給金その他の給付金の交付の決定を受けた会社その他の法人

二　地方公共団体から資本金、基本金その他これらに準ずるものの全部又は1部の出資又は拠出を受けている会社その他の法人

5　何人も、第1項又は第2項（これらの規定を前項において準用する場合を含む。）の規定の適用を受ける者であることを知りながら、その者に対して、政治活動に関する寄附をすることを勧誘し、又は要求してはならない。

6　何人も、第1項又は第2項（これらの規定を第4項において準用する場合を含む。）の規定に違反してされる寄附であることを知りながら、これを受けてはならない。

第22条の4　3事業年度以上にわたり継続して政令で定める欠損を生じている会社は、当該欠損がうめられるまでの間、政治活動に関する寄附をしてはならない。

2　何人も、前項の規定に違反してされる寄附であることを知りながら、これを受けてはならない。

第22条の5　何人も、外国人、外国法人又はその主たる構成員が外国人若しくは外国法人である団体その他の組織（金融商品取引法第2条第16項に規定する金融商品取引所（以下この項において単に「金融商品取引所」という。）に上場されている株式を発行している株式会社のうち定時株主総会において議決権を行使することができる者を定めるための会社法（平成17年法律第86号）第124条第1項に規定する基準日（以下この項において「定時株主総会基準日」という。）を定めた株式会社であつて直近の定時株主総会基準日が1年以内にあつたものにあつては、当該定時株主総会基準日において外国人又は外国法人が発行済株式の総数の過半数に当たる株式を保有していたもの）から、政治活動に関する寄附を受けてはならない。ただし、日本法人であつて、その発行する株式が金融商品取引所において5年以上継続して上場されているもの（新設合併又は株式移転により設立された株式会社（当該新設合併により消滅した会社又は当該株式移転をした会社のすべてが株式会社であり、かつ、それらの発行していた株式が当該新設合併又は当該株式移転に伴い上場を廃止されるまで金融商品取引所において上場されていたものに限る。）のうちその発行する株式が当該新設合併又は当該株式移転に伴い金融商品取引所において上場されてから継続して上場されており、かつ、上場されている期間が5年に満たないものであつて、当該上場されている期間と、当該新設合併又は当該株式移転に伴い上場を廃止された株式がその上場を廃止されるまで金融商品取引所において継続して上場されていた期間のうち最も短いものとを合算した期間が5年以上であるものを含む。）がする寄附については、この限りでない。

2　前項本文に規定する者であつて同項ただし書に規定するものは、政治活動に関する寄附をするときは、同項本文に規定する者であつて同項ただし書に規定するものである旨を、文書で、当該寄附を受ける者に通知しなければならない。

第22条の6　何人も、本人の名義以外の名義又は匿名で、政治活動に関する寄附をしてはならない。

2　前項及び第4項の規定（匿名寄附の禁止に係る部分に限る。）は、街頭又は一般に公開される演説会若しくは集会の会場において政党又は政治資金団体に対してする寄附でその金額が1,000円以下のものについては、適用しない。

3　何人も、第1項の規定に違反してされる寄附を受けてはならない。

4　第1項の寄附に係る金銭又は物品の提供があつたときは、当該金銭又は物品の所有権は、国庫に帰属するものとし、その保管者は、政令で定めるところにより、速やかにこれを国庫に納付する手続をとらなければならない。

5　前項に規定する国庫への納付に関する事務は、政令で定めるところにより、都道府県知事が行うこととする。

（政治資金団体に係る寄附の方法の制限）

第22条の6の2　何人も、政治資金団体の預金又は貯金の口座への振込みによることなく、政治資金団体に対して寄附をしてはならない。ただし、その金額が1,000円以下の寄附及び不動産の譲渡又は貸付け（地上権の設定を含む。）による寄附については、この限りでない。

2　政治資金団体は、その寄附を受ける者の預金又は貯金の口座への振込みによることなく、政治活動に関する寄附をしてはならない。前項ただし書の規定は、この場合について準用する。

3　何人も、前2項の規定に違反してされる寄附を受けてはならない。

4　第1項若しくは第2項の規定に違反してされる寄附に係る金銭若しくは物品の提供があつたとき又は前項の規定に違反して金銭若しくは物品による寄附を受けたときは、これらの金銭又は物品の所有権は、国庫に帰属するものとし、その保管者又は当該寄附を受けた者は、政令で定めるところにより、速やかにこれを国庫に納付する手続をとらなければならない

5　前条第5項の規定は、前項の場合について準用する。

（政治資金パーティーの対価の支払に関する制限）

第22条の8　政治資金パーティーを開催する者は、1の政治資金パーティーにつき、同一の者から、150万円を超えて、当該政治資金パーティーの対価の支払を受けてはならない。

2　政治資金パーティーを開催する者は、当該政治資金パーティーの対価の支払を受けようとするときは、あらかじめ、当該対価の支払をする者に対し、当該対価の支払が政治資金パーティーの対価の支払である旨を書面により告知しなければなら

ない。
3　何人も、政治資金パーティーの対価の支払をする場合において、1の政治資金パーティーにつき、150万円を超えて、当該政治資金パーティーの対価の支払をしてはならない。
4　第22条の6第1項及び第3項並びに前条の規定は、政治資金パーティーの対価の支払について準用する。この場合において、第22条の6第1項中「政治活動に関する寄附」とあり、及び同条第3項中「寄附」とあるのは「政治資金パーティーの対価の支払」と、前条第1項中「政治活動に関する寄附に係る寄附のあつせん」とあるのは「政治資金パーティーの対価の支払のあつせん」と、「当該寄附のあつせん」とあるのは「当該対価の支払のあつせん」と、同条第2項中「政治活動に関する寄附に係る寄附のあつせん」とあるのは「政治資金パーティーの対価の支払のあつせん」と、「、寄附」とあるのは「、対価の支払」と、「当該寄附」とあるのは「当該対価として支払われる金銭等」と読み替えるものとする。
5　第2項に規定する告知に係る書面に記載すべき文言については、総務省令で定める。

○政治資金規正法施行規則（抄）

（昭和50年9月26日号外自治省令第17号）

（政治資金パーティーを告知する文言）
第39条　法第22条の8第5項に規定する総務省令で定める文言は、「この催物は、政治資金規正法第8条の2に規定する政治資金パーティーです。」とする。

【参考文献】

選挙制度研究会編『地方選挙の手引　令和4年』（ぎょうせい、2022年）

都道府県選挙管理委員会連合会発行『新版「公選法」ここがポイント　選挙
　の実務担当者が本当に知りたいQ&A　上・下』（国政情報センター、
　2021年）

黒瀬敏文・笠置隆範編著『逐条解説　公職選挙法　改訂版』（ぎょうせい、
　2021年）

選挙制度研究会編『選挙関係実例判例集　普及版　第十七次改訂版』（ぎょ
　うせい、2020年）

全国町村議会議長会編『こんなときどうする？ Q&A　選挙運動早わかり
　第7次改訂版　地方議会選挙の手引き』（学陽書房、2020年）

選挙制度研究会監修『統一地方選挙要覧　平成31年度版』（国政情報セン
　ター、2019年）

政治資金制度研究会監修『政治資金規正法要覧　第五次改訂版』（国政情報
　センター、2015年）

ネット選挙研究会編『［Q&A］インターネット選挙 公職選挙法の一部改正』
　（国政情報センター、2013年）

土本武司著『最新　公職選挙法罰則精解』（日本加除出版、1995年）

選挙法研究会編集『明解　選挙法・政治資金法の手引』（新日本法規、1995
　年）

著者紹介

金岡　宏樹

弁護士。1976年京都府生まれ。同志社大学卒業後、名古屋市役所入庁。生活保護のケースワーカーとして現場を経験後、同志社大学法科大学院に入学。2007年新司法試験合格後、2008年12月弁護士登録（新第61期。愛知県弁護士会）。勤務弁護士として4年半あまり勤めた後、2013年7月より弁護士登録を継続しつつ衆議院議員の政策担当秘書に就任。地元活動・選挙事務等に携わりコンプライアンス向上に努める。2016年4月に退職。以降は弁護士業務に専念し、現在はSAK法律事務所でパートナーとして執務中。議員や秘書からの法律相談に応じるほか議会での議員向け公職選挙法に関する研修や自治体職員向け生活保護法研修などを行っている。

サービス・インフォメーション

───────────── 通話無料 ─────────────
①商品に関するご照会・お申込みのご依頼
　　　　　　TEL 0120(203)694／FAX 0120(302)640
②ご住所・ご名義等各種変更のご連絡
　　　　　　TEL 0120(203)696／FAX 0120(202)974
③請求・お支払いに関するご照会・ご要望
　　　　　　TEL 0120(203)695／FAX 0120(202)973

●フリーダイヤル (TEL) の受付時間は、土・日・祝日を除く
　9:00～17:30です。
●FAXは24時間受け付けておりますので、あわせてご利用ください。

選挙から平時の活動まで Q&A でわかる
自治体議員の公職選挙法との付き合い方

2022年10月20日　初版発行
2023年4月15日　初版第2刷発行

著　者　金　岡　宏　樹
発行者　田　中　英　弥
発行所　第一法規株式会社
　　　　〒107-8560　東京都港区南青山2-11-17
　　　　ホームページ　https://www.daiichihoki.co.jp/
装　丁　コミュニケーションアーツ株式会社

公選法QA　ISBN978-4-474-07866-6　C2031　(7)